U0067266

品格怎麼教？

圖像閱讀與創意寫作

吳淑玲　策畫主編
萬榮輝等　著

策畫主編簡介

吳淑玲

東海大學中國文學研究所

曾任台北市立教育大學幼教系、朝陽大學幼保系、輔仁大學等進修部兼任講師

國小及幼稚園、托兒所輔導團「行動研究」指導老師、評鑑委員

教育部幼兒園五年輔導專案輔導委員

譯著作及繪本閱讀、語文教學研究論著逾三十冊

作者群簡介

作者群簡介		
姓名	學歷	現職
萬榮輝	國立台北師範學院課程與教學研究所	桃園縣大崗國小校長
魏慶雲	台北市立教育大學數學教育研究所	桃園縣有得國小主任
黃瓊惠	台北市立教育大學	桃園縣北門國小教師
黃淑芬	私立淡江大學中文系	桃園縣北門國小教師
葉美城	國立花蓮師範學院	桃園縣北門國小教師
楊士華	國立花蓮師範學院	桃園縣北門國小教師
王勇欽	私立開南大學經營管理研究所	桃園縣北門國小教師
陳淑霞	台北市立教育大學數學資訊教育研究所	桃園縣北門國小教師
翁全志	國立交通大學理學碩士	桃園縣北門國小教師
林佩娟	國立台北師範學院課程與教學研究所	桃園縣山頂國小校長
陳鈺媼	國立新竹教育大學	桃園縣同德國小教師
李燕梅	國立嘉義大學	高雄市新莊國小教師
林金慧	私立銘傳大學應用中文研究所	桃園縣同安國小教師
廖丸毅	國立中正大學	桃園縣莊敬國小教師
江秋坪	國立台南師範學院國民教育研究所	桃園縣同安國小教師
王靜儀	私立義守大學	桃園縣同安國小教師

推薦序

九年一貫課程實施以來，由於教學領域的多元，教學時數的減少，許多學習狀況相繼浮現，例如學生的計算能力與語文表達能力都較過去差，另外由於縮減教學時數，教材中品德相關的內容也不見了。有鑑於此，教育主管機關推出許多補救方案，同時加強學生的品德教育。

在此同時，我們欣見一群充滿教學熱忱及創意的第一線教師們，本著實驗的精神，在吳淑玲教授的指導下，展開將品德融入繪本的創意閱讀教學。他們利用不同品德主題的繪本，進行創意閱讀的教學；也將所有教學的軌跡一一紀錄下來，集結成冊，希望能為所有教育同仁及關心學生品德和語文能力的家長帶來一些幫助。

本書中所討論的品德項目有：誠實、關懷、信賴、公平正義、尊重與責任六大面向。書中除了詳實的紀錄下這些創意教師的教學過程外，也提供了豐富多元的學習單和學生的作品，以供大家參考。另外由於體認到同樣是閱讀繪本，孩子和成人關注的要素不盡相同，他們因此也針對學生閱讀繪本時的四大要素「主題」「人物」「場景」「結局」做出一份統計，希望對施行繪本及語文教學的老師提供一份參考。

而這本書中最為難能可貴之處，則在「教學省思」這一部分。在這部分裡，這些第一線的教師們，完整的紀錄著他們教學過程中及教學後的心路歷程。其中有笑有淚，有肯定有懷疑，有堅持有退縮。但由於對教育的熱愛，對信念的堅持，以及吳淑玲教授不斷的鼓勵與指導，他們終於完成這一份帶有實驗性質的創意教學過程。相信所有關心孩子成長的教師、家長們看過，一定都會深受感動而心有戚戚焉。

教育是國家的百年大計。教師是教學活動的靈魂，家長是孩子成長的支柱，唯有教師與家長通力合作，加上教育主管機關領導著正確的教學方向，才能為國家培育良材，使社會不斷的進步。希望藉著這本書的啓發，我們有更多第一線的教師，願意發揮創意，做各種教學的革新，給孩子更多創意的空間，發揮所長，擁有恣意揮灑的舞台。讓整個教育的革新，能由下而上的作出反省與改變。如此將是學生之幸，也是國家之幸。

教育部中教司司長

張明文

前言

～品格怎麼教？～
繪本主題閱讀與創意語文教學之行動研究

台灣的繪本閱讀與運用十分普及，幼兒園、中小學、高中、大學，擴展至工商業員工親職資訊進修、新手父母講座等。幼兒愛聽，父母愛讀，老師也經常融合運用於各教學單元中。本研究期使透過繪本圖像閱讀，加強引導兒童閱讀繪本圖像，將繪本圖像特有藝術風格、表現技法及蘊含的視覺元素，融入藝術學習，避免一般繪本教學側重於繪本文字的問題，進而激發兒童美德行爲與人際互動的探索。教學者期望透過繪本的引導，培養**繪本圖像**的賞析，建立品格行爲，展現語文創意，亦即將繪本的圖像閱讀教學作「跨領域」的結合，落實閱讀於品德行爲中。

本書研究目的

第一、建立兒童品格概念，落實品格行爲。

第二、增進繪本圖像閱讀能力。

第三、運用**繪本圖像閱讀技巧**，引導國小一至六年級兒童語文創作。以「小組」觀察學生解讀圖像的反應，並以「個別輔導」方式輔導語文表達能力較弱者。

第四、藉由教學活動與對兒童創意語文表現的觀察，對**品格與繪本教學**提出創意教學策略。

本書研究方法

爲達研究目的，本研究採取行動研究法，先蒐集相關文獻，全體研究老師共同研讀討論，擇定繪本，然後進行教學的設計；於試探性教學實施後，評估學生的學習成效，再進行教學設計修訂，最後進行正式的教學研究與推廣。

本書教學策略

在正式教學實施後，分別就如何運用繪本圖像引導賞析、學生對繪本主角的行爲詮釋及心得寫作（本研究採「創意語文寫作觀察法」）三方面，進行教學省思與檢討（見下圖）。

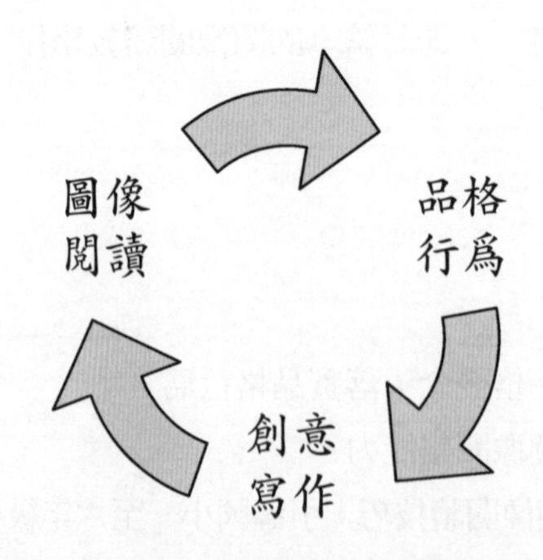

圖像閱讀、品格行為與創意寫作關係圖

研究建議

教學後，我們綜整出以下結論：

(一) 品格教學主題探討：

可分「繪本圖像閱讀」、「品格行爲」與「創意寫作」三大向度。

(二) 運用繪本圖文的特性，進行繪本品格導賞時的教學焦點：

1. 將繪本製作成電子書，藉由單槍投影機投射出大畫面（視覺閱讀）；
2. 去除繪本中的文字，鼓勵兒童運用想像力，找出故事主角與主旨，訂定新書名（激發想像力）；
3. 分析故事發生的「原因」、「經過」與「結果」（故事結構分析）；
4. 討論繪本所蘊含的訊息（沈澱行爲）；
5. 發揮想像，說出、寫出、畫出、演出或辯論方式探討故事中的品格行爲（內化行爲）；
6. 全班師生共同討論品格公約，共同遵行；
7. 每週一次，請家長共同參與檢核。
8. 教師記錄教學省思，於行動研究會議中討論、修正再執行（品格行爲）。

(三) 運用**繪本圖像**引導兒童作「品格行爲」與「創意寫作」之教學檢討：

1. 透過主題繪本，引導學生作「**賞析**」、「**內化**」與「**創作**」的交互學習課程，可讓學生對視覺圖像擁有初步的發表與判斷能力；
2. 教師順勢引導，與學生探討故事情境中的「品格行爲」；
3. 透過引導學生觀察與討論繪本畫面「隱喻元素」，感受與理解繪本的圖像密碼；
4. 藉由多元發表方式，如小組、個人、海報製作、戲劇演出、辯論等，練習運用所習得語文，表達自己的看法，分析所閱讀故事之品格行爲；
5. 輔以「學校」、「家長」、「學生」多元學習評量，有助於家長的了解與配合，學生的內省與力行。

基於上述的研究結果，提出以下建議：

(一) 課程設計方面：

1. 建議在教材的選擇上，需根據教師的「教學目標」選擇適合的繪本作教學，選擇時需配合對學生先備知識的了解與認知著手，輔以學生有興趣的議題或能引發同學討論與觀察的畫面，來增強學生的學習動機。
2. 學生的「想法」與「作品」應同樣受到重視：教師在面對兒童作觀察、解讀、創作所展現的想法應給予尊重，這能讓兒童的想法更靈活與多樣。
3. 教材的設計宜「循序漸進規劃」，與兒童的各項認知與能力加以銜接，配合學生的興趣與課程的目標作設計。
4. 「創作構想」與作品本身一樣重要：在學生做創作活動的同時，配合讓學生「書寫出自己的創作理念」，有助於學生自我想法的釐清。

(二) 教學實施方面，教師可嘗試不同的繪本教學方式：

1. 繪本教學延伸活動，可與戲劇的結合，將表演藝術融入教學活動中。
2. 配合拍攝活動。
3. 運用資訊融入作爲教學與創作媒材。
4. 引導學生製作各式的繪本小書。

(三) 未來研究建議：

1. 擴大研究對象的年級與地區。
2. 針對繪本、品格與創意語文教學，找出適當的評量方式。
3. 將品格教學作「跨領域」的結合。

爲期一年融合「品格教育」於「繪本與創意語文教學」，成了所有研究老師莫大的挑戰。以往讀故事寫讀書心得的活動，如今要抽離故事文字及書名，讓學生「看圖定書名」、「看圖寫結局」，還有「乾坤大挪移」，將四至八個主要畫面交由學生任意排列組合，考驗創意，激盪更多語文的火花，「沒想到閱讀是這麼有趣」，連平常不愛表達的學生也競相發表「另類心得」。閱讀遊戲加上激烈的品格行爲論戰，學生的品格認知及內化行爲無形中也建立了。

研究期間不分假日或上課日，老師們攜家帶眷的，先生、太太、小孩一起陪同參與，跨校群組研究的精神更令人讚佩，北門國小校長的支持與鼓勵，萬榮輝主任的召集與帶領，資訊主任翁全志的部落格架設，方便隨時線上教學交流等，都是讓此研究能順利進行的大功臣。而對於每一位願意犧牲課餘時間，共同爲品格教育及創意教學注入時代薪傳的老師，個人僅在此致上最高的敬意，老師們無私的教案交流，坦誠的修正建言，新資訊的提供，讓我們都成長了！

我很榮幸與一群教育界優秀的研究伙伴共事！

感謝心理出版社文玲主編細心、耐心又專業的編輯，林總編輯敬堯的肯定，讓此研究有出版與分享的機會。

期盼更多教育先進不吝指正！！

吳淑玲

謹致於 2006 年秋

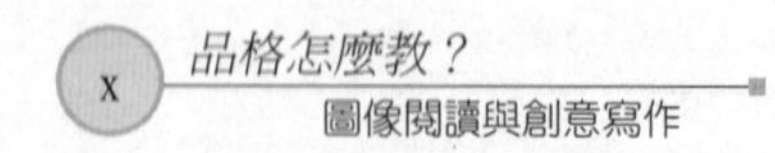

序

有一群教師，一群都認爲「閱讀」這件事是很重要的人們。他們努力的將「閱讀」融入在自己的課堂中進行，帶著孩子們閱讀各種書籍、做文章賞析與心得分享。孩子們很快樂，他們也很快樂；但是，時間久了，他們發現：閱讀教學的範圍應不只限於此，必須有效地內化到學生的日常生活中，才能協助他們成長與優良習慣的養成。

他們分享與省思自身的教學實務與盱衡現今社會環境，發現在面對品格教育成效低落的社會氛圍下，學生的道德認知與態度的提升是刻不容緩的事。所以，他們想：總該有辦法來解決這個問題吧？一個可以讓老師既能不耽誤正常課程的進行，又能推廣閱讀活動和提升品格素養，魚與熊掌兩者兼得的好方法吧！

於是，這一群人想嘗試，嘗試以「品格」爲課程的核心內容，編選「圖像閱讀」的教材，融入師生「創意」的教與學，期能展現學生面對各項道德情境的創意思考與問題解決。

他們開始以教育部公佈的「品德教育促進方案」的六大品格美德：誠實、關懷、信賴、公平正義、尊重、責任等爲課程設計與教學創新的範疇，搜尋各家出版社的刊物，編選合適的圖像閱讀內容，運用資訊融入教學的策略，克服經費與時間上的限制，與孩童進行創意及批判性的閱讀，再藉由指導文章的書寫方式，與自己的學生進行交心的溝通。他們都有一個共同的願景：教學生變聰明之前，更先要教學生變好。

桃園縣大崗國小校長　萬榮輝

95.10

目錄

品格名稱	低年級	中年級	高年級	頁次
誠實	**勇敢說實話** 孩子因害怕被責罵，會先否認，若是僥倖矇騙過去，那麼下一次的謊言就不那麼令他擔心，當謊言一而再、再而三的堆積起來後，要承認錯誤，就需要很大的勇氣。	**勇敢認錯** 以「誠實」為主題，與學生共同探討「誠實」的實際情境運用，讓學生學會勇敢面對問題及解決問題，而不是用說謊的鴕鳥心態面對一切。	**勇於反省** 人非聖賢，孰能無過？面對錯誤或誘惑，我們該選擇怎樣的方式？本教學活動即以「勇於反省」為主題，與孩子共同探討生活中「誠實」的相關問題。	低年級 1 中年級 27 高年級 47
關懷	**關懷讓世界更美麗** 嘗試利用圖像的引導、生活中可見的狀況、同儕的分享等，與學生一同探討、澄清關懷的意義。	**愛在你左右** 試著讓學生從社會中弱勢族群的角度來看這個世界，期望學生將其對故事主角的關心，延伸至關懷生活周遭的家人、老師和同學。	**讓生命發光發亮** 本教學活動與孩子共同探討生活中「關懷」內化與實踐的相關問題，期盼以己為圓心，把關懷他人的愛擴大再擴大。	低年級 65 中年級 91 高年級 119
信賴	**相信的理由** 學生常常因為同儕之間的互動關係導致很多紛爭與誤會，往往會失去很多建立彼此友好關係的機會。本教學即以「信賴」為主題，與學生共同探討信賴的實際情境，了解信賴的重要性，進而運用在日常生活中。	**你可以相信我嗎？** 我們會將秘密與值得信賴的師長、同學分享；遇到困難時，也會深信好友一定會為我挺身而出……。種種美好的互信經驗，一路伴隨著我們成長，於是，想在學生的心田播下更多良善的種子，所以設計了一些與「信賴」相關的活動。	**說了實話，卻不被信賴** 我們常缺乏對孩子的信任，而讓孩子失去許多勇於嘗試和激發創意的機會，或常顧慮孩子的能力、安全等因素，而對其表現多所懷疑，師生或親子關係就像是官兵與強盜的奇特現象。本教學將與孩子共同探討師生、親子間信賴的相關問題。	低年級 141 中年級 159 高年級 179

品格名稱	低年級	中年級	高年級	頁次
公平正義	**我該怎麼做？** 本次的教學設計將人類生活中的公平正義以動物家族的故事做呈現，讓學生學會較難理解的公平正義，進而能運用在日常生活上。	**公平正義真的不見了嗎？** 嘗試透過圖像閱讀、故事的創作、生活中狀況的討論、同儕的分享，與學生一同探討、澄清公平正義的意義，進而進行創意寫作練習，增進語文能力提升，並藉由實踐的演練，讓學生能更有效的在生活中分辨與實踐公平正義。	**與我無關** 常常在我們的教學場域中，老師生氣學生對自己的用心「不知好歹」，學生對老師的欺騙產生怒氣，心中烙下師生間原來就是一個極為不公平的世界。因此，本單元教學即與學生共同探討「公平正義」的實際情境運用。	低年級 205 中年級 233 高年級 253
尊重	**己所不欲，勿施於人** 現在的孩子「自我」意識太強了，在家庭、媒體和社會影響大，人與人之間連最起碼的尊重都不見了。希望能藉此品格與閱讀系列教學，在孩子的心中種下一顆小小的種子，也期待日後能發芽茁壯，開出美麗的花朵。	**欣賞自己，尊重他人** 我們是否曾因為一己之私而侵犯到別人或忽略別人的感受？或者朋友間曾經只為一些芝麻蒜皮的小事而吵得不可開交？本教學希望傳達在人類的世界裡能多些尊重包容，減少紛爭與暴戾。	**多一分尊重，少一分衝突** 現在的孩子常常想到什麼就做什麼，往往太重視自己，卻又太輕忽他人。尊重是人與人相處的基本條件，本教學希望透過與孩子討論尊重的議題，讓孩子了解尊重的重要性，珍惜自己擁有的，並尊重別人擁有的。	低年級 279 中年級 297 高年級 325
責任	**我知道，我可以** 教室中常有許多遺失的文具找不到心愛的小主人、有人學用品沒帶、作業沒交或是打掃工作不認真。生活實踐上的落差，有時是孩子對「責任」概念的模糊不清所致。故希望透過教學活動的設計，讓學生明辨「負責」與「不負責」的結果。	**我們都是一家人** 在孩子的求學過程中，只期望孩子把書唸好，其他事皆由父母代勞，試想，這樣做適宜嗎？因此，本單元教學在與學生共同探討「責任」的實際情境運用，讓兒童在家裡和學校，甚至將來在社會上都能盡最大的努力做自己「該做」的事。	**自己當家作主** 大人為了不讓孩子輸在起跑點上，一味的求快、趕時間，只問結果而不問孩子在學習的過程中有沒有體認到什麼是「負責」？本單元即在引導學生了解自我的角色，分辨自己該做與不該做的事，對自己的選擇負責。	低年級 347 中年級 373 高年級 395

誠實【低年級】

設計者◎江秋坪

勇敢說實話

上課鐘聲響起，小朋友們七嘴八舌的說著小美的自動筆不見了，在老師百般詢問下，仍沒人承認，最後小朋友無意間發現小立的椅子下有一枝筆，接著書包裡又陸續找出其他文具用品。物歸原主後，表面看來事情彷彿解決了，但老師的擔憂卻隨著與小立的交談而不斷擴散。小立個性好強，功課佳，對各項表現也努力爭取榮譽，但對於自動筆一事，儘管老師再三追問，小立仍目光炯炯的直視著老師，堅決的說：「不是我！」

說謊讓人坐立不安，誠實則使人心裡踏實，但要落實「誠實」這個基本課題卻是相當不易，一則因國小低年級學童對人我分界的概念仍模糊，再者面對物質誘惑的自我約束能力較弱，因此會產生「只要我喜歡，有什麼不可以」的想法。

孩子因害怕被責罵，會先否認，若是僥倖矇騙過去，那麼下一次的謊言就不那麼令他擔心，當謊言一而再、再而三的堆積起來後，要承認錯誤，就需要很大的勇氣。本教學即以「勇敢說實話」為主題，藉由繪本《臘腸狗》導引進行閱讀、人際和創意三向度的教學。

1. 圖像閱讀文本

一、書　名：臘腸狗（*CHIEN SAUCISSE*）

作繪者：杜荷謬（Gaetan Doremus）
譯　者：吳倩怡
出版社：格林文化事業股份有限公司

二、內容簡述

臘腸店的小狗爲了偷吃臘腸而說謊，牠的身體也因此愈來愈長，再三的欺騙，讓身體變長的臘腸狗就像把謊言掛在身上，雖然滿足了口慾卻也加深主人對他的不信任，周遭的人彷彿藉由牠身體的增長而看清牠的謊言，最後臘腸狗終於說出實話也得到主人的原諒，雖然身體無法恢復原狀，但仍努力的爲自己長長的身體找到新的生活目標！這本書以趣味的手法導引「誠實」的主題，繪本內容及圖像頗能吸引小朋友的興趣。

2. 設計理念架構

以培養孩子「勇敢說實話」為教學設計的主題，涵括「閱讀」、「創意」與「人際」三個次概念，先以繪本中獨特的角色來探討內心的感受與轉變，再結合圖像進行語文創意的思考，接著讓小朋友體驗生活情境中的誠實難題，並以話劇方式表演出各種角色的感受，希冀透過多元化的教學方式，讓學生明白誠實的重要性，進而培養「說實話」的勇氣。

1. 能說出繪本內容。
2. 能體會角色的感受與情緒轉變。
3. 能了解誠實的重要性。

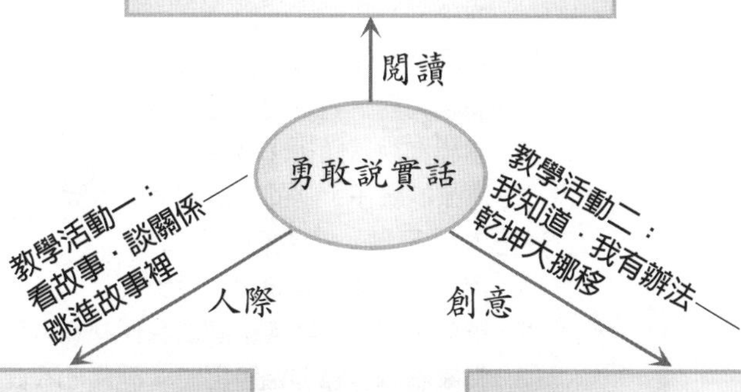

1. 能說出自己對別人誠實與說謊的感覺。
2. 能說出別人對自己誠實與說謊的感覺。
3. 能寫出內心的小秘密。

1. 能改編故事內容。
2. 能將圖片做有意義的排序。
3. 能依圖片順序發揮創意構思故事主題。
4. 能運用語言和肢體進行話劇表演。

教學活動三：真心留言簿——噓～秘密時間

3.教學的進行

<table>
<tr><th>教學名稱</th><th>教　學　要　點</th><th>教學資源</th></tr>
<tr><td>活動一：
看故事．談關係——跳進故事裡</td><td>一、圖像閱讀：
(一)播放去除文字的《臘腸狗》繪本圖片。
(二)學生依圖片發表自己的想法。
(三)呈現繪本完整內容，老師簡述故事。
二、角色體驗：
(一)發表對「臘腸狗」的感覺與想法。
1. 臘腸狗說謊的感覺是什麼？
2. 臘腸狗身體開始變長時，牠心裡是怎麼想的？
3. 臘腸狗身體愈來愈長時，牠又是怎麼想的？
4. 臘腸狗為什麼對主人說實話？
5. 臘腸狗對主人說實話的感覺是什麼？
6. 臘腸狗說實話後，牠發現身體沒有變回原來的樣子，牠的想法有什麼改變嗎？
(二)發表對「阿雷」的感覺與想法。
1. 阿雷為什麼懷疑臘腸狗說謊？
2. 聽到臘腸狗不誠實，阿雷有什麼感覺？
3. 當臘腸狗身體開始變長時，阿雷心裡是怎麼想的？
4. 聽到臘腸狗說實話，阿雷有什麼感覺？
三、跳進故事裡：
藉由小組成員的討論與記錄，完成學習單(一)「跳進故事裡」。
四、分享引導：
(一)與學生分享學習單內容，對小組的創意大大予以讚賞。
(二)引導學生了解「誠實」的重要性。</td><td>圖片電子檔
單槍投影機

學習單(一)</td></tr>
</table>

教學名稱	教　學　要　點	教學資源
活動二： 我知道．我有辦法 ——乾坤大挪移	一、改編劇情： (一)對故事角色「臘腸狗」進行改編。 1. 如果臘腸狗一開始沒說謊，接著會發生什麼事？ 2. 如果臘腸狗永遠不說實話，那結果會如何呢？ 3. 如果臘腸狗因為身體變長而一直不敢出門，那牠會怎樣呢？ 4. 如果臘腸狗想辦法用牠長長的身體幫助別人，那大家會如何對待牠呢？ (二)對故事角色「阿雷」進行改編。 1. 如果阿雷正好看到臘腸狗在偷吃的話，會發生什麼事？ 2. 如果阿雷不原諒臘腸狗，把牠趕出去的話，結果會怎麼樣？	
	二、故事接龍： (一)老師從繪本中選取四張圖，在圖片背面貼上軟性磁鐵，以彩色 A4 大小呈現在黑板上。 (二)老師隨機排序，請四位學生進行故事接龍。	圖片電子檔 單槍投影機
	三、圖像思考： (一)將四張圖片縮小合印成一張 A4 大小的紙。 (二)發給每位學生，進行單一圖片的裁剪。 (三)學生就四張圖片自己做有意義的排序。 (四)依圖片順序發揮創意，構思故事主題。	
	四、乾坤大挪移： (一)將四張圖片依圖像思考的順序，黏貼於學習單(二)「乾坤大挪移」的上方空白處（每位學生的圖片順序可能會不一樣）。 (二)學生依自己構思的故事主題，發揮創意寫出完整的故事內容。	學習單(二)

教學名稱	教　學　要　點	教學資源
活動三： 真心留言簿—— 噓～秘密時間	一、信用存摺： (一)建立「信用存摺」的價值。 (二)說明「信用滿分」與「信用破產」的意義。 (三)分析「信用滿分」與「信用破產」的原因。 (四)討論「信用滿分」與「信用破產」的結果。 二、存摺效應： (一)老師將信用存摺分為六個等級： 1. 信用滿分（100 分）。 2. 信用 80 分。 3. 信用 60 分。 4. 信用 40 分。 5. 信用 20 分。 6. 信用破產（0 分）。 (二)你覺得班上有哪些同學的信用存摺是 100 分？ (三)為什麼這些同學能擁有信用滿分的存摺？舉出生活中的例子。 (四)當一位信用滿分的同學與一位信用破產的同學，他們說了同一句話時，你的感覺是一樣的嗎？為什麼？ (五)你覺得自己的信用存摺是哪一個等級呢？為什麼？ 三、噓～秘密時間： (一)讓學生發表曾看過哪些不誠實的行為？ (二)想一想自己從小到大是否有過不誠實的時候？ (三)進行學習單(三)「噓～秘密時間」。 (四)學生透過「噓～秘密喔！」的書寫，表達自己的想法，檢視自己的表現，體會出誠實的重要性，進而培養積極正面的品德觀。	學習單(三)

4. 延伸活動

一、小小編劇家

(一)完成編劇：

老師編擬日常生活之情境問題，但部分劇情留白，讓學生完成學習單(四)「小小編劇家」。

(二)分享創意。

二、小小話劇社

(一)小組討論：

1. 依主題內容分配角色並準備道具，完成學習單(五)「小小話劇社」。
2. 各組先排演後再上臺表演。

(二)檢討各組表演的優缺點。

三、誠實公約

(一)家庭誠實公約：

1. 提出問題：「你在家時，曾做過哪些事因害怕被爸媽罵而不敢說出來？」

2. 小組討論：「在家裡要如何做到誠實？」並做條列式記錄。

(二)統整歸納：

1. 老師統整歸納各組記錄結果，分別條列於黑板。

2. 全班進行投票。

3. 選出五項最重要的「家庭生活～誠實公約」。

(三)學校誠實公約：

1. 提出問題：「你在學校時，曾做過哪些事因害怕被老師罵，或擔心被同學知道而不敢說出來？」

2. 小組討論：「在學校要如何做到誠實？」並做條列式記錄。

(四)統整歸納：

1. 老師統整歸納各組記錄結果，分別條列於黑板。

2. 全班進行投票。

3. 選出五項最重要的「學校生活～誠實公約」。

(五)公約檢核表：

1. 老師就學生票選結果完成「誠實約定實踐學生自評表」及「誠實公約家長檢核表」。

2. 教學活動結束後，請學生就一週的表現進行「誠實約定實踐學生自評表」。

3. 請家長勾選「誠實公約家長檢核表」。

4. 此檢核活動亦可於教學前進行一次，以做爲學生品格表現之參考點。

5. 我可以做到

【誠實】約定實踐學生自評表

____年____班____號　誠實小天使：________

各位小天使：

還記得我們針對「誠實」的約定內容嗎？現在老師要請你們對自己最近的表現來一次大考驗！相信各位誠實小天使們一定會有很好的表現，加油！要對自己的表現誠實的打✓喔！

時間：(　　)年(　　)/(　　)~(　　)/(　　)

約定內容		全部做到	經常做到	偶爾做到	沒有做到	說明原因
家庭生活	1. 在學校調皮搗蛋的事（欺負同學、上課不專心……），回家我都會自己告訴爸媽。					
	2. 如果和兄弟姊妹吵架，不管是誰的錯，我都會把事情的經過告訴爸媽。					
	3. 如果我把家裡的東西弄壞了，我會主動告訴爸媽。					
	4. 如果忍不住偷吃零食、偷打電腦（電動），我會誠實的向爸媽說。					
	5. 我能誠實的回答爸媽問我的問題。					
學校生活	1. 和同學有爭吵，不管是誰的錯，我都會把事情的經過誠實的告訴老師。					

約定內容		全部做到	經常做到	偶爾做到	沒有做到	說明原因
學校生活	2. 沒帶作業、課本或文具用品，我會自己先告訴老師。					
	3. 我不會翻同學的書包、抽屜和櫃子。					
	4. 考試或聽寫不會偷看，考卷有錯會誠實的告訴老師。					
	5. 老師問我的事情，我都會誠實的回答。					

☺我覺得自己：□一級棒！對於約定的事都能做到。
□還不錯！如果再用心，我可以做得更好。
□不太好，還要再多多加油！

【誠實】公約家長檢核表

____年____班____號　誠實小天使：________________

親愛的家長，您好！

以下是老師與孩子約定的事項，這一週孩子在家裡的表現如何呢？

請家長想一想再打✓，謝謝！

時間：(　　)年(　　)/(　　)~(　　)/(　　)

約　定　內　容		全部做到	經常做到	偶爾做到	沒有做到	說明原因
家庭生活	1. 孩子在學校調皮搗蛋的事，回家會自己告訴爸媽。					
	2. 如果和家人吵架，不管是誰的錯，孩子會說出事情經過。					
	3. 如果把家裡的東西弄壞了，孩子會主動告訴爸媽。					
	4. 如果孩子忍不住偷吃零食、偷打電腦（電動），他／她會誠實的向爸媽說。					
	5. 孩子能誠實回答爸媽的問題。					

☺請對孩子的表現打✓：我覺得他的表現

□一級棒！對於約定的事都能做到。

□還不錯！如果再用心可以做得更好。

□不太好，還要再多多加油！

☺給寶貝鼓勵的話：

____

____

家長簽名：____________

6. 學生將學會

學習目標	對應之九年一貫課程能力指標
一、能依圖片內容說故事。	語文 C-1-3 能生動活潑敘述故事。 語文 C-1-4 能把握說話主題。
二、能發揮創意改編故事。	語文 F-2-10 能發揮想像力，嘗試創作，並欣賞自己的作品。 語文 F-1-2 能擴充詞彙，正確的遣辭造句，並練習常用的基本句型。
三、能積極參與小組討論活動。	語文 E-2-8 能共同討論閱讀的內容，並分享心得。 兩性 2-1-3 適當表現自己的意見與感受，不受性別的限制。
四、能運用語言和肢體進行話劇表演。	生活 2-1-4 了解自己在群體中可以同時扮演多種角色。
五、能了解誠實的重要性並落實於學校與家庭生活中各層面。	社會 4-3-4 反省自己所珍視的各種德行與道德信念。

7. 延伸閱讀

書名	類別	作者	繪者	譯者	出版社	誠實相關議題
用愛心說實話	繪本	派翠西亞·麥基撒克（Patricia C. McKissack）	吉絲莉·波特	宋珮	和英	在指正他人時，要如何說實話又不傷害到別人。
小木偶	繪本	Paolo Pochettino	Anna Laura Cantone	葉曉雯	花旗	愛你的人一直在等你說實話呢！
國王的新衣	繪本	Anna Laura Cantone	Anna Laura Cantone	陳慧靜	花旗	為了面子而說謊？
露營去囉！	繪本	余佩芬	朵兒	小豆娘	彩虹兒童	誠實面對自己的感覺。
相同的遭遇	繪本	Cynthia Stierle	S.I. International	林芬明	企鵝	即使會被責罵，還是要誠實面對。
慢慢龜不說謊了	繪本	王文華	徐建國		小兵	說謊可能造成的嚴重後果。
第一百個客人	繪本	郝廣才	朱里安諾		格林	善意的謊言圓滿小小心靈的大心願。
白賊七	繪本				石綠	說謊不被信任也不被喜歡。

8. 學習單

學習單(一)

跳進故事裡

____年____班　第____組　組員：________________

◎想一想，再回答問題

一、如果你是主人阿雷，你會原諒臘腸狗嗎？

□會 □不會，因為________________

二、如果你是臘腸狗，你會為了吃臘腸而說謊嗎？為什麼？

□會 □不會，因為________________

三、如果你是超愛吃臘腸的小狗，你會用哪些方法吃到臘腸？

第一個方法：________________

第二個方法：________________

四、你認為是什麼原因讓臘腸狗最後承認自己偷吃臘腸？

____

五、當臘腸狗發現自己因為說謊而身體變長時，

你覺得臘腸狗會感到________________

你覺得主人會感到________________

六、當臘腸狗對主人承認偷吃臘腸時，

你覺得臘腸狗會感到________________

你覺得主人會感到________________

七、在主人原諒臘腸狗之後，如果牠又看到臘腸而流口水時，牠會不會再偷吃呢？為什麼？

□會 □不會，因為________________

學習單(二)

乾坤大挪移

先剪成四張小圖片，再請學生依自己所思考的順序，將圖片黏貼於學習單上方空白處，然後依構思的故事主題，在下方發揮創意，寫出完整的故事內容。

（圖片提供／格林文化《臘腸狗》　作繪者／杜荷謬）

學習單(三)

繪本教學之創意寫作與品格教育

____年____班____號　姓名：________________

謊言像一朵盛開的鮮花，外表美麗，生命短暫。

一個人不怕錯，就怕不改過，改過並不難！

◎ 想一想，再回答問題

一、我要向臘腸狗學習的優點是________________

二、我要向阿雷學習的優點是________________

三、說實話的感覺是________________

四、說謊話的感覺是________________

五、你對誠實的人有什麼感覺？

____

六、一個常常說謊的人會讓你有什麼感覺與想法？

____

七、【誠實】是什麼呢？

誠實是________________

■■ 噓～秘密時間 ■■

◎我決定要勇敢說出一件我曾經說過的謊話事件，並且好好的反省改正它。

____

____

學習單(四)

小小編劇家

____年____班____號 姓名：________________

◎長長的臘腸狗

事情的發生

臘腸狗偷吃了好幾條臘腸，但卻對他主人說他沒偷吃。

→

事情的轉變

臘腸狗身體變得很長，而且主人也開始懷疑牠。

↓

誠實面對

臘腸狗決定勇敢對主人說出實話。

→

結局

最後主人原諒臘腸狗，而牠則用變長的身體幫助別人。

◎卡片風波

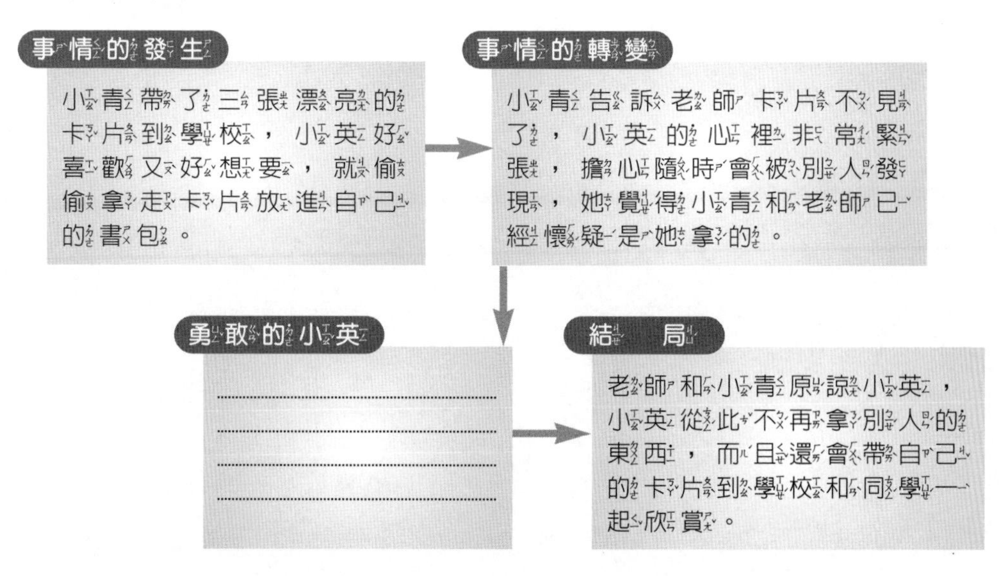

◎煩惱的阿文

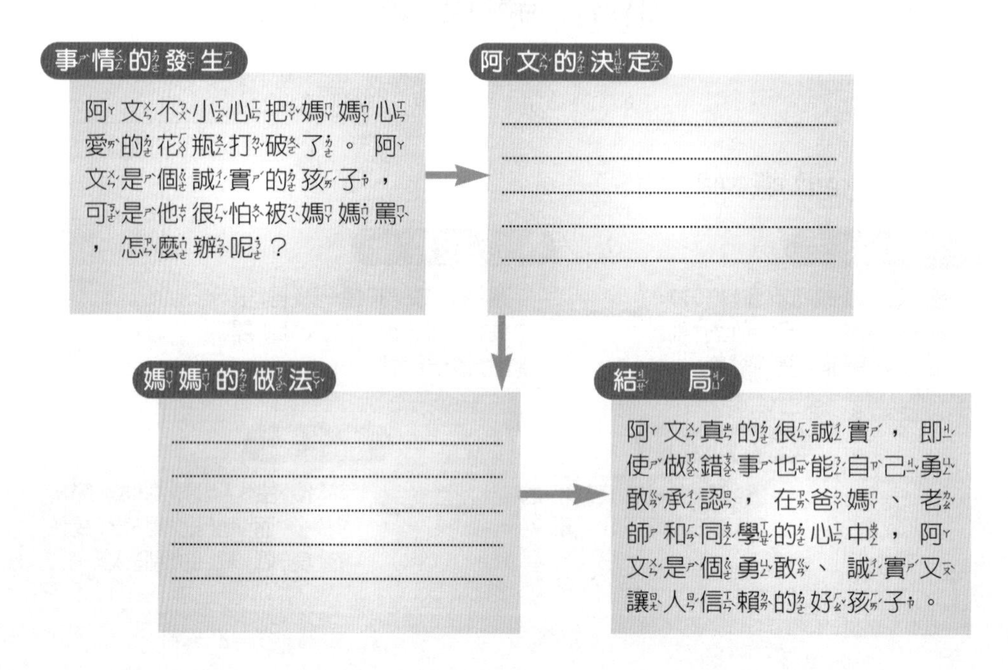
事情的發生
阿文不小心把媽媽心愛的花瓶打破了。阿文是個誠實的孩子，可是他很怕被媽媽罵，怎麼辦呢？
阿文的決定
媽媽的做法
結局
阿文真的很誠實，即使做錯事也能自己勇敢承認，在爸媽、老師和同學的心中，阿文是個勇敢、誠實又讓人信賴的好孩子。

學習單(五)

小小話劇社

____年____班 第________組

一、我們這組表演的是________________________________

二、每個人表演的角色分配

組員 1 的角色是：____________

組員 2 的角色是：____________

組員 3 的角色是：____________

組員 4 的角色是：____________

組員 5 的角色是：____________

組員 6 的角色是：____________

組員 7 的角色是：____________

表演日期：

年 月 日

三、我們要準備的物品有

1.____________________是由____________________準備

2.____________________是由____________________準備

3.____________________是由____________________準備

四、在表演的準備過程中，我們這一組最認真、最用心的同學有

____

五、表演完之後，我們覺得要改進的是________________

________________________，希望下次表演得更棒！

六、我們覺得第____________組的表演最棒！

9. 行動與感動

一、跳進故事裡

「好可愛的小狗噢！」

「眞的好小噢！」

「咦？牠的身體怎麼變長了？」

「我的天哪！愈來愈長！身體那麼長，那牠要怎麼出門啊？」

班上的小寶貝們因為故事的圖像非常可愛逗趣，所以在看圖像時相當專注，尤其是當臘腸狗愈來愈長的身體絆倒別人甚至打結時，有些孩子忍不住笑了起來。

但是問題來了，因為在播放繪本圖像時，盡可能減少文字，所以……

師：「好奇怪，為什麼小狗的身體會變長？」

生：「對啊！怎麼那麼奇怪？」

生：「對啊！而且還愈來愈長，好像停不下來！」

師：「你們覺得為什麼牠會變長？小狗長長的身體很像前面出現的什麼東西呢？」

生：「嗯……很像……很像前面那位師傅賣的香腸！」

生：「只是香腸比較小，小狗的身體比較大。」

生：「那牠一定是吃香腸以後，身體變長的！」

師：「那為什麼牠吃香腸以後，身體會變長？」

生：「對啊！好奇怪噢！怎麼會這樣？」

慢慢的，把「跳進故事裡」的孩子們，一個個抓回來！呼～～

二、孩子的困惑

在說故事的中場，我停下來問孩子：「你覺得臘腸狗說實話以後，身體會不會變回原來的樣子？」超過半數的孩子都認爲臘腸狗會恢復原來的樣子，這似乎是童話故事該有的結局，但是當他們發現臘腸狗沒有恢復原狀時，大家都很困惑：「主人不是原諒牠了嗎？爲什麼不能變回來？」於是我趕緊抓住機會引導孩子：「當你說謊但勇於承認時，爸媽和老師會因爲你很誠實、很勇敢而原諒你，也因爲愛你而包容你；但是你做過的事和說過的話是沒有辦法變不見的，所以養成說實話的習慣是最棒的！」

三、天馬行空

生：「那臘腸狗以後要怎麼辦啊？身體那麼長，很不方便ㄋㄟ！」

師：「那你們覺得牠會一直躲起來？還是想辦法讓牠那長長的身體可以做其他的事？」

生：「不要躲起來啦！好可憐！」

生：「對啊！可以當跳繩！」

生：「當盪鞦韆或是當溜滑梯！」

一說到玩，全班都 High 了起來！

在創意寫作部分，多數孩子是以看圖說話的方式進行，因此圖片與圖片相連接的情節串聯較爲片段；其中有孩子以作夢爲轉折，訴說著原本想偷吃臘腸的小狗，在夢醒後就不敢偷吃、說謊，非常獨特！我想如果先提供孩子們一些詞彙、成語或句型，對孩子的思考也許會有所幫助。

四、滿分的信用存摺

在「信用存摺」的活動中，每個孩子都想當信用存摺滿分的人，我提醒孩子：「想要自己的存摺滿分，那全看你的表現，你一直很誠實，你的信用存摺就會累積起來愈存愈多，你說的話別人就會相信。」「如果想知道同學的信用存摺有多少，那平時就要好好觀察同學的表現。」

五、秘密時間

進行「噓～秘密時間」學習單活動後下課時間有這麼一段對話。

生：「老師，如果妳下課時改學習單的話，那我們的秘密不就被別人看到了？」

生：「對啊！」

師：「不會啊！老師會放學以後才改，或是帶回家看，這樣別人就看不到了呀！」

生：「那……老師，如果妳是在學校改，也不可以讓別的老師看到喔！」

師：「那當然囉！這是我和你們之間的秘密嘛！」

這個活動讓孩子願意吐露不想被他人知道的事，我非常珍惜孩子們的秘密時間。

六、軟化尖銳的語言

在活動告一段落後，原本孩子尖銳的語言「你騙人！」「你亂說！」有了軟性的替代說法「ㄏㄡˊ！你要當臘腸狗啊？」「你再這樣，會像臘腸狗一樣喔！」感覺班上氣氛及孩子們的對談有了些許的柔和，真好！

七、親師加加油

「在主人原諒臘腸狗之後，如果牠又看到臘腸而流口水時，牠會不會再偷吃呢？爲什麼？」這個問題在六組中，有五組的回答是「不會，因爲身體會再變長」，只有一組的回答是「牠已經會自己反省」；另一方面在進行「小小話劇社」時，原先設定的情境是主動認錯而獲得原諒，但在經過各組改編後，都變成因爲目擊者先「告狀」，所以主角才不得不承認。我心想：要孩子學習主動認錯，這不是短時間能達成的。在表演「煩惱的阿文」時，三組中有兩組出現被爸媽打手心的情節，由於這些場景是各組自行設計演出，也許反應出的是孩子的生活經驗！對於品德的培養，多數孩子是藉由外在的約束而慢慢成形，所以當孩子無心的過失或小小的失誤出現時，我們應謹愼處理自己的情緒，對孩子不放縱但要多「包容」，讓親師一起加加油！

10. 作品摘錄

學習單（一）

繪本教學之創意寫作與品格教育

二年九班 第 1 組 組員：＿＿＿＿＿＿

◎想一想，再回答問題

一、如果你是主人阿雷，你會原諒臘腸狗嗎？

會，因為ㄌㄚˋㄔㄤˊ狗在吃完ㄓ後有馬上告ㄙˋ主人。

二、如果你是臘腸狗，你會為了吃臘腸而說謊嗎？為什麼？

□會 ☑不會，因為我不會說ㄏㄨㄤˇㄦˊㄆㄧㄢˋ主人。

三、如果你是超愛吃臘腸的小狗，你會用哪些方法吃到臘腸？

第一個方法：我會問主人可以吃一些ㄌㄚˋㄔㄤˊ嗎？

第二個方法：我肚子ㄜˋ了可以給我吃ㄌㄚˋㄔㄤˊ嗎？

四、你認為是什麼原因讓臘腸狗最後承認自己偷吃臘腸？

因為他發ㄒㄧㄢˋ他ㄆㄧㄢˋ了主人，很多ㄘˋㄦˊㄅㄧㄢˋ長了。

五、當臘腸狗發現自己因為說謊而身體變長時，

你覺得臘腸狗會感到ㄒㄧㄑㄧˊ。

你覺得主人會感到因為他養的小狗居ㄖㄢˊㄆㄧㄢˋ他。

六、當臘腸狗對主人承認偷吃臘腸時，

你覺得臘腸狗會感到很有ㄩㄥˇㄑㄧˋ，[illegible]他[illegible]了。

你覺得主人會感到高興。

七、在主人原諒臘腸狗之後，如果牠又看到臘腸而流口水時，牠會不會再偷吃呢？為什麼？

□會 ☑不會，因為他已ㄐㄧㄥㄉㄠˋㄓˇㄏㄨㄟˇㄍㄞˇ。

學習單（二）

兒童園地	寫作 繪畫	班級	年　班
		姓名	

繪畫

題目：一隻又說（謊）的狗

有一隻ㄌㄚˋ長狗，他的名字是小安，他喜歡吃ㄌㄚˋ腸，有一天，小安他肚子很ㄜˋ，所以去吃了十ㄍㄣ ㄌㄚˋ腸，就去ㄕㄨㄟˋ覺了。

他做了一個ㄇㄥˋ，他ㄐㄩㄝˊ得很長，因為他一直ㄖㄠˋ他的主人，所以才ㄐㄩㄝˊ得那麼長，他很ㄏㄞˋㄆㄚˋ，因為有時候會打ㄐㄧㄝˊ，有時候會纏倒別人，ㄐㄩㄝˊ得會把都是的ㄇㄥˊ醒了，他就去來了，他馬上對主人說：「對不起，我不會再去吃你的ㄌㄚˋ腸了。」主人笑了，他說：「做錯事情ㄍㄨˇ認的話，我就不會很生氣了。」

（圖片提供／格林文化《臘腸狗》　　作繪者／杜荷謬）

學習單（三）

繪本教學之創意寫作與品格教育　　誠實（三）

二年九班　座號：____　姓名：____________

謊言像一朵盛開的鮮花，外表美麗，生命短暫。
一個人不怕錯，就怕不改過，改過並不難！

EXCELLENT

◎想一想，再回答問題

一、我要向臘腸狗學習的優點是 會承認錯。

二、我要向阿雷學習的優點是 大方的借給人。

三、說實話的感覺 很開心。

四、說謊話的感覺 怕被人知道。

五、你對誠實的人有什麼感覺？

我會相信他說的話。

六、一個常常說謊的人會讓你有什麼感覺與想法？

我會不相信。

七、【誠實】是什麼呢？

誠實是 不說謊話。

噓～～秘密時間

We love family

◎我決定要勇敢說出一件我曾經說過的謊話事件，並且好好的反省改正它。

在家裡說不吃，在家裡要吃飯。

誠實【中年級】

設計者◎王靜儀

勇敢認錯

班上的小豪不太喜歡寫功課，一回到家就先看電視。媽媽問及他的功課，小豪就跟媽媽說：「今天沒有功課！」隔天小豪到學校也沒將作業交給老師，所以老師就在聯絡簿上寫：「功課缺交」。

媽媽看到聯絡簿後，就問小豪爲什麼說謊？小豪回答：「因爲我想看電視，如果我去寫功課，就沒時間看電視了。而且我直接說我想看電視，媽媽還會一直罵我。」

孩子常會因為害怕說了實話，反而會被罵或被打，所以為了自我保護，乾脆用說謊來逃避責任。可是等孩子長大後，這種做法將可能會變成他個性的一部分，在往後只要遇到別人的質疑時，他們多半會以謊話來應付。這種無法面對錯誤或失敗的個性，將會讓孩子在未來的人生中蒙受難以估算的損失。面對孩子說謊的問題，如果能愈早處理愈好，其所付出的代價愈小，彼此受到的傷害就會減到最低。

因此，本單元教學即以「誠實」為主題，以繪本《臘腸狗》為引導，與學生共同探討「誠實」的實際情境運用，讓學生學會勇敢面對問題及解決問題，而不是用說謊的鴕鳥心態面對一切。

1. 圖像閱讀文本

一、書　名：臘腸狗（*CHIEN SAUCISSE*）

作繪者：杜荷謬（Gaetan Doremus）
譯　者：吳倩怡
出版社：格林文化事業股份有限公司

二、內容簡述

阿雷在臘腸店工作，他養了一頭很可愛的小狗。他發現每次只要他一轉頭，廚房就會有臘腸不見！於是阿雷問這隻小狗有沒有看到他的臘腸，小狗一概回答「不知道」或是「沒看到」。其實，那些不翼而飛的臘腸，是被這隻小狗給偷吃掉了。後來，只要小狗一說謊，牠的身體就開始變長。因爲這隻小狗不斷偷吃臘腸、不斷說謊，所以身體變得愈來愈長，長到行動開始不方便、主人不再信任牠、人們也嫌棄牠，到最後連他自己都受不了了，他才鼓起勇氣跟主人阿雷自首。阿雷雖然原諒了牠，但是小狗還是得爲自己種下的惡果負責──那就是牠永遠不可能恢復原狀，而成爲名副其實的「臘腸狗」。但也因爲牠的誠實，讓牠自己找到新的生命方向，得到不必說謊的眞正快樂和自由。

2. 設計理念架構

本課程方案以「勇敢認錯」為「誠實」的主題中心，涉及「人際」、「創意」及「閱讀理解」等三個次概念，希望學生能藉由閱讀這本書的學習歷程中，認識及指出「誠實」的意涵及影響層面；同時藉由創意思考與解決問題的活動，來加深小朋友對誠實態度的培養，讓他們了解到，坦白承認自己的過錯並勇於改過是獲得別人原諒的最好方法。

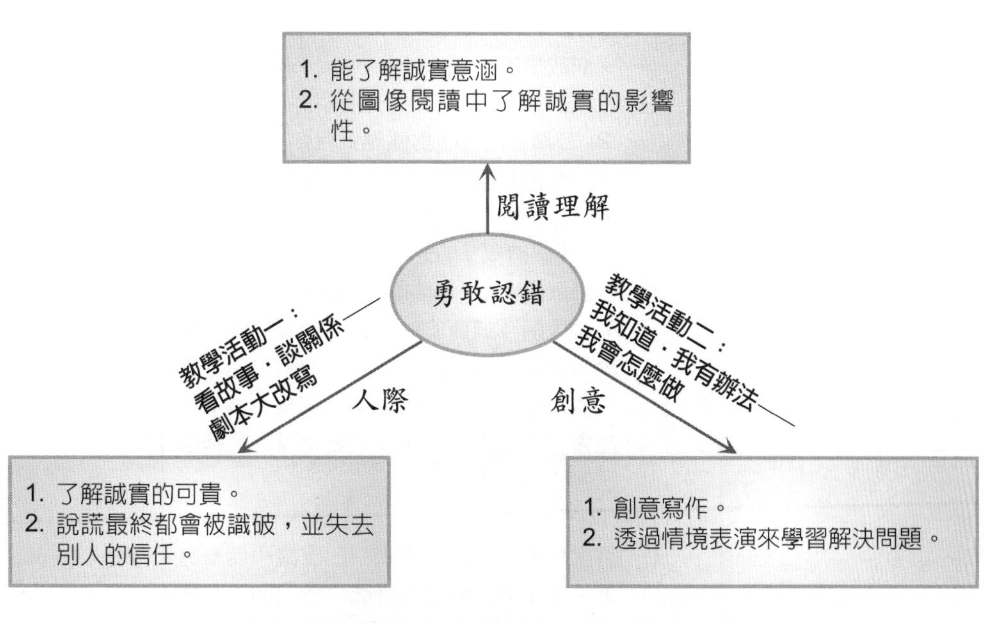

教學活動三：真心留言簿──心跳一百

3. 教學的進行

教學名稱	教學要點	教學資源
活動一： 看故事・談關係 ——劇本大改寫	一、圖像閱讀： (一)用單槍投影機播放純圖片的《臘腸狗》繪本兩次，第一次先欣賞所有圖片（老師不做任何講解，也不讓小朋友做任何發言）。 (二)發下勾選單，請小朋友在第二次看圖時，選出書中的五張最吸引他們的圖片。 (三)收回勾選單，並統計出票數排行前五名的圖片。 二、問題討論： (一)探討故事內容： 1. 故事裡，臘腸狗為什麼說謊？ 2. 故事裡，說謊對臘腸狗有什麼影響？ 3. 故事裡，最後臘腸狗有沒有說實話？ 4. 故事裡，臘腸狗有沒有對自己犯下的錯誤做補救？ (二)教師跟小朋友一起討論「誠實」的意義。 (三)教師說明「誠實」的可貴，使學生明白說謊是種壞習慣，最終都會被識破，且會失去他人的信任，如果能勇於認錯，事情可能會有不同的轉變，並且要學著去彌補自己做錯的事情。 三、創意寫作： (一)將之前統計出的五張圖片印出讓小朋友剪下，請小朋友幫這五張圖片依照自己想要的方式做排列後，再將圖片貼在學習單(一)「劇本大改寫」上。 (二)請小朋友先幫這個故事想好主題，然後一個圖片寫一個段落，五個段落要能串成一篇故事。	單槍投影機 圖片勾選單 學習單(一)

教學名稱	教　學　要　點	教學資源
活動二： 我知道．我有辦法 ——我會怎麼做	一、大家一起動動腦： 先將班上分成四組後，每個小朋友發一份學習單(二)「我會怎麼做」，請每組要討論學習單裡的每個情境，勾選出他們認為最好的解決方法，並將他們為何勾選這個選項的原因寫下來。 二、結果分享： 請每組上臺發表自己組別討論的結果。	學習單(二)
活動三： 真心留言簿 ——心跳一百	沉澱與思考： 經由學習單(三)「心跳一百」的問題，讓孩子透過臘腸狗這個角色，思考說謊的心情，藉此引導學生說出自己說謊時的感受；也讓小朋友回想自己曾說過的謊話及其後果，如果可以重新再來，是否可以有更好的解決方法？	學習單(三)

4. 延伸活動

真話假話大考驗

(一)分組表演

1. 準備數張情境卡，教師將班上發生過的情況寫在紙上當情境卡，將班上分成幾個小組，請每組派一位小朋友來抽情境卡，每組依照抽到的情境卡進行角色分配，另外從別組找出一位小朋友來演「測謊機」。
2. 擔任「測謊機」的小朋友辨別出表演組裡哪一位小朋友說的是謊話，如果辨別正確，表演組要被扣一分（讓小朋友了解說謊被識破的後果）；如果辨別錯誤的話，擔任「測謊機」的小朋友那組要被扣一分（讓小朋友了解有時說謊會造成受騙者的困擾）。

(二)教師總結

表演完畢，教師先引導學生分析說謊的原因，及說謊的後果，最後再帶領學生進入被欺騙者的角色，想想自己被騙的感受及會怎麼做，並讓學生了解到有時候說謊會造成別人的困擾，以引導他們反思說謊的行為。

5. 我可以做到

【誠實】約定實踐學生自評表

____年____班____號　誠實小勇士：____________

各位勇士：

還記得我們一起對「誠實」的約定內容嗎？現在老師要請你們為自己最近的表現來一次大考驗，相信各位誠實小勇士們一定會有很好的表現，加油！要對自己的表現誠實的打✓喔！

時間：(　　)年(　　)/(　　)~(　　)/(　　)

約定內容		全部做到	經常做到	偶爾做到	沒有做到	說明原因
家庭生活	1. 爸媽不在的時候，我不會偷玩電腦。					
	2. 做錯事情時，我會自己承認，不會說不知道或推給弟妹。					
	3. 我不會為了不寫功課而自己更改聯絡簿的內容。					
學校生活	1. 考試時我會自己作答，不看別人的或課本的答案。					
	2. 與同學有爭執時，老師問話我會回答實話。					
	3. 我會將要回收的物品洗乾淨再拿去回收。					
	4. 我會收拾好自己座位附近的垃圾。					
	5. 我撿到東西會歸還給同學或交給老師。					
	6. 我會遵守班上的處罰規定。					
	7. 我會遵守不在走廊上奔跑的規定。					

【誠實】公約家長檢核表

____年____班____號　誠實小勇士：________________

親愛的家長，您好！

以下是老師與孩子約定的事項，這一週孩子在家裡的表現如何呢？請家長想一想，再打✓，謝謝！

時間：(　　)年(　　)/(　　)~(　　)/(　　)

	約定內容	全部做到	經常做到	偶爾做到	沒有做到	說明原因
家庭生活	1. 爸媽不在的時候，孩子不會偷玩電腦。					
	2. 做錯事時，孩子會自己承認，不會說不知道或推給弟妹。					
	3. 孩子不會為了不寫功課而自己更改聯絡簿的內容。					

☺家長給小朋友的話：

____

____

____

家長簽名：____________

6. 學生將學會

學習目標	對應之九年一貫課程能力指標
一、能說出繪本圖像的內容並連結成故事，進而發揮創意改編故事。	語文 F-2-1　能培養觀察與思考的寫作能力。 語文 F-2-2　能正確流暢的遣辭造句、安排段落、組織成篇。 語文 D-2-2　會查字辭典，並能利用字辭典分辨字義。
二、能積極參與小組討論活動。	語文 C-3-2　能運用多種溝通方式。 語文 C-2-1　能充分表達意見。
三、能了解誠實的重要性並落實於學校與家庭生活中各層面。	社會 4-3-4　反省自己所珍視的各種德行與道德信念。

7. 延伸閱讀

書名	類別	作者	繪者	譯者	出版社	相關議題
畢老師的蘋果	繪本	瑪丹娜	羅倫	蔡依林	格林	謠言像羽毛散得快。
統統是我的	繪本	涅勒・穆斯特	安涅特・魯道夫	張瑩瑩	臺灣麥克	說謊的人沒有朋友。
聖塔菲的巫婆	繪本	東妮・強森	張麗雪	張麗雪	遠流	巫婆可以不誠實？
最重要的事	繪本	伊芙・邦婷	羅奈德・希姆勒	劉清彥	道聲	有錢賺，可以不誠實？
阿丁的寒假作業	繪本	邵正宏	Maruko		飛寶	不誠實會自食其果。
項鍊	繪本	莫泊桑	蓋瑞凱力	張麗容	臺灣麥克	真誠面對自己。
大懶蟲與小仙子	小說	哈潑			九歌	誠實的孩子受人歡迎。
慢慢龜不說謊了	小說	王文華			小兵	不負責任的謊話可能會引起大騷動。

8. 學習單

學習單(一)

劇本大改寫

＿＿年＿＿班＿＿號　姓名：＿＿＿＿＿＿＿＿

學習單(二)

我會怎麼做

____年____班____號　姓名：________________

請小朋友根據下面的問題勾選出你覺得該怎麼做比較好的答案，並說出爲什麼會挑選這個選項？

一、今天一覺醒來，已是早上九點多，小光又會遲到了，這是他這禮拜第二次遲到，到學校可能會被老師罵。

★你認爲小光應該怎樣做？

□請病假留在家中。

□跟老師說因爲去看病，所以比較晚來。

□到學校跟老師認錯。

爲什麼？________________________________

二、阿明跟班上同學在大川堂玩球，不小心將球踢到佈告欄的大玻璃，大玻璃被撞破了，大家看到這個情形趕快跑離現場。

★你認爲阿明應該怎樣做？

□不把這件事說出來。

□向老師自首，獨自承擔過錯。

□找同學一起跟老師自首。

爲什麼？________________________________

三、小偉未經過同學的同意拿同學的筆來用，結果把同學的筆弄壞了，怕同學會要求要他賠償，小偉偷偷將筆放回同學的鉛筆盒。

★你認爲小偉應該怎樣做？

□說出眞相，並向同學道歉。

□推說是其他同學弄壞的。

□表示對弄壞筆這件事不知情。

爲什麼？________________________________

四、阿彤這次月考成績未達父母親的標準，所以將考卷撕毀丟棄在學校的垃圾桶中。

★你認爲阿彤應該怎樣做？

□向父母親說老師並未發考卷。

□坦白告訴父母親這次測驗的成績。

□當作沒這回事。

爲什麼？＿＿＿＿＿＿＿＿＿＿＿＿＿＿＿＿＿＿＿＿＿＿＿＿

學習單(三)

心跳一百

____年____班____號 姓名：____________

♥你覺得臘腸狗偷吃臘腸的行爲對嗎？爲什麼？

____

____

♥你覺得臘腸狗對阿雷說謊時，牠會有怎樣的感覺？

____

____

♥你曾說謊嗎？是爲了什麼事而說謊呢？____________

____

____

有沒有被發現？

□有，後來______________________________

____

□沒有，後來______________________________

____

如果重新來過，我會______________________________

____

____

9.行動與感動

～緣起～

每次改小朋友的作文時，總覺得小朋友寫的內容像是在記流水帳，讓我對於自己的寫作教學感到很灰心，後來同事告訴我可以用圖像來做作文教學，在這一連串的實驗下，讓我有機會看到小朋友在寫作方面的進步，也可以在這裡跟大家分享自己的經驗。

一、劇本大改寫

當第一次用單槍投影機看繪本時，小朋友都感到很新鮮，看到圖片就開始七嘴八舌用自己的想法述說著這個圖片的故事，但後來我要求他們看過所有圖片再討論，所以他們就忍住腦海中的各種想法，先把圖片看完。

看完圖片後，我與小朋友稍微將整個故事討論過，但那時我並未在「誠實」這個部分做特別的強調，因此後來在收回圖片的勾選單後，發現小朋友勾選的都是一些比較有趣的圖片，或者臘腸狗利用自己改變後的身體去幫助人，都是比較屬於有創意的部分，在寫作上會比較有發揮的空間，但這和我們的主題「誠實」沒有扣緊，所以我在後面的學習單上做補救。

因為是第一次做這樣的活動，且還跟小朋友一起討論過故事書的內容，所以大部分小朋友在貼圖片的順序上跟繪本的順序一樣，寫出的故事內容也和一起討論過的很相近，只有少部分的小朋友有自己的想法，雖然如此，因為有圖片可以參考，有些原本連寫出完整句子都有問題的小朋友，也比較能下筆，看到這樣的進步，其實心裡滿高興的，但也有點擔心是否以後的寫作內容會跟繪本內容太過相近。

隨著寫作的次數增加後，漸漸的，小朋友不僅會在文章裡面運用自己的創意，我之前擔心寫作內容與繪本內容相近的問題也沒出現。到後來，小朋友會想依照自己方式去幫圖片排列位置，寫出來的故事更是大大的不同。

二、我會怎麼做？

「我會怎麼做？」這張學習單的內容是根據班上曾發生過的一些狀況來討論，對小朋友而言，他們其實都很清楚該選擇哪個答案，但對於「為什麼」要勾選這個答案，我想藉由小朋友之間的討論，來釐清大人的某些規定是有其作用的，這能讓小朋友自發性的去遵守，增強小朋友對於「誠實」的觀念，之後老師再加強他們可能疏漏的地方。

三、心跳一百

「心跳一百」裡的一些問題是想讓小朋友透過臘腸狗這個角色，將他們說謊時的心情寫出來，並讓他們思考如果重新來過，除了說謊外，還有沒有更好的解決方法。

因為四年級的小朋友比較懂事了，知道哪些事說出來可能會被處罰，為了避免他們對於自己說過哪些謊這部分會寫一些無關痛癢的事，所以我事先跟小朋友說明，對於他們所寫的內容我會保密，絕對不會給其他小朋友看，於是小朋友開始提出他們的疑問。

生：「老師，那妳會不會告訴我爸爸媽媽？」

師：「不會。」

生：「可是妳把學習單放在學校不就會被別人看到？」

師：「我不會把學習單放在學校，我會把它帶回家，而且我也不會發還給你們，以免你們弄丟了被別人看到。」

生：「那妳的家人會不會看到？」

師：「不會，只有我看到而已。」

生：「ㄏㄡ！那我就可以寫實話了。」

大部分小朋友寫的內容都是說謊被發現的例子，只有少部分的人寫的是沒被發現。不管有沒有被發現，他們寫的答案大部分都是大人希望他們寫的答案——如果重新來過，我會誠實⋯⋯，但有一個小朋友的回答讓我很訝異，他寫自己曾偷玩電腦被媽媽抓到，媽媽將電腦沒收一陣子才還他，他知道自己的行為不對，但他以後還是會再偷玩。對於這樣誠實的回答，讓我心裡出現了疑問，因為我們希望能教小朋友說「實話」，這位小朋友確實做到了，但這樣的實話似乎沒有達到我們希望他自我反省的要求，我想這是我需要再自我釐清及加強的部分。

10. 作品摘錄

學習單（一）

（臘腸）　班級：　座號：　姓名：

從前有一隻狗，牠很愛吃臘腸，所以每天晚上他都會去偷吃臘腸店裡面的臘腸，因為牠每天都去偷吃，所以偷吃的技術越來越好，牠一口就能吃掉二十根臘腸，但牠卻不知自己已經越吃越長。

牠在無意間增長了四十公尺，但牠竟然還要繼續偷吃。這時臘腸店的老闆開始懷疑這隻突然長長的狗，所以就跑去問牠說：「你是不是偷吃我的臘腸？」牠說：「沒有啊！」沒有啊！」

因為這隻狗牠不停的變長，所以大家都幫牠取了一個名字叫「臘腸狗」。有一天，牠走在路上不小心跌到石頭摔了一跤，牠長長的身體全部捲在一起，剛好被一對兄弟看到，臘腸狗覺得自己被笑很難過。

那天晚上牠做夢夢到牠的身體變的一節一節的，真的要變成臘腸了，牠很害怕，所以就自己去跟老闆道歉了，老闆說：「以後不能再這樣了喔！」

第二天，牠在銀行看到有人搶劫，臘腸狗覺得應該要幫忙警察抓小偷，就用牠長長的身體把小偷圍起來，讓警察把小偷抓起來。警察局後決定把臘腸狗當警犬使用，所以就把牠帶走了。

（圖片提供／格林文化《臘腸狗》　作繪者／杜荷諺）

學習單（二）

年　班　號 姓名

請小朋友根據下面的問題句選出你覺得該怎麼做比較好的答案，並說出為什麼會挑選這個選項？

一、[illegible]這是他這禮拜第二次遲到，到學校可能會被老師罵。

★你認為小光應該怎樣做？

☐ 請病假留在家中。

☐ 跟老師說因為去看病，所以比較晚來

☑ 到學校跟老師認錯。

為什麼？因為這是小光自己睡太晚，所以他應該自己負責。

good

二、阿明跟班上同學在大川堂玩球，不小心將球踢到佈告欄的大玻璃，大玻璃被撞破了，大家看到這個情形趕快跑離現場。

★你認為阿明應該怎樣做？

☐ 不把這件事說出來。

☐ 向老師自首，獨自承擔過錯。

☑ 找同學一起跟老師自首

為什麼？因為班上同學一起玩球，所以玩球的同學應該一起承當這個責任。

三、小偉未經過同學的同意拿同學的筆來用，結果把同學的筆弄壞了，怕同學會要求他賠償，小偉偷偷將筆放回同學的鉛筆盒。

★你認為小偉應該怎樣做？

☑ 說出真相，並向同學道歉。

☐ 推說是其他同學弄壞的。

☐ 表示對弄壞筆這件事不知情。

為什麼？因為是小偉沒經過同學的同意就拿走同學的東西，所以他應該和同學道歉。

四、阿彤這次月考成績未達父母親的標準，所以將考卷撕毀丟棄在學校的垃圾桶中。

★你認為阿彤應該怎樣做？

☐ 向父母親說老師並未發考卷。

☑ 坦白告訴父母親這次測驗的成績。

☐ 當作沒這回事。

為什麼？因為阿彤這次月考成績未達父母的標準，還把考卷撕毀丟棄在垃圾桶中，所以他應該坦白告訴父母考試的成績。

學習單（三）

心跳一百

年　班　號 姓名

♥ 你覺得臘腸狗偷吃臘腸的行為對嗎？為什麼？

不對，因為牠說謊。

♥ 你覺得當臘腸狗對阿雷說謊時，他會有怎樣的感覺？

我覺得牠那時的感覺是很緊張，很怕被主人發現牠在說謊。

♥ 你曾說謊嗎？是為了什麼事而說謊呢？我有說過謊，是為了不讓偷玩電腦被媽媽發現。

有沒有被發現？

☑有，後來媽媽很生氣，所以把我的電腦沒收，不過，一個月後，媽媽又把我的電腦還給我。

□沒有，後來

如果從新來過，我會直接和媽媽說，但我可能會再偷玩。

誠實【高年級】

設計者◎廖丸毅

勇於反省

成長的路上難免會有犯錯或是受誘惑的時候，應適時的導正孩子，犯錯並不可恥，重要的是勇於面對，懂得反省思考。小朋友總是希望在老師、家長，或同學面前表現得更好，有時候說謊不一定是為了逃避處罰，也許是擔心他的犯錯會讓大家失望，這時，適度的正面引導，比威脅他若說謊話將必須承擔何種後果更有效，應讓孩子明白，師長期待的是「勇於反省」而不是「完美無缺」的孩子。

人非聖賢，孰能無過？面對錯誤或誘惑，我們該選擇怎樣的方式？

本教學活動將以「勇於反省」為主題，透過《臘腸狗》這本繪本為教學的文本，與孩子共同探討生活中「誠實」的相關問題。

1. 圖像閱讀文本

一、書　名：臘腸狗（*CHIEN SAUCISSE*）

作繪者：杜荷謬（Gaetan Doremus）

譯　者：吳倩怡

出版社：格林文化事業股份有限公司

二、內容簡述

小狗看到店裡的臘腸實在太誘人，牠忍不住偷吃了起來，主人阿雷發現臘腸老是不翼而飛起了好大的疑問，小狗卻找了一堆藉口矇騙阿雷，小狗食髓知味，愈吃愈上癮，沒想到牠的身體卻慢慢的變長。

長長的身體讓牠行動很不方便，牠的內心愈來愈難過，於是鼓起了最大的勇氣向阿雷認錯，阿雷原諒了牠，牠內心的石頭終於放下，雖然小狗知道自己的身體再也不能恢復原來的樣子，有點沮喪，不過牠找到適合自己的生活，利用長長的身體幫助更多的人，重新的又喜歡自己。

生活中俯拾可見的小事透過作者幽默有趣的畫面，生動的呈現出來，小狗面對美食的貪心，與面對詢問時所說的謊言，在日常生活中時時上演，外在的不便與內心的煎熬是本書最饒富趣味的地方。

2. 設計理念架構

日常生活中，孩子常面臨許多抉擇，「要不要說實話」便是一項抉擇，本課程方案以「勇於反省」爲主題中心，藉由繪本閱讀的教學活動與孩子一同探討誠實的重要與必要，以「抗拒誘惑，當自己的主人」、「勇於承擔，修正錯誤」概念爲方向，讓孩子眞正落實此道德，進而於生活中實踐；此外，也希望藉由繪本的閱讀與分享，增進孩子的閱讀理解與表達能力。

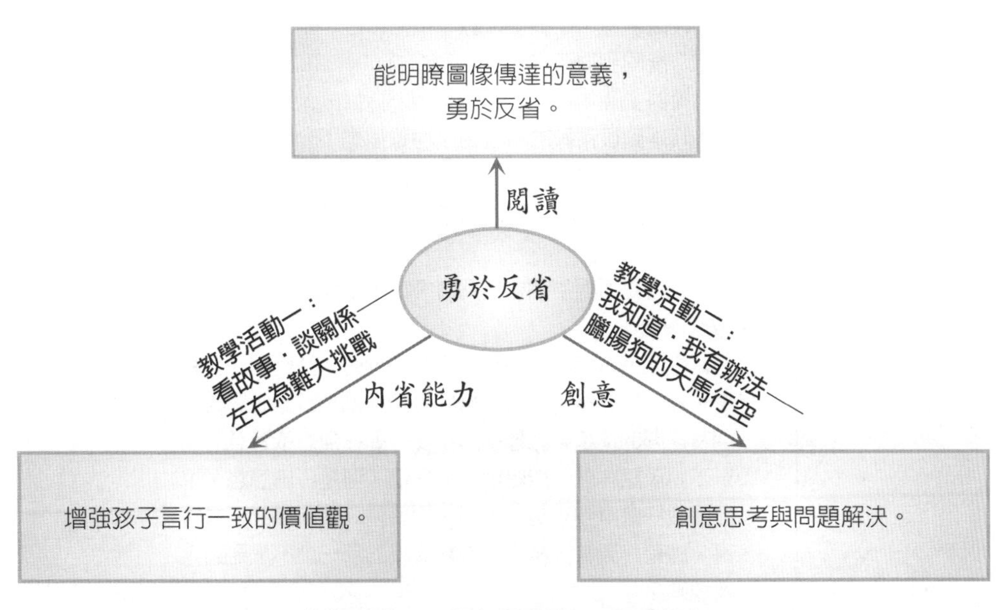

教學活動三：真心留言簿——閃亮舞台

3. 教學的進行

教學名稱	教　學　要　點	教學資源
活動一： 看故事．談關係 ——左右為難大挑戰	一、繪本欣賞： 播放去除文字的《臘腸狗》繪本圖片，讓學生安靜欣賞並體會圖片所要傳達的意思。 二、問題討論： (一)探討本書有關誠實的內容： 1. 故事裡，小狗很想吃臘腸，牠可以怎麼做？ 2. 故事裡，小狗偷吃了臘腸，牠應該怎麼做才能讓主人原諒牠而不生氣？ 3. 故事裡，小狗不喜歡笨重的自己，牠該怎麼做才能回到原來快樂的自己？ (二)探討生活中面臨到誠實的狀況： 1. 遇到很喜歡的事或物，可是爸媽不允許，我可以怎麼做？ 2. 即使發生錯誤要如何修正自己？如何讓錯誤減到最低？ 3. 誠實面對生活中的每件事，有什麼好處？ 三、教師總結： 日常生活裡，有時候沒有把事情處理好，我們內心會有所不安，擔心爸媽生氣、擔心老師處罰，或擔心影響好朋友之間的情誼，因種種的不安，而在無意或有意的情況下說了謊，做了欺騙別人的事情。可是仔細想想，說了謊或許會得到短暫的平靜，但謊言、虛偽終究不是事實，總有一天會被發現，事實揭曉的那一刻不是更叫人難堪嗎？ 當然，誠實的認錯需要極大的勇氣，可是結果不一定會如預期中的糟糕。犯錯時認錯，有可能會被責備或是處罰，不過可以讓自己記取經驗與教訓，下次就不會重蹈覆轍了。	圖片電子檔 單槍投影機

教學名稱	教　學　要　點	教學資源
活動二： 我知道．我有辦法 ——臘腸狗的天馬行空	創意思考與問題解決： (一)透過繪本主角「臘腸狗」的內心掙扎與外在不便，讓學生思考欺騙所衍生的危機，以及唯有誠實才能重新找回自己。 (二)教師引導學生配合學習單，激發學生觀看繪本後的創意思考，透過編寫廣播劇方式，小組合作，天馬行空的想像臘腸狗不肯說出實話的後果或臘腸狗一開始便誠實以對，爭取主人的獎賞等種種狀況。	學習單
活動三： 真心留言簿——閃亮舞台	教師列舉多種生活情境，同學分組討論自己的生活經驗，再決定演出順序，最後由全班票選最佳男女主角及最佳編劇。 (一)生活情境： 1. 無意間說出好朋友的秘密，好朋友生氣的跑來質問時，怎麼辦？該不該承認？ 2. 期中考我得了全班最高分，後來我發現老師改錯了。 3. 去合作社買東西，阿姨多找了 10 元，我存了好久的零用錢，就差這 10 元便可以買一本我喜歡的故事書了…… 4. 弟弟考試考差了，不敢把考卷拿給爸媽簽名，他希望我能代簽，而且保證下次會好好讀書…… 5. 我答應好友要幫他保守犯錯的秘密，我不想失信於他，可是老師卻一直問我，我很為難。 6. 小明偷了班上的班費，因為他的媽媽生病住院了，他實在沒辦法，又不想讓同學知道，因為不希望大家因為憐憫而幫助他，你知道了這件事該怎麼辦？ (二)教師總結： 誠實是做人處世的基本方針，我們應誠懇、坦白的與人相處，即使犯錯，也要懂得反省思考，真實的面對錯誤，尋求補救的方法，而不是推卸責任或文過飾非；另外，有時陳述事實或許會有些殘酷，可以多留意說話的語氣和措辭，盡量用委婉的方式表達，使對方的傷害或不舒服減到最低，如果真的必須採用善意的謊言，也要適度，免得導致後果不可收拾。	

4. 延伸活動

真理大辯論——善意的謊言，適當嗎？

1. 播放「天下無賊」（中國作家趙本夫的短篇小說改編；導演：馮小剛；發行商：海樂）。
   - ◆片段 1:00:25:06:49，並與學生共同探討：劇情中哪一部分是欺騙？哪一部分是善意的謊言？
   - ◆劇情簡介：「天下無賊」主要描述神偷情侶王薄、王麗及憨直農民傻根在長途火車上的經過。傻根身懷鉅款返鄉，卻引來另一群不懷好意的偷竊集團覬覦，王麗為了保護單純拙樸的傻根，只好與王薄見招拆招，希望擊退此集團……
2. 全班分正反兩方，進行班級辯論會，探討善意的謊言是否合情？又是否合理？以進行價值觀念的釐清。

5. 我可以做到

【誠實】約定實踐學生自評表

____年____班____號　姓名：________________

各位小帥哥、小美女：

還記得我們針對「誠實」的約定內容嗎？現在老師要請你們對自己最近的表現來一次大考驗，相信各位誠實的小帥哥及小美女們一定會有很好的表現，加油！要對自己的表現誠實的打✓喔！

時間：(　　)年(　　)/(　　)~(　　)/(　　)

約定內容		全部做到	經常做到	偶爾做到	沒有做到	說明原因
學校生活	1. 老師改錯考卷，我會誠實的告訴他。					
	2. 好朋友犯錯了，我會誠實的告訴老師，不會包庇他。					
	3. 榮譽比分數更重要，我考試會誠實作答。					
	4. 自治小市長選舉，我不接受賄選。					
	5. 我能誠實的回答老師問我的問題。					
社會生活	1. 我不會拿取不屬於自己的東西。					
	2. 我會衡量自己的能力再答應他人，答應之後便會全力以赴，不反悔。					
	3. 買東西找錯了錢，我會主動退還給老闆。					
	4. 我不使用盜版的光碟或軟體。					
	5. 犯錯了，不推卸責任，不找藉口，我會誠實的說明事情的經過。					

☺ 我覺得我已達成____%

☺ 給自己一句鼓勵的話：________________

☺ 老師給我的小建議：________________

【誠實】公約家長檢核表

____年____班____號　姓名：______________

親愛的家長，您好！

以下是老師與孩子約定的事項，這一週孩子在家裡的表現如何呢？請家長想一想，再打✓，謝謝！

時間：(　　)年(　　)/(　　)~(　　)/(　　)

約　定　內　容		全部做到	經常做到	偶爾做到	沒有做到	說明原因
家庭生活	1. 孩子會主動告訴爸媽在學校做錯的事。					
	2. 孩子考試考差了或聯絡簿有老師的留言，會誠實主動的拿給家長簽名，不欺瞞。					
	3. 和家人起爭執時，孩子會誠實說出事情經過。					
	4. 未經許可，孩子不會翻閱或拿取家人的東西。					
	5. 與家人約法三章後，他／她會確實做到。					
	6. 孩子能誠實回答爸媽的問題。					

☺家長給孩子鼓勵的話：______________________________

____

____

家長簽名：__________

6. 學生將學會

學習目標	對應之九年一貫課程能力指標	
一、能透過圖像閱讀與討論，提升理解與表達能力。	語文 E-2-5	能利用不同的閱讀策略，增進閱讀的能力。
	語文 4-3-3	運用溝通技巧與家人分享彼此的想法與感受。
二、能理解日常生活誠實的重要性及態度的養成。	健體 6-2-4-4	學習有效的溝通技巧與理性的情緒表達，認識壓力。
	社會 4-3-4	反省自己所珍視的各種德行與道德信念。
三、做事能勇於承擔，並具有反省思考的能力。	綜合 4-2-3-1	了解自己在各種情境中可能的反應，並學習抗拒誘惑。
	健體 6-3-4-4	應用溝通技巧與理性情緒管理方式以增進人際關係。

7. 延伸閱讀

書名	類別	作者	繪者	譯者	出版社	誠實相關議題
阿丁的寒假作業	繪本	邵正宏	Maruko		飛寶	不誠實自食其果
相同的遭遇	繪本	Cynthia Stierle	S.I. International	林芬明	企鵝	誠實是種美德
項鍊	繪本	莫泊桑	蓋瑞凱力		格林	真誠面對自已
大懶蟲與小仙子	小說	哈潑			九歌	誠實的孩子受人歡迎
我的道德課本	歷史故事	郝勇			高談	廉而不貪
可笑的愛	小說	米蘭・昆德拉		邱瑞鑾	皇冠	為什麼要說實話
生命從說實話開始	散文	BRAD BLANTON		李靈芝	探索	坦誠待人待己
替真實打開窗門	散文	小蟲作坊			百善書房	真實讓世界更美好

8. 學習單

臘腸狗的天馬行空

____年____班____號　姓名：____________

小朋友：

你一定也有很喜歡的事或物，比方你很喜歡打電動，媽媽卻一直禁止你玩，因此你總是千方百計，想出一堆鬼點子與媽媽作戰，把握任何一秒媽媽不在的時間，就像故事裡的小狗一樣調皮。想想看，如果你是小狗，你可以如何正當的爲自己爭取香噴噴的「臘腸」？如果你已禁不起誘惑，踏錯了一步，又該如何補救？請發揮你的創造力，自行設計一篇另類的「臘腸狗」廣播劇吧！

時間：
人物：
場景：

第一幕：令人垂涎三尺的臘腸

第二幕：努力表現，獲得獎賞

第三幕：人心不足，蛇吞象

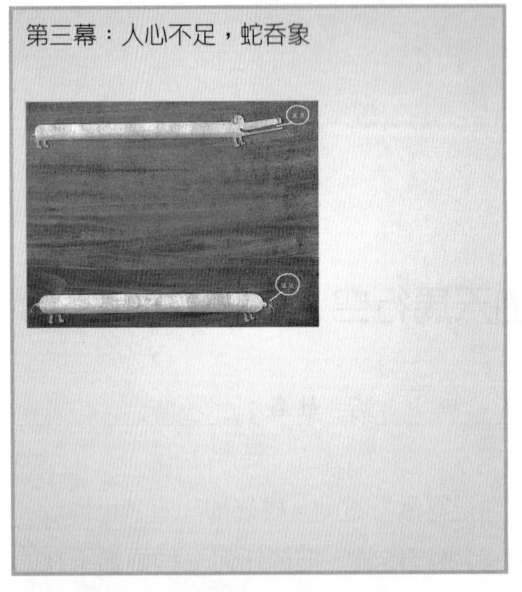

第四幕：上帝啊！我下次不敢了，原諒我吧！

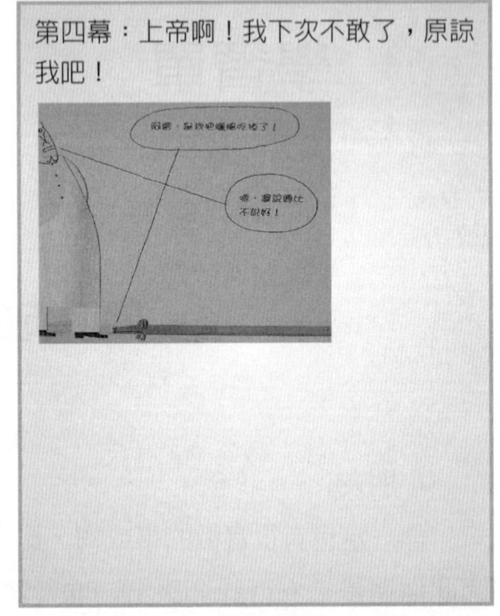

我設計的這篇廣播劇中，最大的特色是：

____

____

____

____

____

____

（圖片提供／格林文化《臘腸狗》　作繪者／杜荷諺）

9. 行動與感動

那天下課，密密神情緊張的跑來找我，「昨天老師請假，我做了不該做的事……」他囁嚅的說著，「可以告訴老師是什麼事嗎？」「我昨天打掃的時候畫黑板……」，密密不安的說著。

好單純的孩子！爲了這麼一件芝麻小事卻煎熬了許久，我心裡暗暗佩服他的坦白與勇氣。許多時候孩子害怕面對錯誤，也許擔心的是處罰，也許擔心的是孩子在老師或家長心中優秀的形象有所減損，因而選擇掩蓋錯誤，避重就輕，不過內心的不安與壓力卻難以逃避（即使在大人看來如此輕鬆平常的小事），如何把孩子這份罪惡感降低，讓他確實的面對、反省與檢討，並讓孩子了解老師與家長並不會因爲他／她犯了一個錯而減少對他們的愛與關懷，這是我希望透過此教學活動傳達給孩子的想法，因爲師長期待的是「勇於反省」的孩子，更勝於「完美無缺」的孩子。

《臘腸狗》是本詼諧逗趣的繪本，第一次實施繪本教學時，同學們便笑聲不斷，儘管我再三叮嚀他們安靜欣賞，還是事與願違：

生：「好好笑喔，身體變成那麼長。」

生：「牠長得好像臘腸喔，怎麼會有小狗長成那樣？」

生：「已經這麼長了還貪吃。」

繪本裡逗趣的故事情節輕易的吸引了孩子的目光，他們自然的把焦點聚在歡樂的事物上，與我原先的預期有很大的距離，終於，有敏銳的孩子看出了端倪，刻意壓低音量的說著「原來說謊身體會變長」，這句話像把鑰匙，好像在那一剎那，孩子全都明白了，臘腸狗之所以身體變長是因爲說謊的後果，身體帶來的種種不便是因爲說謊必須面臨的自我處罰。就像是佛家所說的「頓悟」，我眞不明白是他們太遲鈍還是怎麼回事？謎底提前揭曉了，那創意改寫該怎麼進行呢？

孩子喜歡繪本的新奇有趣，但對於學習單的書寫卻顯得興致缺缺，尤其是創意改寫的部分，孩子們個個不是唉聲嘆氣便是愁眉苦臉，似乎看不出動力。

甲生：「老師，繪本很好看，可是我們不知該怎麼改寫啦！」

教師：「這樣好了，假如你很喜歡看漫畫，可是媽媽又不准你看漫畫，你可以怎麼做呢？」

甲生：「如果媽媽是因爲擔心我近視，我會保持適當的距離，並且會看一下，休息一下。」

乙生：「如果媽媽擔心我成績退步，我會保持好成績。」

教師：「那如果你沒有達成與媽媽之間的協定，又忍不住偷看了漫畫，該怎麼辦呢？」

甲生：「不被發現就好了！」全班哄堂大笑。

丙生：「那你不也成了臘腸狗？」全班笑聲又起。

乙生：「而且媽媽如果知道，再把這件事告訴老師，會很丟臉啦，全班都會知道耶。」

說來說去，要他們承認錯誤不難，困難的在於面子問題，當然我知道這是青春期孩子的特有表徵，不過這樣下去不就演變爲全班想辦法爲這個錯誤圓謊？這怎麼行？在一陣唇槍舌戰之後……

甲生：「我還是承認好了，免得自找麻煩。」

雖然對這答案不甚滿意，但也讓我鬆了一口氣，其實說謊不如想像中簡單，也許逃過了這一次，但並不能保證永遠不被發現，與其承受這樣的心理掙扎，還不如坦承的面對錯誤，這是孩子在一次次討論與分享中體會到的，彌足珍貴。

那麼《臘腸狗》可以怎麼進行改寫而不違背故事的邏輯性，並且符合誠實的原則呢？

甲生：「臘腸狗很貪吃，連主人心愛的筆都吞下肚，身體變得又長又黑。」

乙生：「臘腸狗因爲身體變長，很不方便，牠只好捨棄愛吃的臘腸，改吃素，乞求上帝趕快把牠變回來。」

丙生：「主人為了抓出小偷，在臘腸裡放了蟑螂藥，於是找出罪魁禍首的小狗。」

小組討論匯集的智慧果然驚人，孩子的討論，持續到下課鐘聲響起還欲罷不能。

事實上，生活裡的許多事件往往錯綜複雜，不單是一個原因而起，也不單單是誠實、說謊的二分法，有許多範圍無法輕易的界定，孩子接觸社會愈多，遇到的情況就愈複雜，往往難以客觀下判斷，即便是大人也不例外！在活動三「真心留言簿」裡，我刻意列舉了一些生活情境，尤其是人際相處上的兩難，例如：「好友犯了錯，希望我能幫他保守犯錯的秘密，我該不該告訴老師？」不論這是曾經發生或未曾發生的事情，我希望孩子都能藉這個機會澄清，建立自我的價值觀。

此外，與人相處，有時過於直接、坦白，也會傷了雙方的和氣，或製造出不必要的摩擦，這個時候表達的語氣與措辭便要格外留意，透過委婉的溝通可以緩和許多衝突。我在延伸活動的單元裡安排了影片欣賞，想與孩子討論「善意的謊言」這個主題，其實善意的謊言不能直接斷言對錯，許多事情在不同角度的衡量下本來就難以輕言對錯，這些處世哲學，很遺憾的，我並沒有找到方法教導我的孩子，他們需要在一次次人生體驗中學習。

擬定實踐公約時，多數的孩子對於誠實的概念還算清楚，大部分的認知傾向於不騙人、不說謊、不偷竊，然而對高年級的孩子而言，擬定公約簡單，而實踐卻不是件容易的事。以班上最近發生的事情為例，在資源回收桶內發現沒有確實洗淨的鋁箔包，卻遍尋不著主人，類似的瑣事在日常生活中不斷上演，我想這正是所謂「知易行難」吧！

這樣的感嘆與工作坊的夥伴分享，大家普遍覺得「誠實」在眾品德中比較著重於自我的實踐，而在日常生活裡其他品德的實踐上容易受到讚揚（如：關懷、尊重），但誠實往往受到的責備會比讚揚多，孩子心中自然有一把衡量輕重的尺。唯有透過日積月累的品德教育才能點點滴滴將「誠實」內化到孩子們心中。原來在一次次的教學活動裡，我與孩子都在學習，創意可以無限啓發，道德卻是點滴累積，而後才形之於外的。

要如何引導孩子，讓誠實具體落實，的確需要下工夫。就像高年級的孩子知道說謊不對，但是說謊並不會眞的讓鼻子變長，也不會讓小狗身體變長，繪本是啓發的原點，我希望孩子體會到的是臘腸狗在故事中飽受煎熬的心情，以此想法延伸到爲人處世，而對照出誠實的重要。

10. 作品摘錄

學習單-1

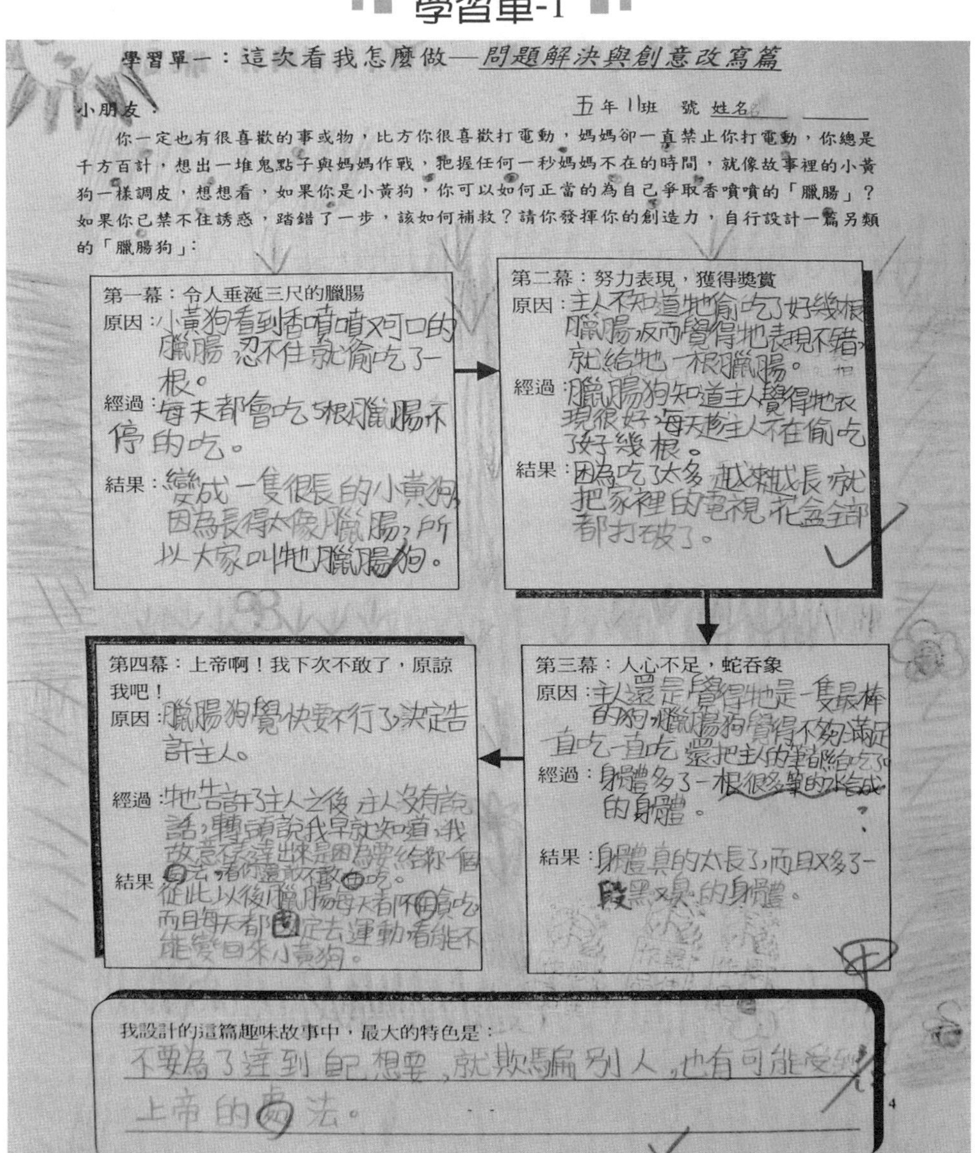
學習單一：這次看我怎麼做—問題解決與創意改寫篇

小朋友： 五年11班 號 姓名

你一定也有很喜歡的事或物，比方你很喜歡打電動，媽媽卻一直禁止你打電動，你總是千方百計，想出一堆鬼點子與媽媽作戰，把握任何一秒媽媽不在的時間，就像故事裡的小黃狗一樣調皮，想想看，如果你是小黃狗，你可以如何正當的為自己爭取香噴噴的「臘腸」？如果你已禁不住誘惑，踏錯了一步，該如何補救？請你發揮你的創造力，自行設計一篇另類的「臘腸狗」：

第一幕：令人垂涎三尺的臘腸
原因：小黃狗看到香噴噴又可口的臘腸，忍不住就偷吃了一根。
經過：每夫都會吃5根臘腸不停的吃。
結果：變成一隻很長的小黃狗，因為長得太像臘腸，所以大家叫牠臘腸狗。

第二幕：努力表現，獲得獎賞
原因：主人不知道牠偷吃了好幾根臘腸，反而覺得牠表現不錯，就給牠一根臘腸。
經過：臘腸狗知道主人覺得牠表現很好，每天趁主人不在偷吃了好幾根。
結果：因為吃了太多，越來越長，就把家裡的電視、花盆全部都打破了。

第三幕：人心不足，蛇吞象
原因：主人還是覺得牠是一隻最棒的狗，臘腸狗覺得不夠滿足，一直吃一直吃，還把主人的筆都給吃了。
經過：身體多了一根很多筆的不合成的身體。
結果：身體真的太長了，而且又多了一段黑又臭的身體。

第四幕：上帝啊！我下次不敢了，原諒我吧！
原因：臘腸狗覺快要不行了，決定告訴主人。
經過：牠告訴了主人之後，主人沒有說話，轉頭說我早就知道，我故意不說出來是因為要給你一個自去，看你還敢不敢再吃。
結果：從此以後臘腸每天都不再偷吃，而且每天都固定去運動，看能不能變回來小黃狗。

我設計的這篇趣味故事中，最大的特色是：
不要為了達到自己想要，就欺騙別人，也有可能受到上帝的處法。

學習單-2

這次看我怎麼做——問題解決與創意改寫篇

5年11班 號 姓名：

你一定也有很喜歡的事或物，比方你很喜歡打電動，媽媽卻一直禁止你打電動，你總是千方百計，想出一堆鬼點子與媽媽作戰，把握任何一秒媽媽不在的時間，就像故事裡的小黃狗一樣調皮，想想看，如果你是小黃狗，你可以如何正當的為自己爭取香噴噴的「臘腸」？如果你已禁不住誘惑，踏錯了一步，該如何補救？請你發揮你的創造力，自行設計一篇另類的「臘腸狗」：

：令人垂涎三尺的臘腸
原因：阿雷家開臘腸店，也養了一隻小狗，那隻狗叫小黃，小黃很愛吃臘腸，可是阿雷不給小黃吃。
經過：所以小黃就偷吃了一串的臘腸，因為愈吃愈多，後來成了每天都吃一串臘腸。
結果：他愈吃愈長，最後就成了一公尺長的狗狗。

：努力表現，獲得獎賞
原因：主人發現小黃愈來愈長，臘腸愈來愈少後，就知道小黃偷吃了店裡的臘腸。
經過：於是小黃就和主人溝通，說好不偷吃臘腸，只有幫主人的忙才有。
結果：後來他每天幫主人的忙，每天都有五根臘腸吃。

：人心不足，蛇吞象
原因：小黃還是覺得不夠多，所以又偷吃了很多臘腸。
經過：主人發現後就把小黃趕走，於是小黃沒有東西吃。
結果：小黃就到處去找能收留它的人，最後還是找不到。

第四篇：上帝啊！我下次不敢了，原諒我吧！
原因：小黃狗嘗到了苦味，所以請上帝原諒它。
經過：上帝沒有原諒它，小黃就回去找主人，請主人原諒，並跟主人說sorry。
結果：主人原諒了小黃，所以和小黃過著Happy的日子。

我設計的這篇趣味故事中，最大的特色是：
做人要誠實，不可以說謊。

關懷【低年級】

設計者◎魏慶雲

關懷讓世界更美麗

日常的教學中，經常遇到這樣的狀況：

師：「同學跌倒了，你該怎麼辦？」

生：「趕快把他扶起來，送他到保健室。」

生：「幫他擦藥。」

生：「幫他撿起他掉在地上的東西。」

……

但是當真正有這樣的狀況出現時，學生往往是先笑到不行以後，再在同學滂沱的淚眼中驚覺他們曾經給過老師的「標準答案」。尤有甚者是從頭到尾只存著幸災樂禍之心，卻不知對同學伸出援手。

所以我們發現：在品格教育中，學生會說出我們所謂的「正確答案」，卻未必真正內化為他們行為的模式。

基於此，嘗試不同的教學方式：利用圖像的引導、生活中可見的狀況、同儕的分享，與學生一同探討、澄清關懷的意義，使「關懷」不再只是一種口號，而成為行為中自然的反應，就是這次教學希望達成的目的了。

1. 圖像閱讀文本

繪本一

一、書　名：米爺爺學認字（*JEREMIAH LEARNS TO READ*）

作　者：喬・艾倫・波嘉（Jo Ellen Bogart）

繪　者：羅拉・弗南第（Laura Fernandez）
　　　　瑞克・傑克柏森（Rick Jacobson）

譯　者：宋珮

出版社：三之三文化事業股份有限公司

二、內容簡述

米爺爺會做很多事，但是他不會認字。經過很久的思考後，他決定到小學去學習。學習的同時，他也把自己會的東西教給別人。終於米爺爺可以閱讀了，於是米奶奶也一同到學校學習認字了。

繪本二

一、書　名：討厭黑夜的席奶奶（*HILDILID'S NIGHT*）

作　者：雀莉・杜蘭・萊恩（Cheli Duran Ryan）

繪　者：亞諾・歐伯（Arnold Lobel）

譯　者：林良
出版社：遠流出版事業股份有限公司

二、內容簡述

席奶奶一個人住在山上一間小屋中，每到黑夜，席奶奶就用盡方法想趕走黑夜，捉住黑夜，掩藏黑夜，但是黑夜卻總是存在。直到日昇東方，席奶奶才能安心上床睡覺。

繪本三

一、書　名：流浪狗之歌（*UN JOUR, UN CHIEN*）

作　者：嘉貝麗．文生（Gabrielle Vincent）
出版社：和英出版社

二、內容簡述

一隻狗被丟棄在曠野中。在這隻狗展開回家之旅中，牠走過漫長的路途，經歷許多的危險。終於，牠從原野走到了城市，穿越過大街小巷，在小主人回家的路上等待著放學的小主人，見到牠念念不忘卻將牠狠心拋棄的「親人」。

2. 設計理念架構

在教學之初就期待著學生能將關懷的心，內化爲行爲的模式，讓關懷成爲一種自然而然的事。低年級學生的生活經驗中較多是被關懷，無論親人、師長都較少要求其對身邊的人、事、物付出關懷，所以教學活動一開始，就必須與學生一同界定「關懷」的意義。

關懷的意義界定清楚後，就開始和學生一起研究：生活中有哪些人、事、物需要我們關懷？引導學生適切的表達，是寫作的第一步；能夠安靜的聆聽別人發表的意見，則是培養品格的第一步，所以在教學過程中，也把這樣的教育融合其中，希望孩子們都能自然而然的學會尊重、自愛與關懷。

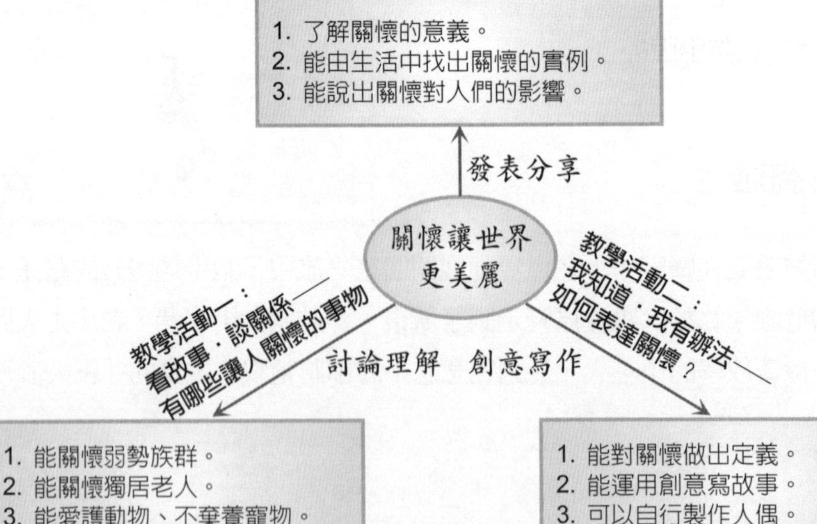

教學活動三：真心留言簿——愛心對對碰

3. 教學的進行

教學名稱	教　學　要　點	教學資源
活動一： 看故事．談關係 ——有哪些讓人關懷的事物	利用繪本圖像認知所謂的「關懷」： 一、繪本一：《米爺爺學認字》 (一) 播放去除文字的繪本圖片。 (二) 僅告知學生：米爺爺不認識字。 (三) 在播出中，逐頁讓學生發表並討論畫面中展現出的內容。 (四) 請學生討論： 1. 為什麼這是一個關懷的故事？ 2. 關懷是什麼？ 3. 故事中哪些人付出了關懷？ 4. 這些人用什麼方法表達關懷？ (五) 完成學習單(一)。 二、繪本二：《討厭黑夜的席奶奶》 (一) 播放除去文字及封面的繪本。 (二) 讓學生瀏覽一遍整個繪本。 (三) 每一頁的播出中，讓學生發表看法。 (四) 完全看過後，再請學生從頭整理故事內容。 (五) 討論： 1. 這個故事的主題是什麼？ 2. 這位老太太做了些什麼事？ 3. 她為什麼要這麼做？ 4. 我們可以怎樣幫助她？ (六) 完成學習單(二)。	電腦 單槍投影機 圖片電子檔 學習單(一) 電腦 單槍投影機 圖片電子檔 學習單(二)

教學名稱	教　學　要　點	教學資源
	三、繪本三：《流浪狗之歌》 (一) 播放繪本圖片及封面。 (二) 讓學生完整的瀏覽一遍故事內容。 (三) 第一次瀏覽過程中，不能發言。 (四) 第二次播出繪本內容，同時請學生就畫面提出自己的看法。 (五) 統計學生在看繪本的過程中，最吸引他們的元素是：故事內容、角色、畫面背景還是結局。 (六) 討論： 1. 這是一個怎樣的故事？ 2. 故事中有哪些重要的角色？ 3. 我們應該怎樣對待寵物？ (七) 完成學習單(三)。	電腦 單槍投影機 圖片電子檔 學習單(三)
活動二： 我知道．我有辦法 ——如何表達關懷？	一、觀摩與分享： (一) 將學生在前三次教學時的學習單，利用實物投影機 show 給所有的小朋友觀賞。 (二) 觀賞的同時請學生討論每個人所寫出關懷方式的內容，並加以補充和回饋。 (三) 特別提示學生：欣賞及討論同學的作品時，不可以惡意批評，也不能取笑同學。 (四) 最後將小朋友認為最讓人感動，最能夠做到的關懷行為，及需要被關懷的對象整理出來，製作成大海報。 二、演出一齣「關懷」的戲： (一) 將全班分為六組。 (二) 每組利用保力龍球及免洗筷製作兩個小玩偶。 (三) 請每組小朋友寫一個關懷的故事。 (四) 演出各組所寫的故事。 (五) 完成學習單(四)「我是大編劇」。	 全開壁報紙 彩色筆 學習單(四)

教學名稱	教學要點	教學資源
活動三： 真心留言簿—— 愛心對對碰	請學生適切的表達關懷： (一) 發給每位學生兩張紙。 (二) 請學生在其中一張紙上寫下需要被關懷的對象，另一張紙上寫下我會用什麼方式關懷別人。 (三) 將兩組白紙分別放入甲、乙兩個箱子中。 (四) 分別抽出一張，請小朋友想辦法將對象與方法串聯起來。 (五) 當有合理的配對時，將其貼在海報上。 (六) 海報格式： 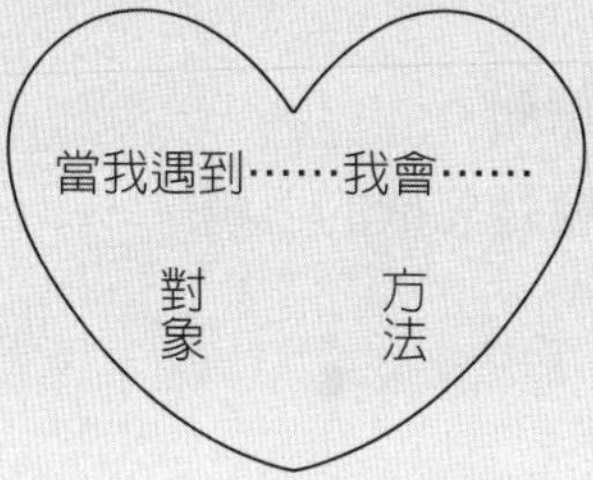 當我遇到……我會…… 對象　方法	 白紙 紙箱兩個 全開壁報紙

4. 延伸活動

一、我家也有貝多芬

1. 請小朋友發表飼養寵物的經驗：需要如何照顧、要購買哪些器具、主要照顧者為誰。
2. 說說看寵物最後的結局。
3. 假設寵物被棄養，會是怎樣的下場。

二、四肢不便體驗營

1. 為每位學生準備一條長帶子。
2. 將學生的左手綁在身上（慣用左手者可以綁右手）。
3. 要求學生在整個上午，無論遊戲、寫字、上廁所都不能用左手。
4. 第四節課請學生發表體驗心得。
5. 其他如：視力、下肢、聽覺……等，教師都可以視需要設計為體驗營。

5. 我可以做到

【關懷】約定實踐學生自評表

____年____班____號　關懷小天使：____________

各位小天使：

記得我們針對「關懷」的約定內容嗎？現在老師要請你們對自己最近的表現來一次大考驗，相信各位關懷小天使們一定會有很好的表現，加油！要對自己的表現誠實的打✓喔！

時間：(　　)年(　　)/(　　)~(　　)/(　　)

約定內容		全部做到	經常做到	偶爾做到	沒有做到	說明原因
家庭生活	1. 我會幫助父母分擔家事。					
	2. 我常常陪爺爺、奶奶（長輩）聊天。					
	3. 爸爸、媽媽很累時，我會安靜做好自己的事，不讓爸媽操心。					
學校生活	1. 遵守班級規定不讓老師生氣。					
	2. 看到同學有困難會自動去幫他。					
	3. 同學有不會的地方，我不會笑他。					
	4. 我在幫助別人時，態度會很和善。					

☺ 親愛的小天使：

經過這麼多的學習，你一定對關懷有很清楚的認識了。請你說說身邊發生過的令你難忘的「關懷」故事好嗎？

____

____

☺ 老師要對你說______________________________

____

【關懷】公約家長檢核表

____年____班____號　關懷小天使：________________

親愛的家長，您好！

以下是老師與孩子約定的事項，這一週孩子在家裡的表現如何呢？請家長想一想，再打✓，謝謝！

時間：(　　)年(　　)/(　　)~/(　　)/(　　)

約　定　內　容		全部做到	經常做到	偶爾做到	沒有做到	說明原因
家庭生活	1. 能幫助父母分擔家事。					
	2. 常常陪爺爺、奶奶（長輩）聊天。					
	3. 爸媽很累時，會安靜做好自己的事，不讓爸媽操心。					

☺看著孩子一天天長大，身為父母長輩者，必然是欣慰無比。而每天和這些孩子相處，看著孩子可愛的笑臉，聽著他們無邪的話語，教學的生涯因此變得愉快而充滿驚喜。

☺這些民族幼苗，國家未來的主人翁，將來會有怎樣的成就，就看您我如何教養他們。在充滿愛的環境下成長的孩子，一定是貼心又溫暖的。

☺請您寫寫平常孩子做過哪些貼心的事呢？

☺家長的悄悄話：

____

____

____

____

____

____

家長簽名：________________

6. 學生將學會

學習目標	對應之九年一貫課程能力指標
一、安靜的觀賞影片的放映。	語文 E-1-3　能培養良好的閱讀興趣、態度和習慣。
二、說出看過影片後的心得。	語文 C-1-4　能把握說話主題。 語文 C-1-3　能生動活潑敘述故事。
三、與同學討論彼此不同的觀點。	語文 B-1-1　能培養良好的聆聽態度。 語文 B-1-2　能確實把握聆聽的方法。
四、分享生活中的經驗。	語文 A-1-2　能應用注音符號表情達意，分享經驗。 語文 F-1-1　能經由觀摩、分享與欣賞，培養良好的寫作態度與興趣。
五、能看圖寫出品德故事。	語文 D-1-4　能養成良好的書寫習慣。 語文 F-1-2　能擴充詞彙，正確的遣辭造句，並練習常用的基本句型。

7. 延伸閱讀

書名	類別	作者	繪者	譯者	出版社	關懷相關議題
早起的一天	繪本	賴馬	賴馬		和英	我關心爺爺、奶奶
我和我家附近的野狗們	繪本	賴馬	賴馬		信誼	關心流浪狗
米粒市長	繪本	黃茗莉	黃茗莉		國語日報	關懷殘障老人
我的妹妹聽不見	繪本	珍恩・懷特豪斯・彼得森	珍恩・懷特豪斯・彼得森	陳質采	遠流	關懷聽障人士
我的姊姊不一樣	繪本	貝蒂・瑞特	貝蒂・瑞特	陳質采	遠流	關懷智障人士
好寂寞的螢火蟲	繪本	艾瑞・卡爾	艾瑞・卡爾	幸蔓	上誼	同伴的關懷與相處讓人溫暖
小女兒長大了	繪本	彼德席斯	彼德席斯	小野	格林	溫暖的互動永遠是快樂的泉源
互相尊重好朋友	小說	王文華	徐建國		小兵	關懷應出自尊重
老鼠阿灰的煩惱	小說	陳可卉	李長駿		小兵	能體諒他人
誰是機器人	文學	黃海	鄭樹中		國語日報	每個人都需要陪伴
爸爸與我	小說	賴文心			國語日報	親子間的相處

8. 學習單

學習單(一)

圖像閱讀與品格教育創意寫作「關懷」

____年____班____號　姓名：________________

一、什麼是關懷？

二、米爺爺學認字這個故事在說些什麼？

三、為什麼米爺爺想學認字前要先問很多人？

四、你會用什麼方式關懷別人？

學習單(二)

圖像閱讀與品格教育創意寫作「關懷」

＿＿年＿＿班＿＿號　姓名：＿＿＿＿＿＿＿＿

小朋友：這是一個關於＿＿＿＿＿＿＿＿的故事，請小朋友在下面的圖畫中，給每個圖案一句話，最後成爲一個關懷的故事。

故事名稱：＿＿＿＿＿＿＿＿＿＿＿＿

從故事裡我知道，關懷就是：＿＿＿＿＿＿＿＿

＿＿＿＿＿＿＿＿＿＿＿＿＿＿＿＿＿＿＿＿

1.

2.

3.

4.

學習單(三)

圖像閱讀與品格教育創意寫作「關懷」

_____年_____班_____號　姓名：____________________

看看下面這些圖片，請你寫出一個關懷的故事。

故事名稱：____________________________________

故事內容是：

____

____

____

____

從故事裡我知道，關懷就是：

____

____

看這本書的時候，最吸引我的是：

□故事內容　□角色　□畫面　□結局　□看不懂

學習單(四)

■■ 我是大編劇 ■■

請小朋友編一個關懷的故事。

可以是關心獨居老人，可以是關心小動物，可以是關心身邊的人……

寫完後我們要用自己製作的戲偶表演喔！

____年____班　第____組　組員：____________________

＊劇本內容

這個故事叫作：
故事裡的角色有：
故事內容是這樣的：

9. 行動與感動

一、繪本的選擇與教學過程

雖然在教學之初就已取得許多與品德相關的書目，但是心中總覺得：應該可以不侷限在這些書中。而且由於得將書中的文字拿掉，所以找書時刻意找些文字不多，或是文字打在圖案外面的繪本，這樣在處理時會簡單些。第一本教學的繪本會選擇《米爺爺學認字》乃因爲這本書是班上圖書。原本認爲學生必可有許多意見發表（本班是個超級活潑班，平常話一大堆）。誰知看完後請學生發表意見時，學生卻無比安靜。若是平常上課，他們不該說話時能有這種表現，本人睡夢中都會笑醒。

於是問題來了：是什麼事情把這些小麻雀嚇倒了？

在繼續引導的過程中，我終於知道：即使是再多話的孩子，看到故事書時，仍習於等待著老師告訴他故事內容。讓孩子自行創作一個故事，對我的這群寶貝而言，是未曾有過的經驗。而要慢慢引導他們將小嘴打開，試著表達出一個故事，首先得要由教師提供全然信任的環境，讓孩子體認到無論他說什麼都是被肯定、被讚美的。

但眞正的挑戰是：怎樣讓這些東一句、西一句毫無章法，全然不通的句子成爲有條有理的故事？

二、第一次教學後的挫折與各方的鼓勵

說實話，第一次教學的經驗是充滿挫折與失望的。教完後，心中一直沉浸在自己是個 lousy teacher 的觀感中。加上學習單的設計太過形而上，學生在回

答抽象性的問題時，表達上仍有困難。所以不斷反省與檢討：教法、提示過程、學習單設計及如何提升學生的寫作能力。但仍然不免對這樣的教學活動之成效存疑。

幸而身邊有幾位同仁不斷的鼓勵打氣，加以某位好友說道：「任何能力的訓練都需要時間，可是只要是正確的事就值得付出時間。」這句話安撫了我疑慮的心。於是就依著原先的計畫，將取掉文字的繪本一一呈現給學生，決心以堅定與時間換取學生的成長。

三、檢討反省與更多的考驗

在接下來的教學中，我在學習單中呈現了幾張圖，希望學生根據這幾幅圖片寫出一個故事。可是發現學生的敘述會侷限在一張一張畫面的解釋，無法串聯成文章，甚至有四位學生交回白卷來，這都是原先設計教案時沒有想到的。換句話說，個人對學生的起始能力評估錯誤。

同時我也發現到，學生無法自行掌握故事主題。也就是說，在討論過程中，老師需要根據繪本內容，在適當的時機提示一些句子，並且整理孩子的說法，將偏離主題的討論拉回應有的方向。這些過程一樣不太順利，可是這不正是我們教學的任務嗎？

四、漸入佳境

如果說，教學中有什麼讓人興奮的事的話，那就是赫然發現：孩子從畫面中所獲得的啟發，大於老師所獲得的。當孩子開始「敢」對畫面內容加以評論、發表後，他們對圖案的理解，在圖案中看出的暗示，都強過我這個老師。做過幾次圖像教學後，我也才發現在孩子的引領下，自己對繪本的領會能力大增。我想，這應該表示我還滿有慧根，且在這已垂垂老矣的身軀之中，還藏有一顆赤子之心吧！

在教學活動結束後，曾再回顧自己原始的設計，也思考是否要修正原先所設計的學習單。然而目睹了學生的成長與進步後，便決定仍然維持原來的設計。因爲如果我們給孩子較高層次的訓練，孩子將會有較多的進步。若將學習的要求降低，孩子的表現也將相對降低。「人，有無限的可能」這句話誠不我欺。

五、教學成果

綜觀整個教學成效，發現這個麻雀班現在：

1. 可以安安靜靜看完一本未必有趣的繪本。
2. 會熱烈的提出自己的看法。
3. 能尊重完全不同的意見。
4. 聽到不同的想法時，會修正原有的想法。
5. 白卷不見了（尤其是看到一位從不開口的孩子寫了一百多個字，哇！超有成就感的）。
6. 文字表達的功力有明顯的進步。

至於品格方面的成長呢？可以用下面這個經歷回答。

六、貼心的小天使

由於教學過程中一直會與學生討論與品德相關的話題，也對價值觀的定義多所著墨，孩子們在不知不覺中有了許多行爲上的改變。有一天，一位小朋友從家裡帶了一小包糖果來學校，要讓老師請乖的小朋友吃。於是本人便努力認眞的將糖果分發給表現優秀的學生，最後剩下一顆糖，我口中念念有詞的說：「剩下最後一顆糖了，老師應該給誰呢？」

「老師，最後一顆糖應該你自己吃。」

「對呀！你每次都把糖果分給我們，你都沒吃。」

「以前你常常用自己的錢買糖果請我們，這次有小朋友帶糖來也應該讓老師吃一顆。」

聽著這些此起彼落的童稚之音，看著這些善解人意的小臉，心中百感交集：「品格教學有用嗎？」我想：在我做這樣的教學時，所營造出來的氣氛，應該已經給了他們一個最佳的身教典範了吧！

小朋友專心的寫學習單中

分組討論生活檢核表

分組編寫劇本中

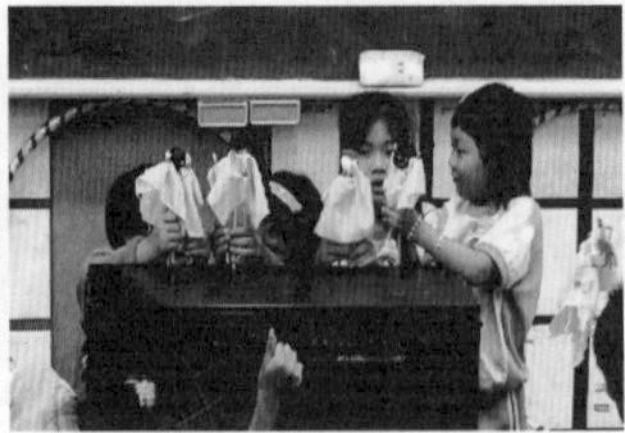
演出自己編寫的「關懷」的故事

體驗殘障者的不便

七、補充說明

由於教學過程中，只以圖像為教學內容。至於故事的情節與發展，全部由學生自行發表。所以學生寫出來的學習單，內容各具創意，雖然其中也許有錯字，也許敘述方式不夠流暢，卻仍然讓我欣喜不已。

若要說有什麼缺點，就是孩子都用鉛筆寫學習單，以致現在要掃描製版才發現：顏色太淡，製版效果不佳。只好讓小朋友用黑色簽字筆，依照原來的內容，再寫一次學習單。所以本篇呈現出來的學生作品，不是第一版的，而是修正版的，深感抱歉，在此說明。

10. 作品摘錄

學習單(一)

圖像閱讀與品格教育創意寫作學習單(1)

關懷一(一)　一年三班　號　姓名：

一、什麼是關懷？

ㄍㄨㄢ ㄏㄨㄞˊ 是：ㄅㄧㄝˊ 人 ㄧㄡˇ ㄕˋ 要 告 訴
老 師、ㄅㄚˋ ㄕˋ ㄚ ㄧˊ ㄅㄛˊ ㄕˋ 家 人。

二、米爺爺學認字這個故事在說些什麼？

ㄇㄧˇ ㄧㄝˊ ㄧㄝ 很 想 ㄒㄩㄝˊ ㄖㄣˋ 字，ㄧㄣ 他
老 了 不 會 ㄖㄣˋ 字。然 ㄏㄡˋ 他 就
到 小 學ㄒㄩㄝˊ 去 上 學ㄒㄩㄝˊ，還 帶 他 的
ㄑㄧ 子 去 ㄟ！

三、為什麼米爺爺想學認字前要先問很多人？

因 為 米 ㄧㄝˊ ㄧㄝ 很 想 ㄖㄣˋ 字。

四、你會用什麼方式關懷別人？

ㄅㄧㄝˊ 人 ㄅㄧㄝˊ ㄅㄠˋ 我 會 ㄅㄚˋ 起 他 把 他
ㄙㄨㄥˋ 到 ㄐㄧㄢˋ ㄎㄤ 中 心，看 他 有 沒
有 ㄧㄡˇ ㄕˋ。

學習單(二)

圖像閱讀與品格教育創意寫作學習單(2)

關懷 一(二)　一年三班　號 姓名：

小朋友：這是一個關於 ㄏㄞˋ怕ㄏㄟ 的故事，

請小朋友在下面的圖畫中，給每個圖案一句話，

最後成為一個關懷的故事。

故事名叫：ㄊㄧㄠˇㄓㄢˋ ㄏㄟ

從故事裡我知道：關懷就是 去關心、ㄏㄜˊ去愛ㄏㄨˋ別人。

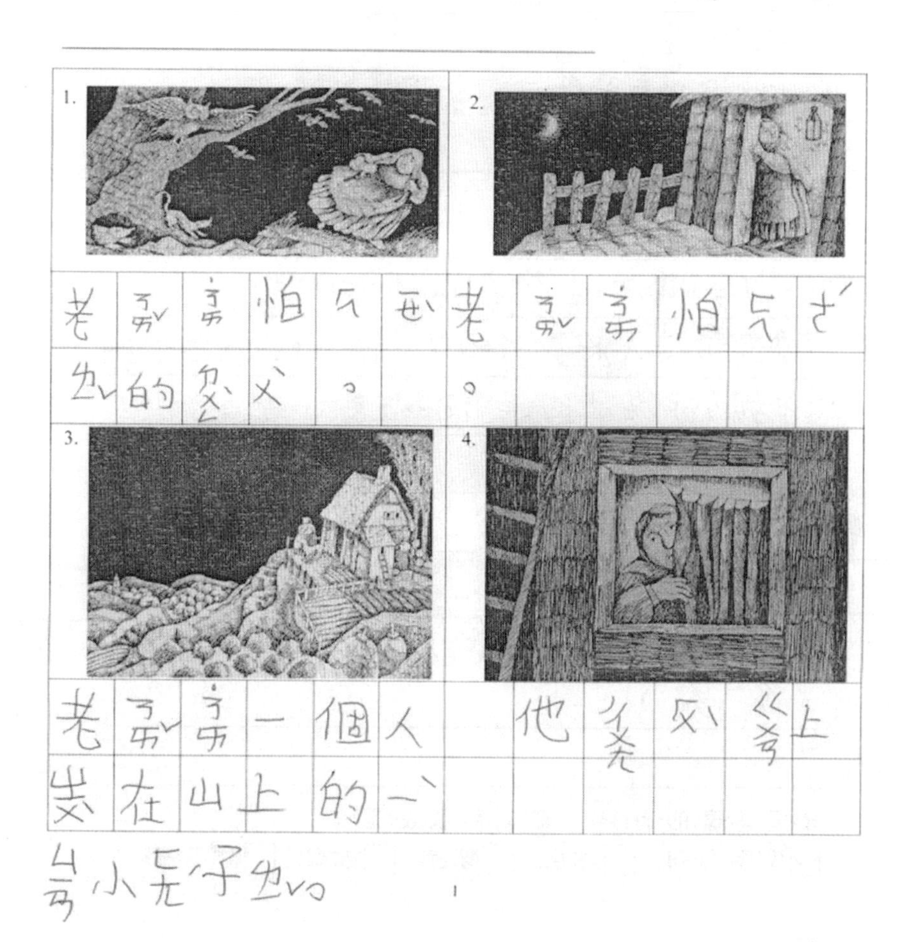
1.　2.

老ㄋㄞˇㄋㄞ怕ㄏㄟ 老ㄋㄞˇㄋㄞ怕ㄏㄜˊ

ㄓˋ的ㄇㄠㄧˊ。 。

3.　4.

老ㄋㄞˇㄋㄞ一個人 他ㄔㄨㄤ ㄏㄨˋ ㄍㄨㄢ上

ㄓㄨˋ在山上的一

ㄐㄧㄢ小ㄈㄤˊ子ㄓㄨˋ

學習單(三)

圖像閱讀與品格教育創意寫作學習單(3)

關懷－(三)　一年三班＿＿號　姓名：＿＿＿＿

看看下面這些圖片，請你寫出一個關懷的故事。

故事名叫：ㄌㄧㄡˊㄌㄤˋㄍㄡˇ的ㄍㄨˋㄕˋ

故事內容是：

ㄧㄡˇ一天ㄌㄧㄡˊㄌㄤˋㄍㄡˇㄅㄟˋ一ㄌㄧㄤˋㄔㄜㄉㄡㄉㄠˋ了。

ㄊㄚ要ㄓㄠˇㄊㄚ的ㄓㄨˇ人，ㄊㄚㄗㄡˇ了很久，很ㄌㄟˋ，ㄧㄡˇ很ㄎㄜˇ很ㄎㄜˇ。

ㄏㄡˋ來ㄊㄚㄓㄠˇㄉㄠˋ了ㄐㄧㄝ上的一個ㄋㄢˊ生。

ㄓㄜˋ個ㄋㄢˊ生ㄧㄤˇㄊㄚ。

從故事裡我知道，關懷就是：

ㄓㄠˋㄍㄨˋ人家、

一

看這本書的時候，最吸引我的是：

☑故事內容　☐角色　☐畫面　☐結局　☐看不懂

學習單(四)

我是大編劇

請小朋友編一個關懷的故事。

可以是關心獨居老人，可以是關心小動物，可以是關心身邊的人……

寫完後我們要用自己製作的戲偶表演呵。

第____組　組員簽名：________________

劇　　本

這個故事叫做：小ㄍㄡˇ和小海ㄍㄨㄟ的故事
故事裡的角色有：小ㄍㄡˇ、小海ㄍㄨㄟ。
故事內容是這樣的：有一天，小ㄍㄡˇ走在路上ㄎㄢˋㄒㄧㄢˋ小海
ㄍㄨㄟ受ㄕㄤ了，小ㄍㄡˇ馬上把小海ㄍㄨㄟ帶回家ㄓㄠˋㄍㄨˋ，過ㄐㄧˇ天小海
ㄍㄨㄟㄕㄤㄎㄡˇㄐㄧㄡˋㄏㄠˇ了，小ㄍㄡˇ很高ㄒㄧㄥˋ。

關懷【中年級】

設計者◎陳淑霞

愛在你左右

在媒體的報導下，「一碗陽春麵」溫馨的故事感動了許多人的心，短短幾個月，故事中這個貧苦的家庭收到了好幾百萬的捐款，解決了這個瀕臨破滅家庭的燃眉之急，也讓我們看到這個社會許久不見的溫暖面。已經有好一陣子，紛亂的政治和社會新聞占據了所有媒體的重要版面，打開報紙、電視，我們和孩子看到的都是謊言、暴力和自殺等負面教材，人與人之間彷彿只剩下競爭與相殘……。難道這是我們想給孩子的未來嗎？

在講求功利與速度的社會型態發展下，每個人都在積極的向前看，一切求快、求新、求好，忙著就學、工作與賺錢，忙得忘了照顧自己的身體，忙得忘了關心身邊最親近的人，更沒有時間去關懷在社會角落裡那些弱勢沉默的一群。他們可能是流浪漢，可能是流浪狗，也可能是大自然中的一草一木，如果我們繼續冷漠，也終將成為弱勢與沉默的一份子。

因此，在《流浪狗之歌》一書中，我們試著讓學生從社會中弱勢族群的角度來看這個世界，期望學生將其對故事主角的關心，延伸至關懷生活周遭的家人、老師和同學。

1. 圖像閱讀文本

一、書　名：流浪狗之歌（*UN JOUR, UN CHIEN*）

作　者：嘉貝麗・文生（Gabrielle Vincent）

出版社：和英出版社

二、內容簡述

《流浪狗之歌》是一本無字書，以單色鉛筆作畫，描繪一隻被主人從車子拋出的狗如何竭盡心力的追逐棄牠而去的主人。作者以各種追逐的角度描繪狗兒追逐主人的畫面，讀者可以從牠四肢的大動作看到狂奔的速度，從側面近景圖上細密繁雜的線條感受到狗兒的焦慮。一直到最後，狗兒因追不上車子而顯得狼狽、疲倦與失望，接著來往的車子還因閃躲牠而衝撞，狗兒從此開始流浪……。直到最後，牠終於遇到一個與牠同病相憐的孩子，二者自此相知相惜，令人不捨。

2. 設計理念架構

常言道：「狗是人類最好的朋友」，人類時常依靠狗靈敏的嗅覺而解決許多問題，許多人也藉由狗的陪伴使心靈得到慰藉，人與狗之間的信賴與友誼一直存在著。但有些人卻常因一己之私或只想滿足一時之慾，隨性認養寵物後卻又恣意拋棄，街道公園中常見流浪貓狗三兩成群，引發環境衛生問題，人類卻渾然不知自己才是問題的源頭。

本書以狗爲主角，試圖從狗的觀點來看人類的世界。故事一開始，有隻狗兒被主人狠心從車中丟出，忠心的狗仍拚命追趕，卻不見主人回心轉意。從狗兒的拚命尋主和主人的狠心拋棄，使得狗的忠心和人類的無情產生強烈對比。書中深刻的筆觸和生動的畫面所帶給讀者的強烈感受早已超越文字，人類的世界竟是如此複雜與冷漠。

這是一本適合大人和小朋友閱讀的好書，繪者以圖畫的方式嘲諷人情冷暖並表達對小狗的關懷之意，使讀者深受感動，因此教學者以本書爲教材，實施「關懷」品格教育教學，以期激發學生主動關懷家人、師長與同學之情懷。

1. 從圖像閱讀理解故事的意涵。
2. 能了解故事的組成要素。
3. 能了解關懷的含義。

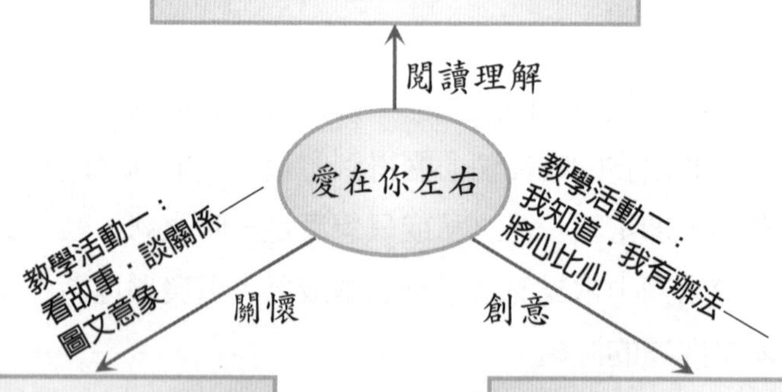

1. 關心生活周遭的家人、師長與同學。
2. 對於需要幫助的人能主動提供協助。

1. 能發揮創意與想像力完成故事。
2. 能針對問題集思廣益，提出解決之道。

教學活動三：真心留言簿——創意大挑戰

3. 教學的進行

教學名稱	教　學　要　點	教學資源
活動一： 看故事．談關係 ——圖文意象	一、播放《流浪狗之歌》繪本圖片，並以問卷調查繪本中最吸引學生的地方。 ◎以故事內容、故事角色、場景畫面與故事結局等四個選項請學生勾選。	繪本 單槍投影機 電腦
	二、問題討論： (一)和學生討論對流浪動物的印象，請學生先於學習單(一)寫下自己對流浪動物的印象。 (二)討論本書中的流浪狗是一隻怎樣的狗？牠發生了什麼故事？ (三)和學生討論社區中流浪動物的生活情況。	學習單(一)
	三、教師總結整理： (一)請小朋友利用下課時間觀察社區裡的流浪動物，記錄在學習單(二)「觀察日記」中。 (二)教師統整故事中所具有的基本元素，包括主題、角色、場景與結局，使學生具有創作故事的基本概念與能力。	學習單(二)

教學名稱	教學要點	教學資源
活動二： 我知道．我有辦法 ——將心比心	一、問題討論： (一)請學生比較書中的流浪動物和印象中的流浪動物有什麼不同。 (二)比對對流浪動物的原有印象和觀察結果的異同，藉此澄清與重塑對「流浪動物」的認識。 (三)請學生發表書中想傳達的意念。 (四)全班共同討論流浪動物的成因，流浪動物可能產生的問題有哪些？有哪些是我們能做的？ 二、總結整理： (一)師生共同討論「關懷」的定義。 (二)請學生舉出日常生活中「關懷」家人、師長和同學的實例。 (三)完成學習單(三)「愛在你左右」。	學習單(三)
活動三： 真心留言簿—— 創意大挑戰	故事編寫創作： (一)教師引導學生如何掌握故事的四大要素，完成一篇完整的故事。 (二)教師設計學習單讓學生編寫四格圖的看圖寫作，其中第一、二、四張圖片由老師從繪本中選出，第三張圖讓學生依故事情節發展自由創作繪製。 (三)完成學習單(四)「創意繪本閱讀寫作」。	繪本 學習單(四)

4. 延伸活動

一、認識流浪動物

1. 將全班分組，請各組上網或找報紙蒐集一則有關流浪動物的故事，列印或影印下來貼在學習單上。
2. 各組上台發表分享自己蒐集到的故事。
3. 全班討論流浪動物的成因、生活狀況、對環境的影響與我們所能提供的協助。
4. 將討論結果記錄在學習單上。

認識流浪動物

＿＿年＿＿班＿＿號　姓名：＿＿＿＿＿＿＿＿

剪貼資料	
資料來源	
剪貼日期	
心得分享：	
老師的話：□寫得很棒，給你十次愛的鼓勵 □寫得不錯，給你拍拍手 □可以寫得更好，加油 □請你再多用心一些	

二、認識殘障者

1. 全班以單槍投影機共同閱讀繪本《我的妹妹聽不見》。
2. 書本內容討論。
3. 體驗聽障者活動：
   (1)幾位兒童排一排，第一位兒童看完老師在紙上寫的句子後，只能用嘴形將句子傳給第二位。
   (2)由第二位傳給第三位，依此類推。
   (3)最後一位兒童將所「看到的話」說出來，對照老師紙上所寫的，看看是否一樣。
4. 請學生發表用嘴形傳話的感覺。
5. 認識身邊有沒有一些「不一樣」的人。
6. 討論該如何協助這些身體殘障的人。

「越讀越快樂」學習單

____年____班____號　姓名：________________　家長簽名：________________

書名：我的妹妹聽不見　　作者：________________
譯者：________________　　出版社：________________

1. 耳朵聽不見會不會痛？

____

____

2. 為什麼妹妹把「老師」說成「老鼠」？

____

____

3. 為什麼黑暗的時候，妹妹會哭？

____

____

4. 如果人們不能了解妹妹，你覺得妹妹會怎樣？

____

____

5. 想像一下，如果你也聽不到，你會有什麼感覺？

____

____

6. 如果你有這樣一個妹妹，你會怎麼幫助她？

____

____

5. 我可以做到

【關懷】約定實踐學生自評表

____年____班____號　關懷小勇士：__________

各位小勇士：

還記得我們針對「關懷」的約定內容嗎？現在老師要請你們對自己最近的表現來一次大考驗，相信各位關懷小勇士們一定會有很好的表現，加油！要對自己的表現誠實的打✓喔！

時間：(　　)年(　　)/(　　)~(　　)/(　　)

約定內容		全部做到	經常做到	偶爾做到	沒有做到	說明原因
家庭生活	1. 關心家人的身體健康。					
	2. 指導弟妹做功課。					
	3. 關心長輩，要常問候父母。					
	4. 家人生病時，要照顧家人。					
	5. 家人心情不好時，要多關心他／她。					
	6. 要常說笑話讓父母高興。					
學校生活	1. 同學受傷要扶他／她去保健室。					
	2. 常常關心同學。					
	3. 同學忘了帶東西要借給他／她。					
	4. 如果同學生病了，要幫忙照顧他／她。					
	5. 同學心情不好時，要多關心他／她。					

☺ 我想要說的真心話：

____

☺ 教師的貼心話：

____

【關懷】公約家長檢核表

____年____班____號　關懷小勇士：__________

親愛的家長，您好！

以下是老師與孩子約定的事項，這一週孩子在家裡的表現如何呢？請家長想一想，再打✓，謝謝！

時間：(　　)年(　　)/(　　)~(　　)/(　　)

	約定內容	全部做到	經常做到	偶爾做到	沒有做到	說明原因
家庭生活	1. 孩子會關心家人的身體健康。					
	2. 孩子會指導弟妹做功課。					
	3. 孩子會關心長輩，會常問候爸媽。					
	4. 家人生病時，孩子會照顧家人。					
	5. 家人心情不好時，孩子會多關心他／她。					
	6. 孩子會常說笑話讓爸媽高興。					

☺ 家長給小寶貝鼓勵的話：

____

____

____

家長簽名：__________

6. 學生將學會

學習目標	對應之九年一貫課程能力指標
一、能觀察圖畫並說出故事內容。	語文 B-1-1 能培養良好的聆聽態度。 語文 C-1-3 能生動活潑敘述故事。
二、能融入故事情境，參與討論。	語文 E-2-8 能共同討論閱讀的內容，並分享心得。
三、能勇於發表自己的想法。	語文 C-1-2 能有禮貌的表達意見。 語文 C-2-1 能充分表達意見。
四、學會如何寫作。	語文 F-1-6 能概略知道寫作的步驟（從收集材料到審題、立意、選材及安排段落、組織成篇），逐步豐富作品的內容。
五、能運用想像力，自己編寫故事。	語文 F-2-10 能發揮想像力，嘗試創作，並欣賞自己的作品。
六、能欣賞別人的作品。	語文 F-1-1 能經由觀摩、分享與欣賞，培養良好的寫作態度與興趣。
七、關心生活周遭的人、事、物。	綜合 1-3-2 尊重與關懷不同的族群。 綜合 4-2-4 舉例說明保護及改善環境的活動內容。
八、認識流浪動物。	自然 1-2-1-1 察覺事物具有可辨識的特徵和屬性。 自然 1-2-2-4 知道依目的（屬性）不同，可做成不同的分類。

7. 延伸閱讀

書名	類別	作者	繪者	譯者	出版社	關懷相關議題
一個不能沒有禮物的日子	繪本	陳致元	陳致元	Scudder Smith	和英	關懷家人
流浪狗的心聲	繪本	崎千春	藤本雅秋	周青泠	新雨	關懷流浪狗
陪牠到最後：動物的臨終關懷	繪本	麗塔・雷諾思		廖婉如	心靈工坊	關懷動物
一碗清湯蕎麥麵	小說	栗良平、竹本幸之祐	無	長安靜美、謝瓊	笛藤	關懷身邊需要幫助的人
我的妹妹聽不見	繪本	珍恩・懷特豪斯・彼得森	戴博拉・雷伊	陳質采	遠流	關心家人 關心殘障弱勢族群
受傷的天使	繪本	馬雅			信誼	關心身心障礙者

8. 學習單

學習單(一)

對流浪動物的印象

請小朋友寫下對流浪動物的印象。

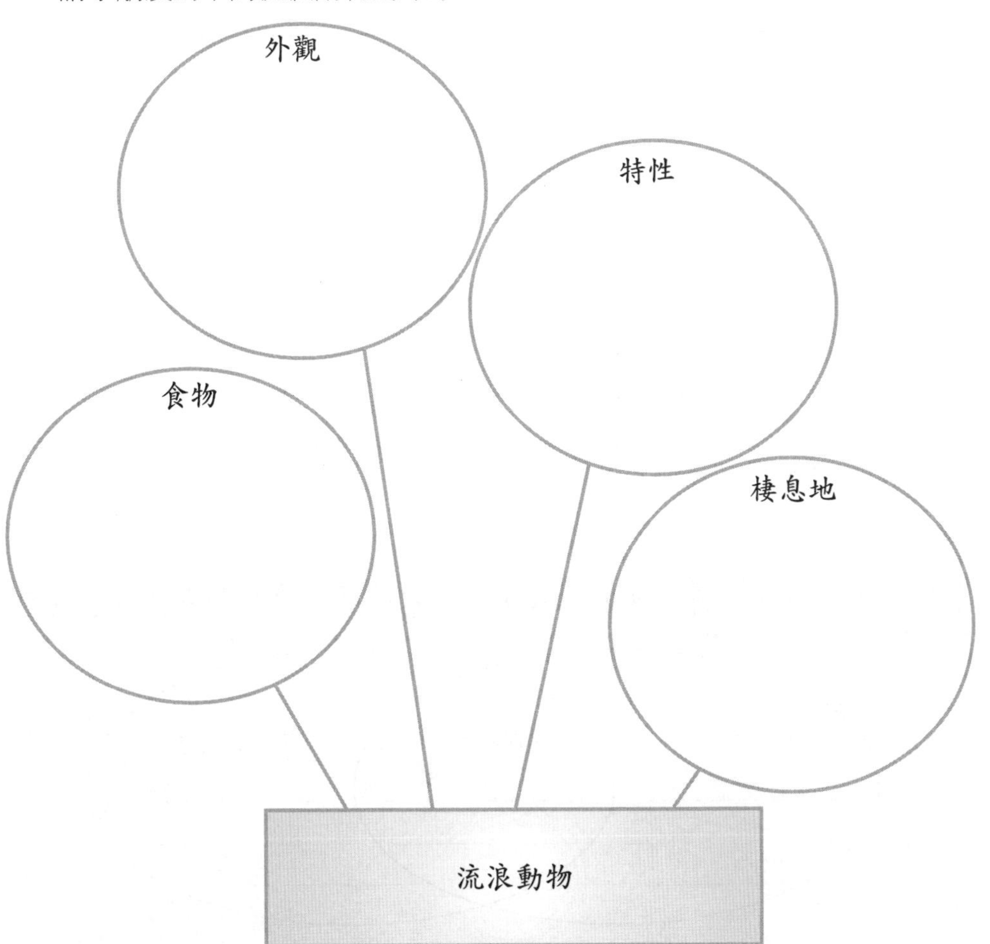

學習單(二)

觀察流浪動物

＊觀察日記

請小朋友利用一週的時間觀察社區中的流浪動物（狗、貓……），記錄在下表。

注意事項：觀察時要與流浪動物保持距離，注意安全。

時間	地點	觀察重點	觀察結果

「觀察重點」請依照「外觀」、「特性」、「食物」、「棲息地」來分類。

＊請你比較印象中的流浪動物與實地觀察到的流浪動物有什麼異同？

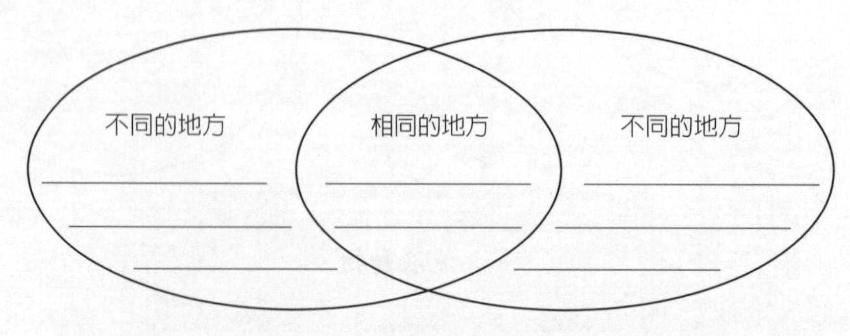

學習單(三)

愛在你左右

親愛的小朋友，在你的生活中，曾經有人關懷過你嗎？你曾經關懷過別人嗎？是你的家人，還是你的師長、同學？請你想一想，把它寫出來。

曾經關懷過你的人是：______________________

他（她）如何關懷你？______________________

如果沒有他（她），你會如何？______________________

____

你最想對他（她）說的一句話是：______________________

____

你曾經關懷過的人是：______________________

你如何關懷他（她）？______________________

____

因為你的關懷，使他（她）產生什麼改變？______________________

____

關懷別人使你心裡覺得如何？______________________

____

＊老師的悄悄話：

____

學習單(四)

創意繪本閱讀寫作學習單

____年____班____號　姓名：______________　繪本名稱：________________

9. 行動與感動

這是一本無字書，故事主題鮮明，因此學生在閱讀上很快就能整理出自己的一套故事版本（每個人不盡相同喔）！與第一次接觸「無字書」的經驗比較起來，學生顯得有自信多了。

一、對於故事內容……

故事一開始，學生對於小狗被×出車外的原因就有很大的差異，有的說是小狗自己跳出來的，有的則說是被主人丟出來的，還有的說是因地上有坑洞被彈出來的……，學生的想法五花八門，千奇百怪，最厲害的是還能連接劇情，說得合情合理。故事的結局中，大家對於小男孩的身分也有許多不同的看法。與前幾次教學相較之下，學生對於自己的想法較有自信，也勇於表達，課堂中有許多不同的聲音與創意，讓教學氣氛非常熱絡。

二、對於主題的掌握

此書主題明顯，學生對於「關懷」含義的掌握也頗爲準確（其實他們都自動將「關懷」引申爲「關心」）。因此在討論如何對家人、師長及同學表達關心時，學生都能具體的「說」出應有的行爲，但是否眞能做到，就必須靠平時的宣導與觀察了。

教學活動中，爲了增加學生對於生活周遭流浪動物的認識，因而設計了一張觀察流浪動物學習單，但學生大多反應「沒有時間觀察」或「社區中沒有流浪動物」而未能完成學習單。心中不禁感嘆，孩子們的時間不是花在電動玩具中，就是被各種才藝課所填滿，活動的空間也被侷限在家中或其他水泥建築物中，鮮少能自由自在的與大自然接觸，更別說去關心與體驗大自然的美。孩子與自然環境的關係是如此，那麼與人文、動物呢？我們給孩子們的空間與時間實在太有限了。

三、寫作創意的展現

學生在寫作部分表達的創意就不若口頭上的發表精采，可能經過同學的討論，學生自己的整理，或礙於學習單的設計，學生寫出來的故事並沒有太多的創意，因此教師在做教學引導時，應盡量保留學生特有的想像空間，讓他們「繼續」去想像，不必想要給答案，如此才能保留學生多元的創意想像，呈現不同的風貌。

在設計寫作學習單時，預定的四張圖片只給其中第一、二、四張圖，第三張則留給學生自由創作，但學生因受限於結局及故事已經過全班討論，因而作品呈現出來的故事變化並不多，只有零星幾個有不同創意的表現。因此在設計寫作學習單時，最好不要只留第二張或第三張圖讓學生發揮，如此容易囿限學生的想像力，辜負了鼓勵學生發揮創意的美意。

四、SHOW TIME

在進行作品賞析時，我嘗試用單槍投影機將學生作品 show 在大螢幕中，學生對於這種新奇的方式顯得興奮不已，還有人自告奮勇要把自己的作品展示出來。透過大螢幕，不但提高了學生的參與感，且配合教師的講解，學生對於寫作的格式與技巧的掌握也更加「清楚」。在觀摩討論中，學生較能藉由彼此觀摩學習，激勵出更多不同的聯想與創作的樂趣。學生在下課鐘響時，還顯得欲罷不能呢！我想，只要找對方法，「教」與「學」也可以變得輕鬆又有趣。

10. 作品摘錄

學習單（一）

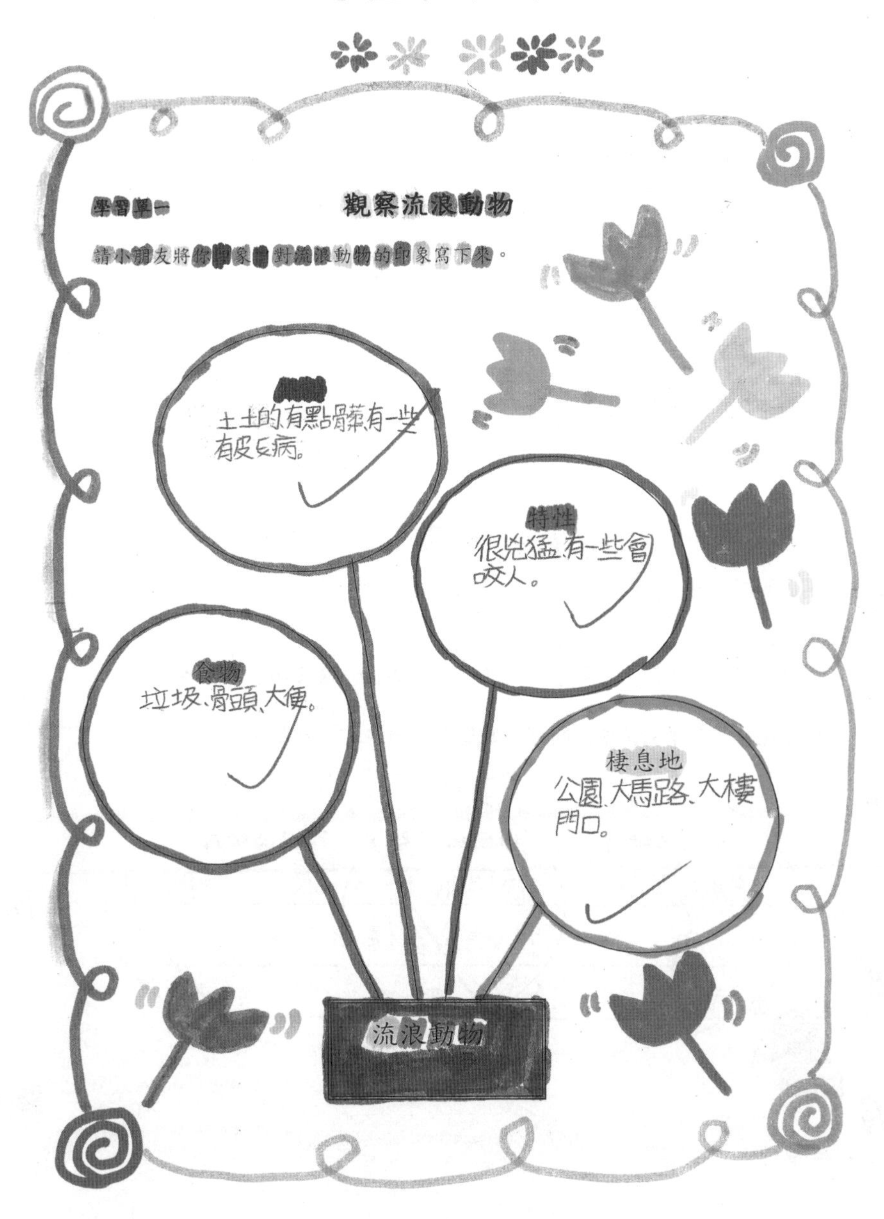
學習單一

觀察流浪動物

請小朋友將你印象中對流浪動物的印象寫下來。

土土的、有點骯髒、有一些有皮ㄈ病。

特性
很兇猛、有一些會咬人。

食物
垃圾、骨頭、大便。

棲息地
公園、大馬路、大樓門口。

流浪動物

學習單（二）-1

學習單二

＊觀察日記

小朋友利用一週的時間觀察社區中的流浪動物（狗、貓……），記錄在下表。

注意事項：觀察時要與流浪動物保持距離，注意安全。

時間	地點	觀察重點	觀察結果
6月22日下午	公園	長相外觀	髒髒的。
6月23日下午	同安街上	外表	身上有皮膚病。
6月23日晚上	夜市	飲食	在吃垃圾。
6月24日早上	學校外人行道	習性	隨地大小便。
6月24日下午	公園	外表	有一隻腳斷掉
6月25日上午	公園涼亭	外表飲食	全身髒髒的，吃人家不要的東西。
6月25日晚上	我家門口	外表	腳受傷了。

「觀察類別」請依照「外觀」、「特性」、「食物」、「棲息地」來分類。

＊請你比較印象中的流浪動物與實地觀察到的流浪狗有什麼異同？

不同的地方	相同的地方	不同的地方
跑很(得)快。	髒髒的、吃垃圾、在公園棲息。	很多腳都有受傷。

學習單（二）-2

＊觀察日記

小朋友利用一週的時間觀察社區中的流浪動物（狗、貓……），記錄在下表。

注意事項：觀察時要與流浪動物保持距離，注意安全。

時間	地點	觀察重點	觀察結果
下午四點	公園	狗有皮膚病	牠吃骨頭。
下午六點	住家附近	貓尾巴斷掉了。	牠玩花。

「觀察類別」請依照「外觀」、「特性」、「食物」、「棲息地」來分類。

＊請你比較印象中的流浪動物與實地觀察到的流浪狗有什麼異同？

不同的地方：我以為睡在地上，竟然睡在花叢裡。

相同的地方：睡在公園

不同的地方：我以為牠很凶，但是好溫柔喔！

學習單（三）

親愛的小朋友，在你的生活中，曾經有人關懷過你嗎？你曾經關懷過別人嗎？是你的家人，還是你的師長、同學？請你想一想，把它寫出來。

曾經關懷過你的人是：媽媽

他（她）如何關懷你？就被姊姊罵到哭，媽媽就跟我說不要哭了。

如果沒有他（她），你會如何？我會很難過。

你最想對他（她）說的一句話是：謝謝媽媽安慰我才會好起來。 的心情

你曾經關懷過的人是：謝○○

你如何關懷他（她）？因為考試沒考好，就跟她說下次還有一次沒關係不要難過。 機會

因為你的關懷，使他（她）產生什麼改變？對自己更有自信。

關懷別人使你心裡覺得如何？很開心因為我做了一件好事。

學習單（四）

創意繪本閱讀寫作學習單

繪本名稱：　　　　學生姓名：　　　　座號：

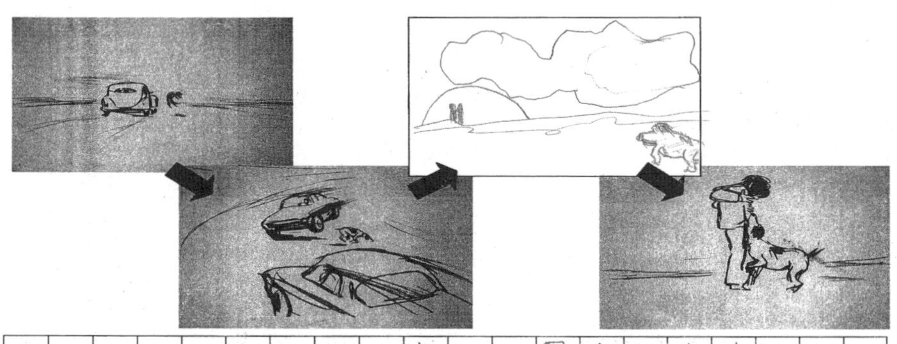

有一天，有一台車子，因速度太快，裡頭的狗竟然飛出來了，主人都還沒發現呢！因此，狗就快馬加鞭的追車子，一直追一直追，突然，車子停下來，主人回頭望了一眼，因主人有近視眼，怕配眼鏡會很花錢，所以以為那只是一個路人，所以就又開走了，這隻狗因此成為流浪狗。

後來，狗蹲坐在草地上時，有兩輛車子經過，狗以為是主人回來接他了，又因狗視力很差，所以，牠就跳上前去。不料，那輛車為了躲避牠，和另一輛車相撞，汽油都流出來，還起火了，狗只好三十六計走為上策了。它一直跑一直跑，竟然跑到主人家附近的草原。有兩個人一站在那裡，狗以為是主人，就慢慢的往前走，一直走一直走，走到一半的時候，突然不走了，因為那兩人身上沒有主人的味道，所以就往家裡方向走去。

經過賣水果老爺爺的時候，他好心的指引他方向，最後終於找到主人的小孩了，分離已久的主人與狗終於重逢了。

認識流浪動物　　三年　班　號 姓名

剪貼資料	
圖片：略（因版權問題，學生蒐集的圖片不便刊出） 圖片來源：http://pic.aigou.com/upload/bbs/2005/08/01/48276835.jpg 愛狗網 圖片說明：圖片中有六七隻流浪狗被關在鐵絲網中，神情無助，目光無神的凝視著遠方，不知道自己未來的命運會如何！	
資料來源	http://pic.aigou.com/upload/bbs/2005/08/01/48276835.jpg
剪貼日期	2006.6.26
心得分享：狗很可憐，被關在籠子裡都沒有自由，我們要好好愛護牠們，不要隨便丟棄。	
老師的話：□寫得很棒，給你十次愛的鼓勵 ☑寫得不錯，給你拍拍手 □可以寫得更好，加油 □請你再多用心一些	

北門國小三年級越讀越快樂學習單

年____班____號　姓名________________家長簽名：

書名：我的妹妹聽不見　　作者：珍恩．懷特豪斯．彼得森

譯者：陳質采　　出版社：遠流出版公司

1．耳朵聽不見會不會痛？

不會。

2．為什麼妹妹把「老師」說成「老鼠」？

因為她聽不到正確發音，所以會念錯。

3．為什麼黑暗的時候，妹妹會哭？

因為聽不見任何的聲音，很害怕。

4．如果人們不能了解妹妹，你覺得妹妹會怎樣？

她的心會疼，覺得很無助。

5．想像一下，如果你也聽不到，你會有什麼感覺？

我會很難受，而且很孤獨。

6．如果你有這樣一個妹妹，你會怎麼幫助她？

教她講話，並且常常關心她，陪她玩寫功課，遇到困難時，陪她解決問題。

關懷【高年級】

設計者◎廖丸毅

讓生命發光發亮

什麼是關懷？總是在班上教育孩子，對於需要幫助的同學不要吝嗇，也許你的小小援手，會是他人心中的無限力量。

怎麼做？從何處著手？媽媽幫我準備營養的早餐，我會吃光光，感謝她的關愛！爸爸為了全家辛苦的工作，我會幫他按摩！老師每天辛苦的教導我們，我會尊敬他，做個好學生！對於身旁為我們付出的人們，我們知道心存感激；可是對於不認識的人、不熟悉的同學，或是流浪街頭的動物，我們是不是也該在適當時機付出關懷，而不只侷限於自己所愛的人們身上。

「己欲立而立人，己欲達而達人」，中國儒家思想千年來內化人心，但真正付諸行動，起而行的卻是少數，因此，本教學活動將以繪本裡的「關懷」道德為主題，以《流浪狗之歌》為教學的文本，與孩子共同探討生活中「關懷」內化與實踐的相關問題，期盼以己為圓心，把關懷他人的愛擴大再擴大，讓世界發光發亮。

1. 圖像閱讀文本

一、書　名：流浪狗之歌（*UN JOUR, UN CHIEN*）

作　者：嘉貝麗．文生（Gabrielle Vincent）

出版社：和英出版社

二、內容簡述

一隻被主人遺棄的流浪狗，從被丟出車窗的剎那，開始了失落、悲傷、孤獨的命運。牠奮力的追逐主人，追到山野、追到海濱、追到都市、追到小鎮，無奈卻怎麼也盼不到牠的主人。

因爲牠的焦慮，引發了本可避免的車禍，牠的內心覺得不安與愧疚，慌亂不已。日夜的企盼，有那麼一瞬間，牠以爲熟悉的主人出現了，牠高興不已，怎麼知道原來是自己眼花了，孤單的背影在落日下顯得異常悲淒。

就在牠絕望時，一個小男孩對牠伸出了友善的雙手，重新燃起牠對人性的信任，流浪狗開心的親吻著小男孩，開心的接受了這位新主人。

全篇故事透過作者簡潔有力的筆觸畫出，沒有色彩相佐，也沒有文字渲染，意外的卻十分震撼人心。

2. 設計理念架構

「關懷生命」是本課程方案的主題中心，繪本裡的流浪狗也曾是家庭成員的一名，卻被無情的對待，以此出發，與孩子的生活經驗做連結，使之以同理心善待身邊的人、事、物，如此一來，孩子的感受最直接也最強烈。透過繪本的閱讀與討論，強化孩子的道德感，對生活周遭付出愛與眞誠。

繪本裡流浪狗的忠心、深情，對照著主人的冷漠、無情，深刻的嘲諷著人類的自私，畫面如此寫實！天地之大，宇宙之廣，卻沒有狗兒的容身之處，內心的淒苦無法言喻，透過簡練的線條清楚而完整的呈現。

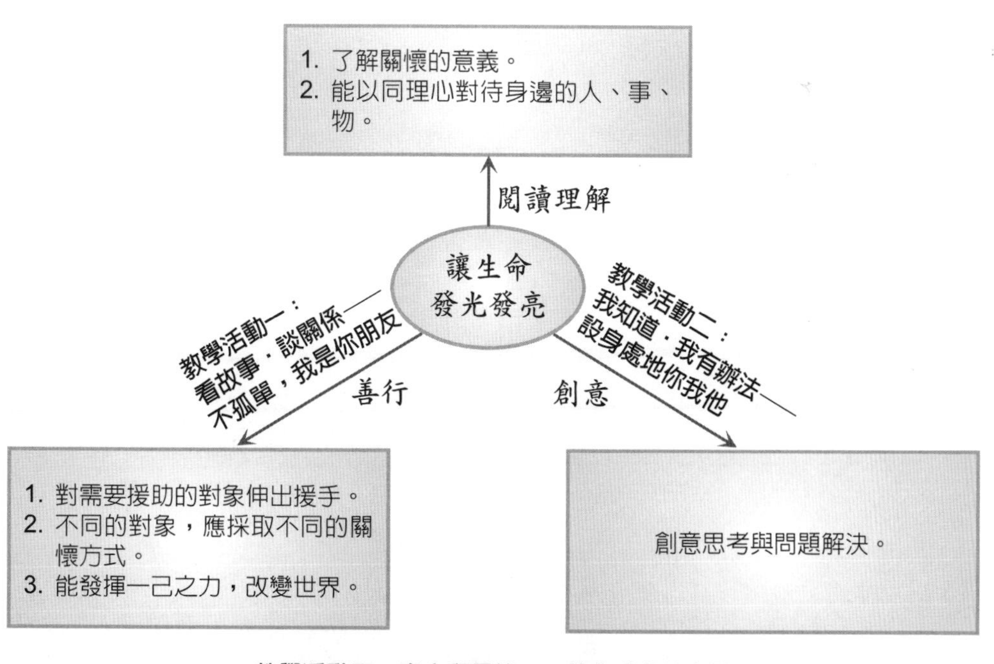

教學活動三：真心留言簿——積少成多的力量

此書從流浪狗的角度出發，讓孩子們設身處地去感受，激發他們正面、積極的道德觀，使他們懂得付出，勇於關懷，做到「勿以善小而不爲」！即使是一己之力，持之以恆的做下去，也能積少成多，改變冷漠的社會，進而落實品德教育！

3. 教學的進行

教學名稱	教 學 要 點	教學資源
活動一： 看故事・談關係 ──不孤單，我是你朋友	一、繪本欣賞： (一)播放《流浪狗之歌》繪本圖片。 (二)讓學生完整瀏覽一遍故事內容。 (三)較快速的播放一次內容。 (四)統計學生在觀看故事中，最吸引他們的元素是故事、內容、角色、畫面背景還是結局。 二、問題討論： 教師佈置情境，讓同學分組討論： 我們原來是一群無話不談的「麻吉」，後來文婷不小心說出了琳琳的秘密，她們兩人便吵架了。校外教學分組時琳琳來找我加入，並希望我不要理會文婷，看著文婷形單影隻，我心裡很難過，可是我也不想背離死黨的約定，左右爲難，我該如何是好？ 三、教師總結： 高年級漸入青春期的孩子，尋求自我認同，較重視同儕的情誼，但也由於身心的急速發展，有時在情緒處理或人際關係的處理上較為敏感，班級裡常會出現許多畫地自限的小團體，如何打破此一分界，讓孤單的孩子也能融入團體裡，是門重要課題，將心比心的感同身受，孩子必定更能體會。就像繪本裡的小狗原本也是家中成員之一，最後卻被主人無情的拋棄，成了街頭流浪狗，實發人深省。	圖片電子檔 單槍投影機

教學名稱	教　學　要　點	教學資源
活動二： 我知道．我有辦法——設身處地你我他	一、編寫學習單： 老師讓學生編寫學習單，其中老師自繪本挑選第一、二、四張圖片，第三張圖則讓學生自由創作繪製。 二、問題討論： (一)探討本書有關關懷的內容： 1. 故事裡，小狗發生什麼事了？ 2. 故事裡，小狗感覺怎麼樣？ 3. 故事裡，小狗怎麼回到快樂的自己？ (二)激發創意： 1. 流浪狗除了繪本裡遇到的困境，還可能遇到什麼樣的挫折？牠該如何克服？ 2. 主人在拋棄狗兒之後，會不會不安、會不會思念？ (三)沉澱與分享： 1. 街頭的流浪狗是怎麼產生的？ 2. 我們應該怎麼對待寵物？ 3. 請學生分享曾受到關懷的經驗與感覺。 4. 請學生分享曾主動關懷他人的經驗與感覺。	學習單

教學名稱	教 學 要 點	教學資源
活動三： 真心留言簿—— 積少成多的力量	一、時事討論： (一) 高雄張家三兄弟罹患罕見疾病，宛如電影「羅倫佐的油」之翻版，家屬難以負擔龐大醫藥費，所幸經媒體報導後，不斷有社會捐款湧入，台灣人的關懷幫助了張家，也溫暖了張家。 (二) 彰化縣張薈茗女士義賣紅豆餅，所得善款聘請志工教導弱勢孩子學習，北上台北啓智學校教導院童製作紅豆餅，並將義賣所得捐獻為貧童課後輔導相關費用。張女士希望能抛磚引玉，號召更多人一起關懷社會。 (三) 武漢國中校長邵德佳動員全校師生尋人，找回中輟少女。 二、超級動動腦： 小朋友想一想，有沒有辦法發揮自己渺小的力量，幫助社會需要幫助的人我們可以透過什麼團體或機構傳達內心的關懷（如：世界展望會、中華聯合勸募中心、陽光社會福利基金會、家扶中心、創世基金會、紅十字會等）？將所查詢的結果利用電子郵件寄給老師或張貼於班級網頁上（配合電腦科教學）。 三、教師總結： 並無制式的答案，目的在於讓學生了解關懷的重要性及可採行的方法。	社會新聞剪報 網際網路

4. 延伸活動

小朋友想一想，誰是班上最常幫助別人的善心小天使？透過訪問與調查，與同學分享看看吧！需於選票上具體形容助人的經過，我們統計後將會把結果公佈於班級佈告欄，希望同學能見賢思齊！

善心小天使選票

時　間：
地　點：
小天使：
事情的經過是這樣的：

____
____
____
____

這件事給我的感想是：

____
____
____

投票人：

善心小天使選票

時　間：
地　點：
小天使：
事情的經過是這樣的：

____
____
____
____

這件事給我的感想是：

____
____
____

投票人：

善心小天使選票

時　間：
地　點：
小天使：
事情的經過是這樣的：

____
____
____
____

這件事給我的感想是：

____
____
____

投票人：

善心小天使選票

時　間：
地　點：
小天使：
事情的經過是這樣的：

____
____
____
____

這件事給我的感想是：

____
____
____

投票人：

5. 我可以做到

【關懷】約定實踐學生自評表

____年____班____號 姓名：__________

各位小帥哥、小美女：

還記得我們針對「關懷」的約定內容嗎？現在老師要請你們對自己最近的表現來一次大考驗，相信各位關懷他人的小帥哥及小美女們一定會有很好的表現，加油！要對自己的表現誠實的打✓喔！

時間：(　　)年(　　)/(　　)~(　　)/(　　)

約定內容		全部做到	經常做到	偶爾做到	沒有做到	說明原因
學校生活	1. 同學受委屈或被欺負，我會仗義執言或報告老師。					
	2. 同學有學業不懂的地方，我會主動教他／她，而不是讓他／她抄襲。					
	3. 分組時有落單的同學，我樂意找他／她加入。					
	4. 我會主動找沉默寡言的同學一起玩。					
	5. 對於年幼的學弟妹或新轉入的同學，我會友善的對待他／她。					
	6. 我願意並樂意參加校園小志工，照顧低年級同學或服務學校。					
社會生活	1. 搭乘大眾運輸工具，我會讓座給老弱婦孺。					
	2. 路上有危險的東西，我會把它移走，避免路人受傷。					
	3. 捐發票救助創世基金會的植物人。					
	4. 舊的書籍、玩具、文具、制服，我願意轉送給需要的人。					

☺ 我覺得我已達成____%

☺ 給自己一句鼓勵的話：__________

【關懷】公約家長檢核表

____年____班____號　姓名：__________

親愛的家長，您好！

以下是老師與孩子約定的事項，這一週孩子在家裡的表現如何呢？請家長想一想，再打✓，謝謝！

時間：(　　)年(　　)/(　　)~(　　)/(　　)

約定內容		全部做到	經常做到	偶爾做到	沒有做到	說明原因
家庭生活	1. 孩子能照顧好自己，會隨天氣變化增減衣物。					
	2. 孩子能照顧好自己，作息正常有規律。					
	3. 孩子主動參與做家事。					
	4. 孩子主動問早道好，問候父母親。					
	5. 孩子與兄弟姊妹和諧快樂的相處，並能友善分享玩具。					
	6. 孩子會照顧年幼的弟妹，並指導弟妹做功課。					

☺家長給孩子鼓勵的話：______________________________

____

家長簽名：__________

6. 學生將學會

學習目標	對應之九年一貫課程能力指標	
一、能透過圖像閱讀與討論，提升理解與表達能力。	語文 E-2-5	能利用不同的閱讀策略，增進閱讀的能力。
	語文 4-3-3	運用溝通技巧與家人分享彼此的想法與感受。
二、期待學生能發自內心關懷他人。	語文 E-2-8-5-3	能在閱讀過程中，培育參與團體的精神，增進人際互動。
	綜合 3-3-2	體會參與社會服務的意義。
	綜合 3-2-3-5	參與社會服務活動，並分享服務的心得。
	綜合 3-4-2-5	學習關懷世人與照顧弱勢團體。
三、衡量自身能力，並採取適當方式關懷他人。	綜合 3-3-3-8	熟悉各種社會資源及支援系統，並幫助自己及他人。
	社會 9-3-5	列舉主要的國際組織（如：聯合國、紅十字會、WTO 等）及其宗旨。

7. 延伸閱讀

書名	類別	作者	譯者	繪者	出版社	關懷相關議題
爺爺的傳家寶	繪本	毛咪		陳盈帆	飛寶	助人為快樂之本
我的奶奶不一樣	繪本	蘇・羅森	胡洲賢	卡洛琳・馬吉爾	大穎	關懷老人家
小鯨魚要回家	繪本	伊莉莎白・伯瑞斯福	彭尊聖	蘇珊・菲爾德	巨河	關懷動物
早冬	小說	瑪莉安・丹・包爾	劉清彥		宇宙光	關懷老人家
我們需要關懷	散文	楊小雲			健行	關懷讓人備覺溫暖
布丁果凍二重奏	童話	兔子波西			民生報	關懷讓世界更好
一樣的愛，不一樣的關懷	散文	貝絲・凱辛、琳達・羅基	張敏如		經典傳訊	最適當的時機表達誠摯的關懷

8. 學習單

圖像閱讀與品格教育創意寫作學習單

~關懷~ ____年____班____號 姓名：__________

一、什麼是關懷？

____

____

____

____

二、「流浪狗之歌」這個故事在說些什麼？（第三個圖由你來畫）

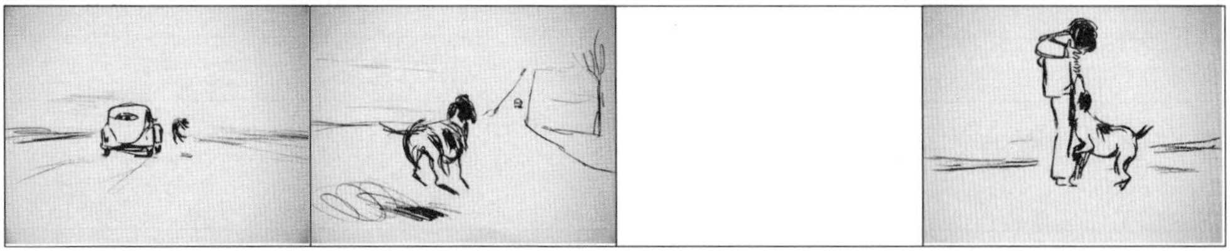

____

____

____

____

____

____

____

三、問題與討論

- 街頭的流浪狗是怎麼產生的？

- 我們應該怎麼對待寵物？

- 想一想，請你寫下曾受到他人「關懷」的經驗或感覺：

- 你會用什麼方式關懷別人？

9. 行動與感動

一、智囊團克服障礙

第一次準備繪本教學時，異常緊張，班上敏感的孩子都嗅出了我的不一樣，下課時東一句「老師」，西一句「老師」，孩子們張大雙眼看著我努力操作著不甚熟悉的投影設備，我只能不斷的告誡他們，「請繞道而行」，生怕平常沒頭沒腦的他們橫衝直撞，損害了學校公物，那個情景像極了我背後高高豎起了「道路施工」、「危險勿進」的牌子，十分狼狽。

總是有那麼貼心的孩子，「老師，這個我來！」什麼時候，我的孩子已經變得有能力幫助我、照顧我？孩子們在一陣七手八腳之後，趕在上課鐘響前達成任務，「比老師還快，還厲害耶！」「對啊，不要忽視自己的力量，有時候你們表現得比老師預期還要好上許多呢！」

感謝老天爺，我有一群智囊團，輕易的協助我克服了技術問題，之後，每次服務股長借回投影機，總有一群孩子自告奮勇幫忙組裝，這雖是繪本教學的一個小插曲，卻也是一個可愛的開始。

二、欠缺信心，裹足不前

在進行播放繪本時，我要求孩子安靜的瀏覽故事內容，他們全神貫注的睜大雙眼，努力克制不發出聲音，還眞難爲了向來聒噪的他們，當然，其中還是有些孩子忍不住的嘆息：「怎麼會這樣！」、「好可憐噢！」。

《流浪狗之歌》原本就是沒有文字的繪本，所以對高年級的孩子在理解上幾乎沒有障礙，輕易就能進入狀況。而孩子們那麼單純，不捨、不忍的情緒，毫不保留，幾乎都寫在臉上。

拿到學習單時，班上有些雀躍，因爲之前限制他們不得發言，有許多話似乎不吐不快；然而眞正書寫學習單時，卻也有部分孩子裹足不前，創作第三張圖片時，要求老師將影片重播，並定格在特定畫面，對自身創作欠缺信心，此時，我再次重述，希望孩子能依自己的想像去創作，不需和原作相同，可以自行安排情節與畫面，很高興的，孩子紛紛拋出了想法：

教師：「也許流浪狗遇到了女朋友，便不孤單了，甜蜜的享受兩人世界。」

甲生：「牠好不容易找到了主人，可是牠的主人卻養了新的小狗，牠很傷心……」

教師：「說不定牠發起流浪狗協會，成立了一個跨國際的組織。」

乙生：「牠遇到其他小狗，既羨慕又嫉妒。」

孩子經過引導後，熱絡的討論起來，對於故事的前因後果，比較能合理、合邏輯的串聯起來，自行發揮。

三、教學相長、彼此回饋

見到了孩子的創意後，本該欣喜，然而，我停下想想，那原先我們設定的品格教育呢？似乎在追求閱讀理解與創意時，被忽略了，我應該在孩子天馬行空的同時，慢慢的拉回主軸，扣緊「讓生命發光發亮」的主題。在教學進行後，我想，當時我可以這麼修正：

教師：「也許流浪狗遇到了女朋友，互相幫助，互相關懷，便不孤單了，甜蜜的享受兩人世界。」

甲生：「牠好不容易找到了主人，可是牠的主人卻養了新的小狗，牠很傷心，不過看到那隻小狗很瘦弱更需要主人的照顧，牠便獨立展開自己的生活……」

教師：「說不定牠發起流浪狗協會，成立了一個跨國際的組織，集合力量，幫助更多需要幫助的小狗。」

乙生：「牠遇到其他小狗，既羨慕又嫉妒，雖然如此，牠也打開心房，與牠們當朋友，建立良好友誼。」

教學相長，就是這樣的過程吧！不斷的調整，彼此回饋，師生在分享裡逐漸成長。

四、關心社會大小角落

在進行「眞心留言簿——積少成多的力量」時，同樣的，我也遇到了挫折。我們班的孩子平時對教科書以外的事情充滿興趣，有時是生活裡的趣事、成長經驗、電影欣賞的感動，或電視媒體的新鮮事，每次上課一談及，大夥總吱吱喳喳像小麻雀似的興奮，迫不及待的也想把自己的經驗與同學分享。然而進行活動三的時事討論與分享時，孩子雖然聚精會神，興致濃厚，但由於平日閱報過少，難引起共鳴與回饋，我沒有看見過往的踴躍發言，只能進行單向式教學，僅有少數孩子能提出看法，難以侃侃而談的分享。

高年級的孩子應該隨著年齡的增長，慢慢的擴大視野，慢慢的接觸社會，生活不應該侷限於家庭、學校等小小的範圍，然而不知是我們班的孩子過於單純天眞，還是現在的孩子習慣了電視電玩等聲光媒體，孩子對於社會新聞的注意大多聚焦於負面事件，而對於正面溫馨的社會故事，他們的吸收卻是貧脊缺乏的。

這樣的挫折，在與工作坊的夥伴討論後，我有了一些想法，我爲班上訂了國語日報，鼓勵同學每天下課看看報紙，前一兩星期大夥因爲新鮮，會擠在一起看報紙，然而時間一久，我們的報紙像被打入冷宮似的失寵了，我只好再思索其他方法。我嘗試每天上課前唸一段國語日報的小故事與同學分享，有時甚至只唸了開頭，「接下來呢？」、「後來怎麼了？」我故意充耳不聞：「沒有時間啦，老師要趕課啦！」我希望孩子能保有這樣的新奇，主動尋求故事或文章的答案，而不是等待著老師公佈結果，老師的職責不只在於傳道、授業、解惑，教育的目的更在於培養孩子主動發掘問題、解決問題的能力啊！

令人欣喜的，我發現同學看報紙的興趣提高了，他們會猜拳決定看報紙的順序，有時也會以預約的方式來排隊看報紙，就怕錯過任何精采的部分，眞是可愛！我想，如果能將此興趣培養成習慣就更值得驕傲了；另一方面，上課談及時事的師生互動也更熱絡了，孩子逐步學習著關心社會的大小角落，這雖是小小的進步，卻是超出了原先繪本教學設計的預期。

接下來，我觀察到有孩子主動向圖書館借閱相關繪本，他們很高興把老師上課時播放的繪本再看一次，並興高采烈的與同學分享。我想，姑且不論此一活動對他們產生的進步及影響有多少，能帶動並提升班級裡的閱讀氣氛，也值得欣慰。

五、養寵物的酸甜苦辣

上學期綜合課時，分享寵物照顧經驗，孩子帶了許多寵物到校，包括：楓葉鼠、小白兔、孔雀魚、烏龜、泥鰍……等等，五花八門，由小主人分享養寵物的酸甜苦辣，講台上的孩子神采奕奕，口沫橫飛的述說著；講台下全神貫注，十分羨慕的聽著，反應熱絡，孩子喜歡分享與寵物之間的趣事，也不忘交代日常照顧的責任，當時若能與此教學活動結合，我想能讓教學活動更貼近生活、更完整。

六、改變世界的動力

與孩子一同擬定實踐公約時，剛開始大家著眼於家庭、班級周遭，碰巧此時學校鄰近的公園正進行鼓勵器官捐贈的園遊會，細心的孩子便體會老師的引導馬上做出關聯，說著：「人死了以後，捐贈器官。」接著，「捐血一袋，救人一命。」他們不過是十歲的孩子，說出這樣的話不免令我莞爾，遲疑了片刻，我微笑的告訴他們：「能有這樣的想法老師很支持，不過這要等你們長大以後才能實踐。」

接下來的幾分鐘，孩子懂得運用具體的關懷方式幫助更多的人：

甲生：「捐發票，幫助植物人。」

乙生：「讓座給老人家。」

丙生：「把不需要的用品轉送給需要的人。」

這是個開始，也是個改變世界的動力，我與孩子盼望能為世界多盡點綿薄之力。

七、呼朋引伴，大家都是好朋友

教學進行了一個段落，也接近期末了，大家興致勃勃的討論著期末的烹飪大會，他們開心的呼朋引伴，尋找小組成員，當然團體裡也免不了有些安靜的同學落單，我問了問班上的孩子，願不願意讓落單的同學一起加入？同學一開始有點遲疑，我知道青春期的孩子喜歡尋求小團體的認同，總是希望組員是彼此都很喜歡的好朋友，不過，很快的他們竟然紛紛點頭同意，表示大家都是班級裡的一份子，應該彼此接納！也許他們不明白老師為什麼微笑，但是「關懷」此品格德目，已在班上發酵了！

10. 作品摘錄

學習單-1

圖像閱讀與品格教育創意寫作學習單

關懷—(一)　五年　班　號 姓名：

一、什麼是關懷？

關懷就是關心別人，當有人需要幫忙時，或者身心障礙者有困難時，我們要伸出手去幫助他，並且不需要任何回報。

二、「流浪狗之歌」這個故事在說些什麼？(第三個圖由你來畫！)

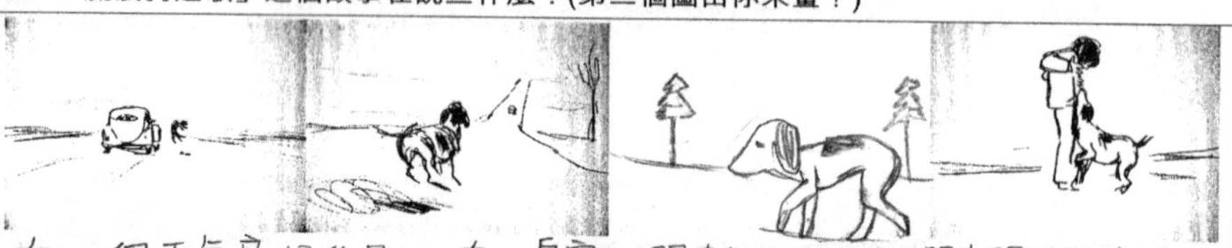

在一個天氣良好的早上，有一戶家人開車去玩，他們開車開到一半，把窗戶打開，竟然把他們的狗丟出去了！那一隻看起來非常健康的狗，現在已經成為流浪狗了，那隻狗不斷的追著車子跑，一邊跑一邊叫喊，牠的聲音聽起來非常的悲傷，好像要把主人喚回來似的，牠看著車子漸漸走遠，眼神好像在訴說著：「我做錯什麼事了嗎？」牠落魄的走在馬路上，看起來很健康的牠現在已經骨瘦如柴了，牠為了找主人，連續走了好幾天的路，都不吃不喝，雖然牠可能已經找不回主人了，但是牠仍然不放棄希望，終於，有一天他看到了一個熟悉的人影慢慢的向牠走過來，牠很快的往那個人影跑過去，牠找到牠的主人，是牠的堅強和毅力，讓自己又重回主人的懷抱中了。

三、問體與討論

●街頭的流浪狗是怎麼產生？

是人們一時興起而養的，但是風潮過後，人們就會將牠們給丟棄。

●我們應該怎麼對待寵物？

我們既然已經養了牠，就要對牠們付起責任。

●想一想，請你寫下曾受到他人『關懷』的經驗或感覺：

當別人關懷或幫助我時，我會感到很快樂。

●你會用什麼方式關懷別人？

當別人有困難時，我們去幫助他，或者有人傷心難過時，我會去安慰他。

學習單-2

圖像閱讀與品格教育創意寫作學習單

關懷 一(一) 五年 班 號 姓名：

一、什麼是關懷？

關心別人，每天讓他開心，幫助他人.

二、「流浪狗之歌」這個故事在說些什麼？(第三個圖由你來畫！)

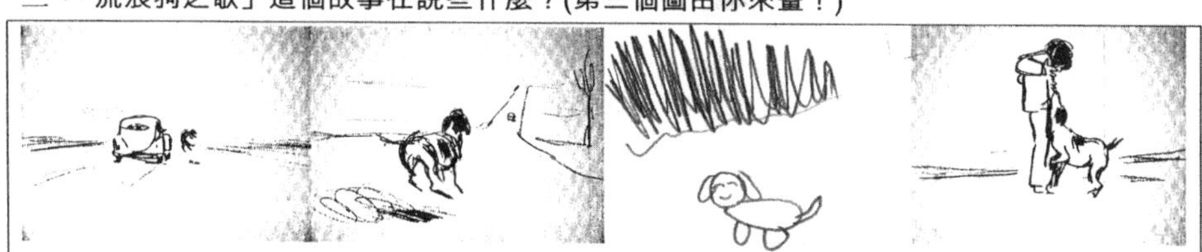

有一天主人和小狗坐車逛街，突然主人下車帶小狗去海邊，之後把小狗丟在海邊，就上車走了，小狗一直追，就在快追上的那一刻，突然一輛車撞上來，害小狗受重傷，小狗有好幾次想要回家過，問題是要走很遠的路，小狗卻不放棄，堅持要回去，問題是他不知道路，所以只好先吃飽再說，不過沒有小狗想得那麼順利，從他跑回去村子裡，到現在，都過著沒有東西吃的日子，不過他也是很勇敢的活了下來，只到有一天，他回到海邊，看到一個人，在海邊看夕陽，小男孩看到小狗，慢慢接近，兩個人就認識，之後就過著快樂的日子。

三、問體與討論

●街頭的流浪狗是怎麼產生？

被人家給丟棄的。

●我們應該怎麼對待寵物？

給他吃東西。

●想一想，請你寫下曾受到他人『關懷』的經驗或感覺：

上送我東西的時候，覺得很溫暖。

●你會用什麼方式關懷別人？

讓他高興，不給他生氣。

信賴【低年級】

設計者◎李燕梅

相信的理由

某日，下課時間，「老師，我的自動鉛筆不見了，一定是小明偷走的！」一位小朋友急忙的跑來告訴老師，老師回答：「爲什麼你認爲是小明拿走的呢？」「我覺得一定是他，他一直問我鉛筆在哪裡買。」小朋友肯定的告訴老師，這時，正巧小明經過老師身邊，「老師！我沒有，我剛剛去上廁所！」小明大聲的說。

在學校的生活中，學生常常因為同儕之間的互動關係導致很多紛爭與誤會，唯有彼此信賴才能建立良好的互動，不管是在人與人之間、在學校生活、在社會上，互動的過程無形之中建立互相信賴的關係，如果無法互信，往往會失去很多建立彼此友好關係的機會。本教學即以「信賴」為主題，以《遲到大王》一書，與學生共同探討「信賴」的實際情境，了解信賴的重要性，進而運用在日常生活中。

1. 圖像閱讀文本

一、書　名：遲到大王（*THE BOY WHO WAS ALWAYS LATE*）

作　者：約翰‧柏林罕（John Burningham）
譯　者：黨英台
出版社：上誼文化實業股份有限公司

二、內容簡述

約翰派克羅門麥肯錫每天走路上學的途中都會遇到怪事，像是可怕的鱷魚、咬人的獅子，甚至突如其來的大洪水，這些怪事讓約翰上學遲到了，老師問起遲到的理由，總是不相信他。終於，有一天約翰沒有遲到了，但是一進教室卻看見老師被大猩猩捉住，於是他一句話也沒說就走了。

2. 設計理念架構

藉由繪本中引申的主題「信賴」讓學生體會到人與人之間互相信賴的互動關係，進而讓學生實際了解信賴在人們生活中的重要性。

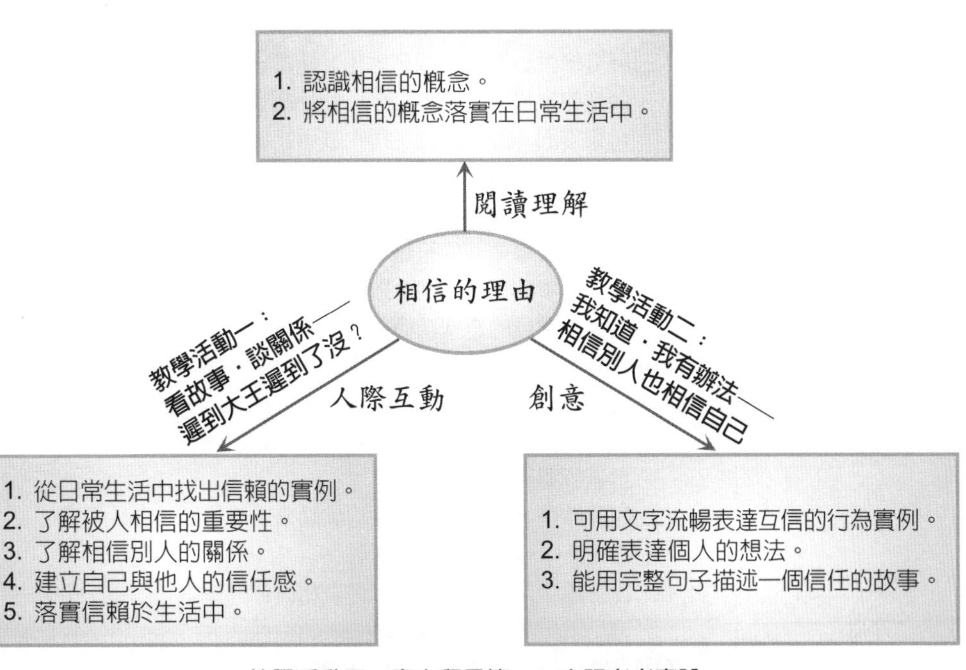

3. 教學的進行

教學名稱	教　學　要　點	教學資源
活動一： 看故事．談關係 ——遲到大王遲到了沒？	一、繪本欣賞： (一)播放去除文字的《遲到大王》繪本圖片，老師不做引導，讓學生觀看。 (二)調查學生對觀看《遲到大王》繪本後，最感興趣的是書中哪一個部分，包括故事內容、背景畫面、故事人物主角、故事結局等四個部分進行調查。 (三)再次播放《遲到大王》電子繪本，老師引導學生對故事畫面的呈現、故事發生的順序，以及故事的結局為何，以一邊播放一邊讓學生發表意見的方式進行。 二、看故事談關係，與學生討論《遲到大王》故事內容以及關於「相信」的主題與子問題的討論： (一)如果你是約翰派克羅門麥肯錫，你會怎麼告訴老師遲到的原因？ (二)如果你是老師，你會相信約翰嗎？ (三)在生活中有哪些遲到的經驗？ (四)在生活中如果你是老師，你會相信你的學生嗎？ (五)你曾經騙過老師嗎？為什麼？ 三、教師總結： 教師進行總結，統整學生意見與看法，點出「相信」的概念。	圖片電子檔 單槍投影機

教學名稱	教 學 要 點	教學資源
活動二： 我知道．我有辦法——相信別人也相信自己	一、利用學習單(一)「遲到大王遲到了沒？」引導學生將故事內容重新安排，或者按照所看到的圖片印象以文字敘寫出來，可以不用按照原故事的發展順序，自行創作新的故事。 二、透過學習單(二)「遲到大王」，以書寫的方式讓學生表達對「相信」的概念，融合日常生活的經驗，讓學生體會被人相信與相信別人此一相互的關係。	學習單(一) 學習單(二)
活動三： 真心留言簿——小記者老實說	一、由老師架設定點數位攝影機，學生自己擔任訪問員，請小朋友回答： (一) 故事中印象最深刻的部分。 (二) 如果你是老師，你會相信學生遲到的理由嗎？該怎麼處理遲到的小朋友？ (三) 舉例說明相信的實例。 二、教師製作成訪問活動影片。 三、透過觀看活動影片，教師統整學生經驗，讓學生將「相信」的概念落實在日常生活當中。	數位攝影機 剪輯影片軟體 活動影片

4. 延伸活動

一、我「相信」我能做得到

1. 教師與學生討論日常生活中有哪些相信的行為。
2. 教師與學生共同列舉相信的行為項目，統整出行為檢核表。
3. 師生共同約定行為檢核表中行為項目的達成，並固定每週進行檢核。

二、相關閱讀《米諾貓上街買魚》

1. 欣賞繪本《米諾貓上街買魚》。
2. 問題討論：
   (1)貓喜歡吃魚，但是主人為什麼請米諾上街買魚呢？
   (2)故事中，米諾上街買魚的過程發生了什麼事？
   (3)故事最後，米諾有沒有達成主人交代的事情？
   (4)如果你是米諾，你會把魚吃掉嗎？為什麼？
3. 教師總結：人與人之間除了相信別人之外，還要建立讓人信任自己的關係。

5. 我可以做到

【信賴】約定實踐學生自評表

____年____班____號 信賴小天使：________

各位小天使：

還記得我們針對「信賴」的約定內容嗎？現在老師要請你們對自己最近的表現來一次大考驗，相信各位信賴小天使們一定會有很好的表現，加油！要對自己的表現誠實的打✓喔！

時間：(　)年(　)/(　)~(　)/(　)

約定內容		全部做到	經常做到	偶爾做到	沒有做到	說明原因
家庭生活	1. 與人說話時，能說出與事實相符的話。					
	2. 聽到別人說的話，能清楚知道對方的談話內容。					
	3. 聽到別人說的話，如果有疑問，會馬上提出問題。					
學校生活	1. 我相信同學對我說的話。					
	2. 與同學吵架時，能夠冷靜下來，不馬上還擊，並立刻告訴老師。					
	3. 同學相信我說的話。					
	4. 同學做出令我不舒服的動作或事情，能知道事情的原因。					
	5. 用相信的態度和每個人相處。					

☺ 老師的悄悄話：

____

____

【信賴】公約家長檢核表

____年____班____號　信賴小天使：________________

親愛的家長，您好！

以下是老師與孩子約定的事項，這一週孩子在家裡的表現如何呢？請家長想一想，再打✓，謝謝！

時間：(　　)年(　　)/(　　)~(　　)/(　　)

	約　定　內　容	全部做到	經常做到	偶爾做到	沒有做到	說明原因
家庭生活	1. 孩子和爸媽說話時，能說出與事實相符的話。					
	2. 孩子做錯事情能向爸媽勇於認錯。					
	3. 孩子按時完成功課，即使沒有完成功課也誠實告訴爸媽。					
	4. 爸媽相信孩子說的話與行為。					

☺親師留言板：

☺家長給寶貝鼓勵的話：

____

____

家長簽名：________________

6. 學生將學會

學習目標	對應之九年一貫課程能力指標
一、學生知道故事內容並說出對故事內容的看法。	語文 C-1-4-9-3 能依主題表達意見。
二、從故事中，學生了解「信賴」的主題。	語文 E-1-3-5-2 能在閱讀過程中，領會作者的想法，進而體會尊重別人的重要。 語文 E-1-7-5-2 能理解在閱讀過程中所觀察到的訊息。
三、學生能用文字重新編寫故事的內容，完成學習單。	語文 F-1-3-4-2 能認識並練習寫作簡單的記敘文和說明文。
四、學生能舉出生活實例，體會「信賴」的重要性。	生活 2-1-5 舉例說明個人或群體為實現其目的而影響他人或其他群體的歷程。

7. 延伸閱讀

書名	類別	作者	繪者	譯者	出版社	信賴相關議題
爺爺一定有辦法	繪本	菲比吉爾曼	菲比吉爾曼	宋珮	上誼	相信爺爺的手藝
米諾貓上街去買魚	繪本	石津ちひろ	廣瀨弦	湯心怡	大穎	主人相信米諾貓不會偷吃魚
爸爸永遠會在那兒	繪本	露易絲·葛萊柏林	華特·葛芬尼·卡賽爾	陳方妙	臺灣麥克	爸爸永遠在孩子身邊
大狗醫生	繪本	芭貝·柯爾	芭貝·柯爾	黃迺毓	格林	信賴醫生的醫術

8. 學習單

學習單(一)

遲到大王遲到了沒？

※下面是一連串沒有文字的圖片，試試看配合圖片寫出這個故事的內容：

因本書《遲到大王》圖像授權問題，故本頁以文字說明替代，原放置圖片為「約翰派克羅門麥肯錫第一天走路上學」的畫面，教師使用時可自行貼上。		因本書《遲到大王》圖像授權問題，故本頁以文字說明替代，原放置圖片為「老師詢問約翰派克羅門麥肯錫上學遲到的原因」的畫面，教師使用時可自行貼上。	因本書《遲到大王》圖像授權問題，故本頁以文字說明替代，原放置圖片為「約翰派克羅門麥肯錫被老師罰寫」的畫面，教師使用時可自行貼上。

因本書《遲到大王》圖像授權問題，故本頁以文字說明替代，原放置圖片為「約翰派克羅門麥肯錫第二天走路上學」的畫面，教師使用時可自行貼上。		因本書《遲到大王》圖像授權問題，故本頁以文字說明替代，原放置圖片為「約翰派克羅門麥肯錫第四天走路上學」的畫面，教師使用時可自行貼上。	

學習單(二)

遲到大王

____年____班____號 姓名：__________

＊如果你是約翰派克羅門麥肯錫，遲到的時候，走進教室你會怎麼跟老師解釋呢？

我會告訴老師：______________________________

____

______________________________。

＊如果你是老師，你會相信「約翰派克羅門麥肯錫」遲到的理由嗎？為什麼？

如果我是老師______________________________

因為______________________________

____

____

＊故事最後，老師被大猩猩抓走了，你會救老師嗎？為什麼？

____

____

____

____

＊看完遲到大王，你知道什麼是「相信」嗎？（請用完整的句子）

____

「相信」就是______________________________。

9. 行動與感動

品格養成在現階段小朋友的日常生活一直不可或缺，但也最不容易以課程的形式獲得這方面的知識與情意培養，在實施這樣的課程中，老師除了獲得孩子們的回應外，還有一些對教學的感動與反省。

一、教師引導

一開始，老師以無引導的方式呈現電子繪本，在無引導的情形下，學生起初對繪本的反應並不大，在播放了幾張圖片後，學生開始對故事產生好奇，專心閱讀的學生從少數人擴展到全班皆專心觀看故事。看完故事後，學生對故事內容與主角產生問題，開始積極發問。問題大部分皆以故事內容爲主，少數學生對故事主角遲到的行爲與老師相不相信產生好奇。再次播放故事後，老師介入引導，讓學生從遲到的行爲與老師的反應進行討論，學生對於主題「信賴」只限於「相信」的概念。應該在從生活中舉出有關「信賴」的實例，以低年級孩子而言，「相信」應該較能理解。

二、學生反應

學生在閱讀觀看繪本後，對於故事主角的遭遇與老師的反應較感興趣，將自己生活中時常被老師處罰的經驗結合，當問及學生：「如果你是老師，你會相信遲到的小朋友嗎？」學生會出現相信與不相信的狀況各半，問及如何處理遲到的小朋友，學生會回答：「先問他爲什麼遲到？再以遲到的原因做處罰。」

學生對於故事中「相信」的角色是從老師做出發點，漸漸能從自己做出發點去相信他人，在這樣的過程中，小朋友已經能夠理解相信他人，甚至讓別人相信自己。

三、學習單（語文經驗）

利用故事中的圖片讓學生重新編寫故事，有學生發問：「老師，可不可以把圖的順序由右邊開始寫，不按照原來的順序？」學生創意的激發點已經開始。學生會以自己的生活實例作爲故事的題材，或者按照故事原本的架構重新再寫一次，學習單以圖片爲主，讓學生以文字按照故事發展的順序書寫。以二年級學生爲例，他們對句子寫作的敏銳度較高，但文章的段落續寫較弱，容易出現一個圖片一句話，無法將整個故事串聯起來。

在共同討論第二張學習單時，學生對於「相信」的概念逐漸形成。教師問學生：「你知道什麼是『相信』嗎？」

生：「有證據有證實過才是相信。」

生：「相信就是相信別人。」

生：「老師，我可以查字典。」

我於是請學生翻翻字典，找出相信的意思，學生找出相信就是「不懷疑而聽從」，甚至有人找到信任的意思是「確信不疑」。

學生主動從自身語文經驗或工具書獲得訊息，了解到「相信」的意義與應用，將相關的背景經驗連結新知識，獲得概念的統整。知識的傳達與品格教育相互連結，更加深加廣學生的視野，這是教學者另一項意外的收穫。

10. 作品摘錄

學習單（一）-1

遲到大王遲到了沒

※ 下面是一連串沒有文字的圖片，試試看配合圖片寫出這個故事的內容：

因本書遲到大王圖像授權問題，故本頁以文字說明替代，原放置圖片為「約翰派克羅門麥肯第一天走路上學」的畫面，教師使用時可自行貼上。		因本書遲到大王圖像授權問題，故本頁以文字說明替代，原放置圖片為「老師詢問約翰派克羅門麥肯錫上學遲到的原因」的畫面，教師使用時可自行貼上。	因本書遲到大王圖像授權問題，故本頁以文字說明替代，原放置圖片為「約翰派克羅門麥肯錫被老師罰寫」的畫面，教師使用時可自行貼上。
麥克走路去學校。	突然有一隻鱷魚咬著麥克的書包，麥克把十個手套丟去給鱷魚，牠把書包張開	要上學快遲到了，麥克就用跑的，到了學校時，老師又說：「你遲到了。」	老師問為什麼會遲到？麥克說：「因為鱷魚咬我的書包。」老師說：「你說謊，罰寫三百句。」

因本書遲到大王圖像授權問題，故本頁以文字說明替代，原放置圖片為「約翰第二天走路上學」的畫面，教師使用時可自行貼上。		因本書遲到大王圖像授權問題，故本頁以文字說明替代，原放置圖片為「約翰第四天走路上學」的畫面，教師使用時可自行貼上。	
第二天，沒什麼事情發生。	突然有一隻獅子咬他的褲子，麥克就跑到樹上，結果麥克就爬下樹。	麥克看看手錶說「快遲到了，」他就跑的上學。	他一到教室看見老師被大猩猩抱起來，老師大叫：「麥克，快救我」麥克說：「要自己救」走出教室。

學習單（一）-2

遲到大王遲到了沒

※ 下面是一連串沒有文字的圖片，試試看配合圖片寫出這個故事的內容：

因本書遲到大王圖像授權問題，故本頁以文字說明替代，原放置圖片為「約翰派克羅門麥肯第一天走路上學」的畫面，教師使用時可自行貼上。		因本書遲到大王圖像授權問題，故本頁以文字說明替代，原放置圖片為「老師詢問約翰派克羅門麥肯錫上學遲到的原因」的畫面，教師使用時可自行貼上。	因本書遲到大王圖像授權問題，故本頁以文字說明替代，原放置圖片為「約翰派克羅門麥肯錫被老師罰寫」的畫面，教師使用時可自行貼上。
他走了很久還沒到學校。	有一隻ㄜ魚把自的書包ㄧㄠˇ走，到了很久他才把書包拉回來。	自在上學的路上，看見了老師。	有一天ㄓㄠ 自走路去上學。

因本書遲到大王圖像授權問題，故本頁以文字說明替代，原放置圖片為「約翰第二天走路上學」的畫面，教師使用時可自行貼上。		因本書遲到大王圖像授權問題，故本頁以文字說明替代，原放置圖片為「約翰第四天走路上學」的畫面，教師使用時可自行貼上。	
他走呀走都走不到學校。	有一隻獅子ㄎ住他的ㄎ子自說：請你快點放了我，結果獅子好像聽得懂他的話，真的放過了自。	自一直走一直走，結果他來到一座大草原。	他經過馬路時，看見猩猩把老師抱著還在天空上飛來飛去。

學習單（二）

遲到大王

＊如果你是小朋友，遲到的時候，走進教室你會怎麼跟老師解釋呢？

我會告訴老師：「我ㄔ到是因為睡太晚、早餐太多、姐姐太慢、(我姐姐也是上西門)。」

＊如果你是老師，你會相信「約翰派克羅門麥肯錫」遲到的原因嗎？為什麼？

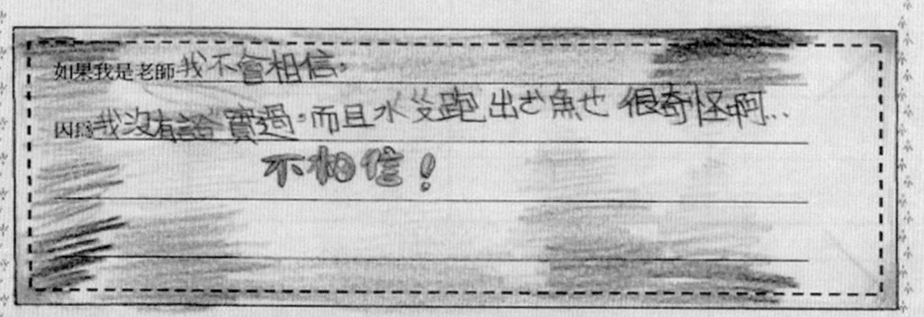
如果我是老師 我不會相信。
因為 我沒有證實過。而且水ㄍㄡ跑出ㄜ魚ㄝ 很奇怪啊…
不相信！

＊故事的最後，老師被大猩猩抓走了，你會救老師嗎？為什麼？

會，雖然老師一直不相信我，是因為老師沒看見啊，可是我有看見啊，，……

＊看完遲到大王，你知道什麼是「相信」嗎（請用完整的句子）

「相信」就是 有證實過，有證據。

信賴【中年級】

設計者◎楊士華

你可以相信我嗎？

每個人自呱呱墜地起，就與「信賴」這個主題關係密切。懷疑嗎？讓我們仔細回顧一下吧！

襁褓期的我們，肚子餓了會大哭，但只要大人一句「你乖乖等一下，ㄋㄟㄋㄟ馬上就來了！」大部分的嬰兒都會耐心的等，因為我們「信賴」這樣的招呼。

初次上學，臉上雖掛著淚水，但當父母以真誠的態度，再三保證會準時來接我們回家時，我們便鬆開了緊抓著父母的手，乖乖留在教室裡。學騎腳踏車時，我們相信背後的那一雙手不會鬆開，所以勇敢的往前騎；即使鬆手了，也一定會在我們跌倒之前，再度穩穩地扶住車身。

及長，我們會將秘密和值得信賴的師長、同學分享；遇到困難時，也深信好友一定會為我挺身而出……。種種美好的互信經驗，一路伴隨著我們成長，於是，本教學想在學生的心田播下更多良善的種子，所以設計了一些與「信賴」相關的活動。

1. 圖像閱讀文本

繪本一

一、書　名：遲到大王（*THE BOY WHO WAS ALWAYS LATE*）

作　者：約翰．柏林罕（John Burningham）
譯　者：黨英台
出版社：上誼文化實業股份有限公司

二、內容簡述

《遲到大王》一書中，主角約翰每天走路到學校，因爲多次遇到不同的事件，例如：鱷魚緊緊咬住他的書包、獅子攔路、突然而來的洪水差點把他沖走等原因而造成到校遲到，但約翰的老師卻不相信他所說的理由，每次總認爲他是胡亂找藉口而處罰他。直到有一天，約翰更早出門提早到校，這時剛好聽到老師大喊：「我被大猩猩抓住了，救命呀！」約翰竟回答說：「世上根本沒有這回事呀！老師。」

本書是以幽默又誇大的故事情節，將老師與學生之間對信賴關係的處理表達出來。看到此書最後的情節——老師被大猩猩抓住而求救，以及約翰的反應，也讓人產生各種不同的看法，是值得大家以此去探討「信賴」關係的有趣繪本。

繪本二

一、書　名：米諾貓上街去買魚

作　者：石津ちひろ

繪　者：廣瀨弦

譯　者：湯心怡

出版社：大穎文化

二、內容簡述

有一天，爺爺對米諾貓說他想要吃魚，請牠去鎮上買回來。米諾貓當然很樂意囉！但在回家路上，米諾貓和自己的內心不停交戰，眼中看到魚所引發的口慾使自己想要吃魚的念頭浮現，可是他又怕回去面對爺爺說：「對不起，因爲魚長了翅膀，飛去天上了。」、「因爲魚一直一直哭，所以把牠送到河裡放生了。」……。

想了那麼多藉口的米諾貓，眞的會禁不住誘惑、把魚吃掉嗎？信賴米諾貓會把魚買回來的爺爺，最後會吃到他想要吃的魚嗎？

2. 設計理念架構

本課程以「你可以相信我嗎？」爲「信賴」的主題中心，涉及「體驗」、「創意」及「閱讀」等三個次概念，希望學生在學習歷程中能達成認識建立「信賴」的重要性，提升閱讀興趣，同時藉由創意思考與討論，進一步釐清人與人之間信賴的重要性，並且能表達出來，再透過體驗活動，了解如何達成人與人之間信賴關係的建立。

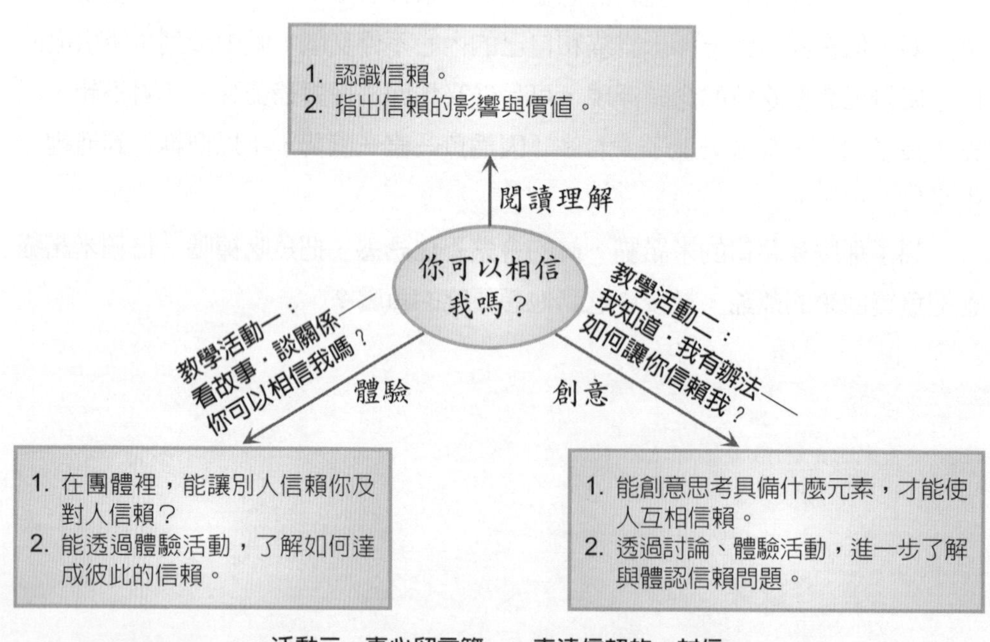

3. 教學的進行

教學名稱	教學要點	教學資源
活動一： 看故事．談關係 ——你可以相信我嗎？	一、播放去除文字的《遲到大王》繪本圖片： (一)教師將本書圖片轉換成去除文字的電子檔。 (二)請學生發表針對閱讀圖片，進行自由聯想發表所要傳達的意思（但老師要引導，不要偏離信賴主題）。 二、呈現繪本原來的故事，引導學生對「信賴——你可以相信我嗎？」此一主題的討論。 三、問題討論： (一)在這個故事中，約翰用了哪些遲到的原因向老師說明？ (二)如果你是老師，你會相信約翰遲到的原因嗎？為什麼？ (三)與老師、父母或同學建立信賴關係，有什麼好處？ (四)如何讓老師、父母、同學對自己有信賴感？ 四、教師總結：讓學生了解獲得對方信賴感的重要性。	單槍投影機 電腦 圖片電子檔 學習單(一)

教學名稱	教學要點	教學資源
活動二： 我知道．我有辦法——如何讓你信賴我？	創意思考與問題解決： (一)透過繪本《米諾貓上街去買魚》的故事，讓學生思考可能會面臨的相關信賴問題？ (二)接下來，教師引導學生配合學習單(二)，進行討論： 1. 米諾貓上街去買魚的故事大意。 2. 故事中，出現哪些信賴的行為？ 3. 在你的生活中，你最信賴什麼人？為什麼？ (三)體驗活動： 1. 二人為一組，一人閉上眼睛，另一人為引導者，利用口令引導閉上眼睛者依照口令做動作。活動進行中，閉上眼睛者，只要張開眼睛就表示對引導者失去信賴，最後張開者，就是最佳信賴組合。 2. 交換身分再進行體驗。	學習單(二)
活動三： 真心留言簿——表達信賴的一封信	讓孩子透過學習單(三)「表達信賴的一封信」，書寫出其對同學、家人、師長等的信賴，訴說自己內心的話，讓同學、家人、師長加深對他／她的了解，並感謝他們對自己的信賴與支持。	學習單(三)

4. 延伸活動

一、信賴考驗

二人為一組，分前後站立，在後方者以口令引導前方者往後躺下，後方者用兩手支撐前方者往後躺，能順利後躺者就表示通過信賴考驗。一直到完成信賴考驗後再進行身分交換。

二、真情流露

利用學習單(三)完成的信，請小朋友找適當時間，在收信人面前親自讀信給收信人聆聽，事後再把收信人的回饋情況，記錄在學習單(三)下方空白處。

5.我可以做到

【信賴】約定實踐學生自評表

____年____班____號　信賴小勇士：________________

各位小勇士：

還記得我們針對「信賴」的約定內容嗎？現在老師要請你們對自己最近的表現來一次大考驗，相信各位信賴小勇士們一定會有很好的表現，加油！要對自己的表現誠實的打✓喔！

時間：(　　)年(　　)/(　　)~(　　)/(　　)

	約　定　內　容	全部做到	經常做到	偶爾做到	沒有做到	說明原因
家庭生活	1. 家人對我的約定都會履行，我信賴家人。					
	2. 家人指導我的功課，我信賴家人教我的用心。					
	3. 我答應爸媽的事，一定盡力做到，使爸媽放心，對我信賴。					
	4. 盡力完成我負責的家事，讓家人放心，對我信賴。					
	5. 能自動完成功課，不讓爸媽操心，信賴我對功課的用心。					
學校生活	1. 同學指導我的功課，我信賴同學教我的用心。					
	2. 同學生活上對我的協助，讓我信賴他／她。					
	3. 同學答應我的事都會履行，我信賴他／她。					
	4. 我答應同學的事，一定會履行，使同學信賴我。					
	5. 我答應老師的事，一定會履行，使老師信賴我。					

☺ 給自己一句鼓勵的話：

____

____

【信賴】公約家長檢核表

____年____班____號　信賴小勇士：____________

親愛的家長，您好！

以下是老師與孩子約定的事項，這一週孩子在家裡的表現如何呢？請家長想一想，再打✓，謝謝！

時間：(　　)年(　　)/(　　)~(　　)/(　　)

約定內容		全部做到	經常做到	偶爾做到	沒有做到	說明原因
家庭生活	1. 孩子信賴家人對他／她的約定。					
	2. 孩子能信賴家人指導他／她的功課。					
	3. 孩子答應父母的事，一定盡力做到，使爸媽放心而信賴他／她。					
	4. 孩子能完成分配的家事，讓家人放心，對他／她信賴。					
	5. 孩子能自動完成功課，不讓爸媽操心，信賴他／她對功課的用心。					

☺家長給寶貝的貼心小語：

____

____

____

____

家長簽名：____________

6. 學生將學會

學習目標	對應之九年一貫課程能力指標
一、能增進圖像判讀的能力，並說出和寫出所理解的意思。	語文 F-2-1　能培養觀察與思考的寫作習慣。
二、提升閱讀的興趣與激發創意思考。	語文 F-2-10　能發揮想像力，嘗試創作，並欣賞自己作品。
三、能理解信賴的意義並加以辨別。	健康與體育 6-2-2　了解家庭在增進個人發展與人際關係上的重要性。 綜合活動 1-2-3　舉例說明兩性的異同，並欣賞其差異 。
四、了解信賴的特殊情況。	健康與體育 6-2-3　參與團體活動，體察人我互動的因素及增進方法。

7. 延伸閱讀

書名	類別	作者	繪　者	譯者	出版社	公平正義相關議題
爺爺一定有辦法	繪本	菲比・吉爾曼	菲比・吉爾曼	宋珮	上誼	信賴爺爺的手藝
大狗醫生	繪本	芭貝・柯爾	芭貝・柯爾	黃迺毓	格林	信賴醫生的醫術
爸爸永遠會在那兒	繪本	露易絲・葛萊柏林	華特・葛芬尼・卡賽爾	陳方妙	臺灣麥克	爸爸永遠在孩子身邊
米諾貓上街去買魚	繪本	石津ちひろ	廣瀨弦	湯心怡	大穎	信賴貓不會偷吃魚

8. 學習單

學習單(一)

遲到大王繪本（信賴）品格教育與圖像寫作學習單

____年____班____號　姓名：________________

本頁因授權因素，原書學習單放置圖片為「老師詢問約翰」的畫面。

本頁因授權問題，故本頁以文字說明替代，原圖學習單放置圖片為「約翰遇上大浪」的畫面。

一、在這個故事中，約翰用了哪些遲到的原因向老師說明？

二、如果你是老師，你會信賴約翰遲到的原因嗎？爲什麼？

三、請利用上列六個圖像（其中一個圖像留白，請自行添加），編寫出與「信賴」有關的故事。

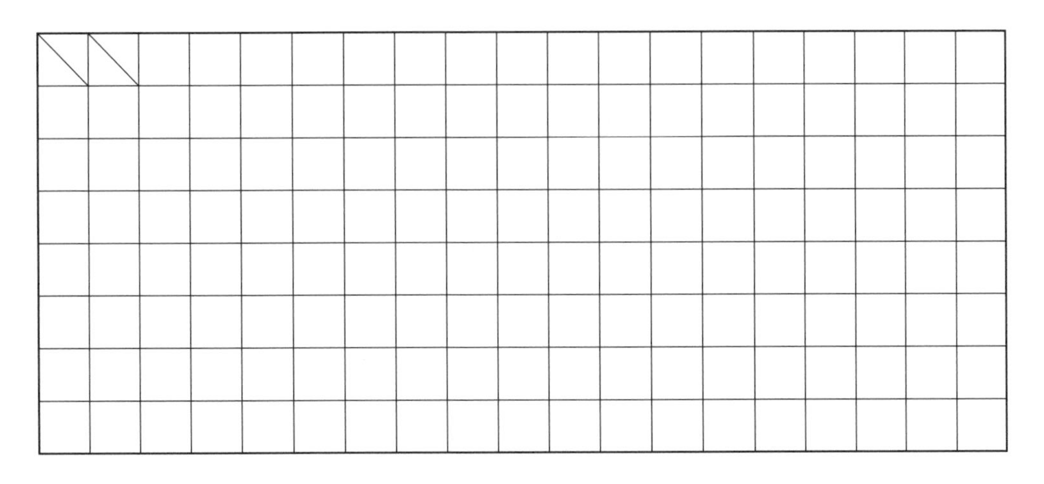

四、這本繪本讓你最感興趣或有特色的地方是：

□主題（故事內容） □場景 □人物 □結局 □看不懂

學習單(二)

■■ 米諾貓上街去買魚繪本（信賴）品格教育與圖像寫作學習單 ■■

____年____班____號　姓名：________________

一、《米諾貓上街去買魚》故事的大意是：

____

____

____

____

二、故事中，出現哪些信賴的行爲？

____

____

____

____

三、在你的生活中，你最信賴什麼人？什麼事？

____

____

____

四、「信賴遊戲」：你體驗後，有什麼想法？請你寫出來。

____

____

____

學習單(三)

真心留言簿——表達「信賴」的一封信

____年____班____號　姓名：________________

小朋友，相信在你的生命中，有值得你信賴的人，請你寫信給他／她，表達你對他／她的信賴與感謝。

寫信時，請你注意下列的書信書寫格式規範：

開端要寫收信人的稱呼，必須頂格，也就是不留空格。

通常第一段寫一些寒喧內容，中間寫正文【你對他信賴的人事物】，末尾寫祝福或問候的話，最後寫上自稱與日期。

____

____

____

____

____

____

____

____

____

____

____

____

敬祝：____________________

（　　　　　）敬上

年　　月　　日

9. 行動與感動

一、遲到大王約翰

利用《遲到大王》繪本進行教學中，小朋友對故事的誇張性，感覺非常有趣。約翰對老師提出的遲到原因，大部分小朋友對此也感覺令人難以置信，如果他身為老師，也難以相信約翰遲到的理由。但小朋友對老師因而處罰約翰卻表示不贊同，因為約翰碰到這些事情也是很可憐，再處罰他就不公平了。所以到最後，老師被大猩猩抓到屋頂而大聲喊救命時，約翰也不相信老師所說的誇張情況。

此外，小朋友也提出約翰有改進的誠意，因為在每次遲到之後，他都比上一次遲到更加提早出門，因此，老師應該要信賴他提出的理由，再慢慢去求證理由才對。

二、米爺爺與米諾貓

米爺爺信賴米諾貓，叫米諾貓上街去買魚，最後米諾貓克服各種誘惑，把魚帶回家和米爺爺一起享用。小朋友這時也在討論中發表，因為某某同學會幫我帶回遺落的東西、幫我打掃、我功課不會時會教我……等因素，而對某某同學信賴。

三、信賴大體驗

進行體驗活動「信賴考驗」時，小朋友因從未參與過這種活動而充滿好奇，老師進行活動說明與同學示範後，正式分組進行活動。小朋友對於活動一「你可以相信我嗎？」以及延伸活動一「信賴考驗」的感想是：

1. 我可以信賴我的老師與同學，因爲他們是好人；但是不一定每個人都是我所信賴的，因爲他們不一定是好人。
2. 很好玩，有一個感覺是：一定要相信他，也要相信自己；如果只相信自己而無法相信你的同組夥伴，你就會心中充滿恐懼而無法順利躺下。
3. 我心中會想，引導者會不會故意讓我撞上障礙物。
4. 就算老師來扶我，起先心理也是怕怕的，經過幾次練習才慢慢信任老師而順利躺下。經過這次活動，讓我覺得要信賴一個人，並不是想像中的容易。

眞沒想到，經過體驗活動後，三年級小朋友也能對信賴的體驗如此深刻。

四、表達信賴的一封信

在教學最後階段，想讓小朋友藉著一封信，適度表達對他們自己生活周遭親朋好友的信賴與感謝，使小朋友能學習知恩感恩的人生態度。

10. 作品摘錄

學習單（一）

遲到大王繪本（信賴）品格教育與圖像寫作學習單

三年2班___號姓名:________

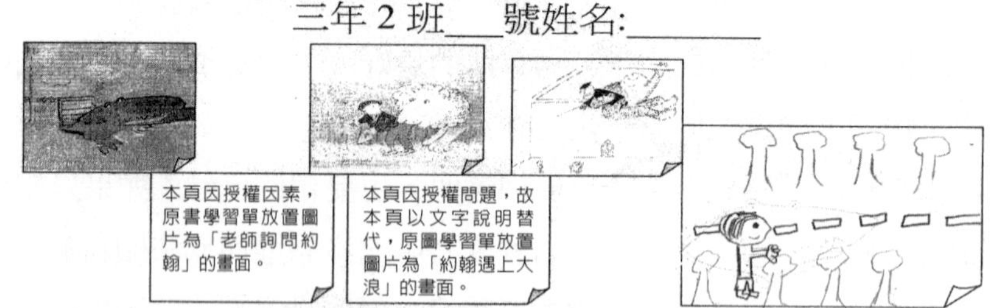

一、在這個故事中，約翰用了那些遲到的原因向老師說明？

1、我的手套被鱷魚吃掉了。
2、在路上遇到獅子把褲子吃掉了。
3、路上被大海的海水衝溼了衣服。

二、如果你是老師，你會信賴約翰遲到的原因嗎？為什麼？

我不會，因為為什麼別的同學沒有遇到的事情都那麼剛好發生在你的身上呢？

三、請利用上列六個圖像（其中一個圖像留白，請自己添加），編寫出與『信賴』有關的故事。

\	\	有	一	天	的	早	上	有	~~一~~	~~棵~~	小	男	孩	走	在	路	上	走	著
走	著	突	然	有	一	隻	看	起	來	很	兇	的	鱷	魚	從	下	水	道	游
了	出	來	鱷魚	一	張	開	他	的	大	嘴	巴	一	口	氣	就	把	小	男	孩
的	書	包	咬	住	了	，	小	男	孩	跟	鱷	魚	在	拉	扯	時	小	男	孩
突	然	靈	機	一	動	把	手	套	丟	上	去	這	時	鱷	魚	才	放	開	了
書	包	小	男	孩	就	以	最	快	的	速	度	跑	走	了	，	到	了	學	校
又	遲	到	了	小	男	孩	說	明	一	切	的	經	過	老	師	還	是	不	相
信	只	好	被	罰	寫	了	；	第	二	天	小	男	孩	很	早	就	起	床	了
，	經	過	一	片	大	草	原	時	突	然	有	一	隻	獅	子	咬	住	了	小

男孩的褲子小男孩爬到一棵大樹上獅子這才放棄不要咬他的褲子,好不容易到了學校

四、這本繪本最讓你最感興趣或特色的地方是 還是遲到只好又要乖乖的罰寫了；第三天小男孩比第二天更早起床，沒想到被突然來的大海浪給把整身都衝溼了，最後又被罰寫；最後小男孩沒遲到反而換老師發生了事情了。

☑主題（故事內容） □場景 □人物 □結局 □看不懂

學習單（二）

米諾貓上街去買魚繪本（信賴）品格教育與圖像

寫作學習單

三年 2 班____號姓名: 李大明

一、米諾貓上街去買魚故事的大意是

米爺爺叫米諾去市場買魚，米諾到了市場以後，開始去找魚店，找到魚店之後，米諾和老闆說：「你能給我一條魚嗎？」米諾問，老闆說：「可以呀！」米諾買到魚之後就回家了，米諾和米爺爺一起享用那條魚。

二、故事中，出現那些信賴的行為？

米爺爺相信米諾會買到魚。

三、在你的生活中，你最信賴什麼人？什麼事？

媽媽，因為我不會的功課，媽媽都教我。

四、『信賴遊戲』：你體驗後，有什麼想法？請你寫出來。

我很相信我的朋友以及老師，因為他們都是好人，我很相信他們，他們也很相信我，但是不一定每個人都要相信他們，因為他們不一定是好人。

學習單（三）

真心留言簿—表達『信賴』的一封信

三年2班___號姓名:林小琳

小朋友，相信在你的生命中，有值得你信賴的人，請你寫信給他，表達你對他的信賴與感謝。

寫信時，請你注意下列的書信書寫格式規範。

開端要寫收信人的稱呼，必須頂格，也就是不留空格。

通常第一段寫一些寒喧內容，中間寫正文【你對他信賴的人事物】，末尾寫祝福或問候的話。最後寫上自稱與日期。

媽媽妳好:我是小琳有一些事我不敢跟妳講,所以才用寫的跟妳講。

其實我一直對你很信賴,有時候你明明說要買包包給我,卻沒有買:我知道因為我的包包實在太多了,所以你才不買給我,不過有一些東西真的太多了,媽媽妳有說過只要我沒有的東西,你都會買給我,可是如果太多了再買也只是浪費你們辛辛苦苦賺來的錢,以後我再也不會亂花錢了。

敬祝：

您身體健康、萬事如意

(小琳) 敬上

95年6月27日

信賴【高年級】

設計者◎萬榮輝

說了實話，卻不被信賴

「爸爸！我有一個想法，不過你一定會說不可以的。」

「你說看看呀！不一定喔！」

「我想做一個實驗。我想要……」

「不行！這樣子會弄得到處都亂七八糟的。」

「我就知道不可以。」

這是身為人父的我，與孩子常會發生的真實情境，不知你是否也有如此的體驗？我們常缺乏對孩子的信任，而讓孩子失去許多勇於嘗試和激發創意的機會；在學校裡，我們也常因為顧慮孩子的能力、安全和不相信其主動負責的態度，而對其表現多所懷疑，師生或親子關係就像是官兵與強盜的奇特現象。

因此，本教學活動將以「說了實話，卻不被信賴」為主題，透過《遲到大王》此一繪本作為教學的文本，與孩子共同探討師生、親子間信賴的相關問題。

1. 圖像閱讀文本

一、書　名：遲到大王（*THE BOY WHO WAS ALWAYS LATE*）

作　者：約翰．柏林罕（John Burningham）

譯　者：黨英台

出版社：上誼文化實業股份有限公司

二、內容簡述

在《遲到大王》一書中，主角之一的小男孩每天走路去學校，因爲遭遇不同的阻礙，例如：被鱷魚咬住書包，或是獅子纏身，甚至差點被洪水沖走等原因而造成遲到，但他的老師卻不相信他的理由，每次總是罰他寫字。直到有一天，小男孩到學校時，老師因被大猩猩抓著而大喊救命，小男孩竟說：「世上根本沒有這回事呀！老師。」

本書透過幽默而鮮明的圖畫，將老師與學生兩人一來一往的互動清楚的傳達出來。從家裡出發，走路去上學，到進入教室這樣一個再單純不過的事件，因爲一個個匪夷所思的狀況而帶來意想不到的改變，頗適合帶給學生創意的想像空間。

2. 設計理念架構

本課程方案以「大人都不相信小孩」爲「信賴」的主題中心，涉及「人際」、「創意」及「閱讀」等三個次概念，希冀學生在學習歷程中能達成認識建立「信賴」的重要性，提升閱讀興趣與分辨故事元素的目標；同時，藉由創意思考與解決問題的寫作活動，培養學生讀寫及創意的能量。

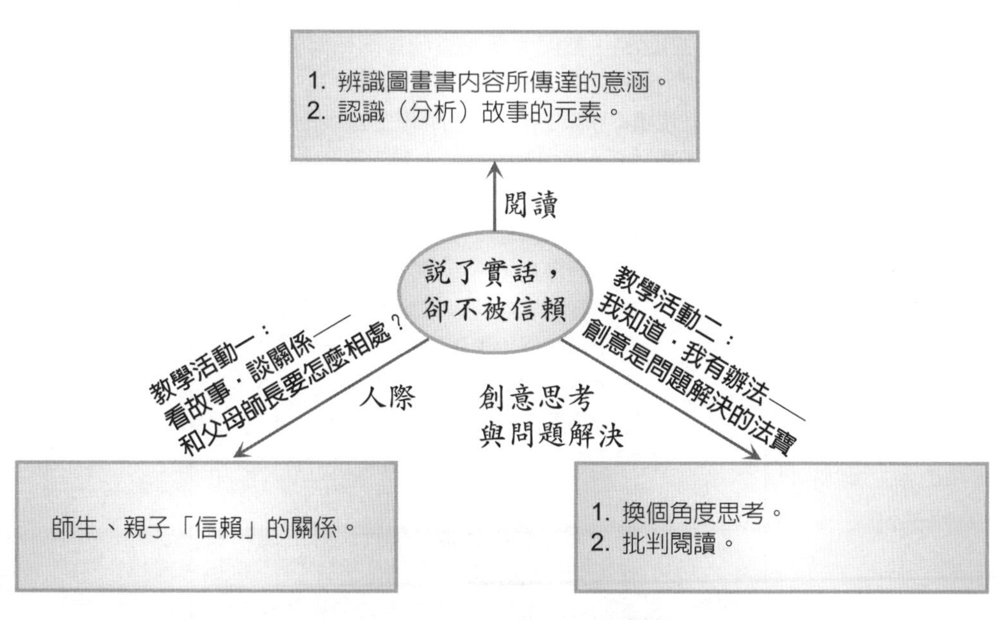

教學活動三：真心留言簿——我想對你說

3. 教學的進行

教學名稱	教　學　要　點	教學資源
活動一： 看故事・談關係 ——和父母師長要怎麼相處？	一、播放去除文字的《遲到大王》繪本圖片： (一)教師可將本書圖片轉換成電子檔，抑或直接透過實物投影機呈現。 (二)讓學生在閱讀完圖片後，自由發表其認為圖像所要傳達的意思。 (三)此時，教師引導學生欣賞同學間的創意想像，但不做任何的批評或修改。 二、呈現繪本原來的故事，引導學生對「信賴——說了實話卻不被信賴」此一主題的關注。 三、問題討論： (一)請學生分享曾經不被「信賴」的經驗。 (二)師生共同探討本書有關信賴的內容： 1. 故事裡，老師可以怎麼說、怎麼做，來決定是否相信小男孩所說的遲到理由？ 2. 故事裡，小男孩可以怎麼說、怎麼做，讓老師相信自己所說的是真的？ 3. 與老師建立良好的信賴關係，有什麼好處？ 4. 與父母（家中長輩）建立良好的信賴關係，有什麼好處？ 5. 如何才能讓父母、師長和自己有信賴感？ 四、附註： (一)我總是會舉生活中的小例子與學生分享，例如上此課時正逢學生報名畢業旅行的時期，我詢問不能參加畢旅的學生們的因素，有不少反映因為家中父母或長輩認為自己最近的表現不是很好（如：考試成績不好、玩太多電動、常不聽大人的話……等等，其實就是	圖片電子檔 單槍投影機 電腦

教學名稱	教　學　要　點	教學資源
	平常不能獲得家中父母和長輩的信賴），所以還不能報名參加。 (二)為此，師生藉由此生活議題開始討論：這段時間要怎麼做才能建立起父母的信任感？建立信任感後，家中父母和長輩會不會較有可能同意自己參加畢旅？並要學生嘗試將我們所討論出的方法在家中予以實踐，並隨時與學生討論目標的達成程度。	
	五、書寫學習單(一)，讓學生將前述的學習歷程感受，融入創意，扣緊本次品格學習重點──「信賴」，書寫一篇相關性的文章。	學習單(一)
	六、學習單作品賞析。	
活動二： 我知道．我有辦法──創意是問題解決的法寶	一、創意思考與問題解決： (一)角色互換： 1. 透過繪本《遲到大王》裡的師生角色互換，比如老師上課時常遲到，理由也常千奇百怪，讓學生思考接下來可能會面臨的相關信賴問題。 2. 此處是由老師先起個頭，讓學生自由地進行故事接龍的活動，唯教師應注意故事不要太長，只要二至三位學生發表過即可，最後要讓全體學生在此經驗下進行下一個學習活動。	
	(二)接下來，教師引導學生配合學習單(二)，激發學生創意思考，天馬行空的發展另類新的「遲到大王」故事。	學習單(二)
	(三)我在教學時，乃是以學生個人的方式進行，著重於學生個人創意的培養，但考量到團體的腦力激盪也可能帶來更意想不到的結果，所以建議同為教育的夥伴們可以小組方式，透過海報的製作形式來完成創作。	

教學名稱	教　學　要　點	教學資源
	二、批判閱讀： (一)師生討論繪本中有哪些是令人驚奇、饒富趣味或是特別的地方？ (二)配合學習單(三)，引導學生認識故事元素的內容，並且了解作者在故事中的安排和想傳達的想法。 (三)作品賞析與教師給予回饋、肯定。	學習單(三)
活動三： 真心留言簿 ──我想對你說	一、我想對你說： 讓孩子透過學習單(四)的書寫方式，表達他們對自己與親人、師長等的信賴關係價值觀，可以增進其對自我的評價，更可以透過對師長、父母所訴說的心底話，讓家長加深對青少年的了解，檢核品格教育的實施，從而協助自身掌握品格教育的秘訣，以培養子女建立積極正面的人生觀。 二、擬定信賴品格行為檢核： 請學生討論在班級、學校及家庭等層面，自己有哪些屬於信賴行為是要確實去實踐的，並將其整理如下：我可以做到，進而協助學生利用一週的期程透過班級、學校層面的信賴行為自評與家庭方面的家長檢核歷程，引導學生在信賴行為上的落實。	學習單(四)

4. 延伸活動

說話的藝術

延續教學活動一「和父母師長要怎麼相處？」，讓學生體驗「當我對別人的話語或行為存疑時，如何反應才能不傷和氣又能保護自己？」因此，教師設定幾個情境，例如，父母親擔心安全問題而考慮是否要答應自己參加畢業旅行？或是同學可能因為睡過頭而造成上學遲到，卻謊稱身體不舒服……等等，由學生探討及練習要怎麼說，才能取得別人的信任又不會傷了彼此的和氣？

5. 我可以做到

【信賴】約定實踐學生自評表

____年____班____號　姓名：________________

各位小帥哥、小美女：

還記得我們針對「信賴」的約定內容嗎？現在老師要請你們對自己最近的表現來一次大考驗，相信各位懂得信賴的小帥哥及小美女們一定會有很好的表現，加油！要對自己的表現誠實的打✓喔！

時間：(　　)年(　　)/(　　)~(　　)/(　　)

	約　　定　　內　　容	全部做到	經常做到	偶爾做到	沒有做到	說明原因
家庭生活	1. 我能接受與感謝父母（長輩）的關心。					
	2. 我能按時完成功課，讓家人放心。					
	3. 我會準時參加才藝班，不讓家人擔心。					
學校生活	1. 要相信老師所做的決定。					
	2. 同學（朋友）相信我，我也要相信他／她。					
	3. 我遵守對別人的承諾，不欺騙對方。					
	4. 我相信學校為學生所做的決定。					
	5. 我相信學校的規定是為學生好，並加以遵守。					
	6. 我和每位師長約定的事都能做到。					

☺ 記錄一件值得分享的「信賴」事件：

____

____

____

☺ 教師的貼心話：

____

____

____

【信賴】公約家長檢核表

____年____班____號　姓名：________________

親愛的家長，您好！

以下是老師與孩子約定的事項，這一週孩子在家裡的表現如何呢？請家長想一想，再打✓，謝謝！

時間：(　　)年(　　)/(　　)~(　　)/(　　)

約定內容		全部做到	經常做到	偶爾做到	沒有做到	說明原因
家庭生活	1. 孩子能接受與感謝父母（長輩）的關心。					
	2. 孩子能按時完成功課，讓家人放心。					
	3. 孩子能準時參加才藝班，不讓家人擔心。					

☺ 家長的貼心話：

家長簽名：________________

6. 學生將學會

學習目標	對應之九年一貫課程能力指標
一、能透過圖像閱讀提升閱讀理解的能力。	語文 E-2-5 能利用不同的閱讀策略，增進閱讀的能力。 語文 E-2-9 能結合電腦科技，提高語文與資訊互動學習和應用能力。
二、激發學生面對道德問題時的創意思考及問題解決。	語文 E-2-8 能共同討論閱讀的內容，並分享心得。 語文 F-2-10 能發揮想像力，嘗試創作，並欣賞自己作品。
三、能理解人際間相處的信賴的重要性及態度的養成。	綜合 1-3-1 欣賞並接納他人。 綜合 1-3-6 了解自己與家庭、社區環境的關係，並能說出自己的角色。

7. 延伸閱讀

書名	類別	作者	繪者	譯者	出版社	信賴相關議題
爺爺總是有辦法	繪本	菲比・吉爾曼	菲比・吉爾曼	宋珮	上誼	信賴爺爺的手藝
大狗醫生	繪本	巴貝・柯爾	巴貝・柯爾	黃迺毓	三之三	信賴醫生的醫術
爸爸永遠會在那兒	繪本	露易絲・葛萊柏林	華特・葛芬尼・卡賽爾	陳方妙	臺灣麥克	爸爸永遠在孩子身邊
米諾貓上街去買魚	繪本	石津ちひろ	廣瀨弦	湯心怡	大穎	相信受託者的承諾
窗口邊的豆豆（注音版）	小說	黑柳徹子		朱曉蘭	新潮社	信賴學生自己去尋找答案，培養勇敢、負責、獨立、創造與合作的精神態度

8. 學習單

學習單(一)

遲到大王閱讀後——圖像創意寫作

____年____班____號　姓名：____________

小朋友：

請你就下面《遲到大王》這本書裡的幾張圖像，發揮你的想像力，自行完成一篇不一樣的故事內容，不過別忘了要和「信賴」有關喔！

因本書圖像授權問題，故本頁以文字說明替代，原放置圖片為第16頁「約翰派克羅門麥肯錫站在牆角，大聲說了四百遍」的畫面，教師使用時可自行貼上。

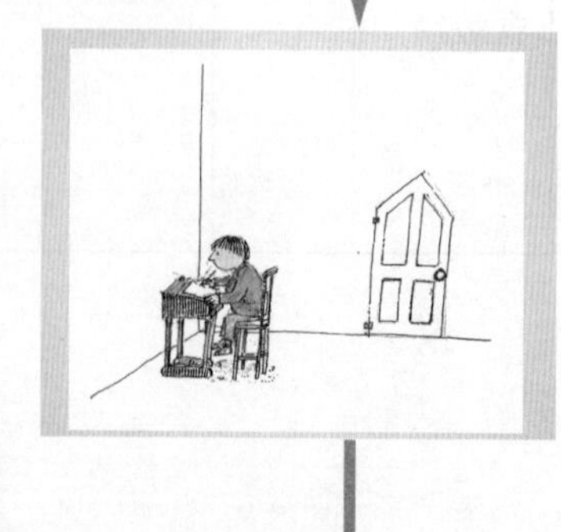

因本書圖像授權問題，故本頁以文字說明替代，原放置圖片為第15頁「老師質疑學生這附近哪有什麼獅子」的畫面，教師使用時可自行貼上。

事情是這樣發生的：

我認爲「信賴」就是：

學習單(二)

我知道．我有辦法——問題解決與創意改寫篇

____年____班____號 姓名：____________

小朋友：

如果讓「遲到大王」裡的老師和學生的角色互換，換成是老師時常因為各種不同原因而造成上課遲到開始，請你發揮你的創造力，自行設計一篇另類的「遲到大王」。

第一次遲到：
原因：
經過：
結果：

第二次遲到：
原因：
經過：
結果：

第三次遲到：
原因：
經過：
結果：

第四次遲到：
原因：
經過：
結果：

我設計的這篇創意故事中，最大的特色就是：

____

____

學習單(三)

我知道‧我有辦法──圖畫故事大偵察

____年____班____號　姓名：____________

小朋友：

一篇生動、令人深刻的故事，需要作者用心的安排，要考慮到故事的人物安排、情節的高低潮變化、場景和想要傳達給讀者有意義的主題等等，這就是所謂的「故事的元素」。如果我們能具備這些方面的知識的話，就能很快了解每一本書的內涵，更能細細品味其中的閱讀樂趣。現在就讓老師透過下面的練習，配合《遲到大王》這本書，讓你學到有這樣的能力，加油！

一、故事元素偵察大分析：

故事元素	內　　容
人物的安排	小男孩總是 老師是一位
情節（劇情）的安排	
場景 （如：書本裡的圖像）	
作者的意思是…… （本書的主題）	

二、請你給這本書一點意見（自己的見解或觀點）：

____

____

三、老師的話：

____

____

學習單(四)

■■ 真心留言簿 ■■

____年____班____號　姓名：________________

◎短文分享：修改自香港德育資源網 http://www.icac.org.hk/me/icac/familybase/index.html

親愛的爸爸媽媽：

謝謝你們一直以來對我無微不至的呵護，而我卻沒有回報你們的養育之恩，唯一的就只是以考取好成績來報答你們。

其實我曾想過用我的零用錢與你們去外地旅遊，但你們卻異口同聲地說：「不！」於是我又想過用零用錢來買生日禮物，但你們也是說：「不用了！」你們說：「只要妳認眞於學業上就足夠了！」

我眞的很內疚！你們辛苦地養大了我，我卻沒有甚麼可以回報，唉！我覺得你們都很了解我，但你們卻也非常緊張我，連放學後遲些回家也要詳細的質問我有否去逛街等，眞的很難受。因爲你們都不信任我，所以使我傷心非常，還望你們給我信心，使我感到被信任。我希望你們能多些和我溝通，使我能在溝通中成長，在此答謝你們的養育之恩！謝謝你們，爸爸媽媽！

祝身體健康！

女兒○○○上

◎我需要你們（指老師或父母等長輩）的信賴和傾聽——

◎老師的真心話：

小朋友，完成學習單後記得投入班級閱讀箱中喔！老師會仔細又愉快的閱讀你們的好作品，當然也會準備一份神秘的小禮物送給寫得不錯的小朋友，加油喔！

9. 行動與感動

一、學生的疑惑

在進行遲到大王圖像創意寫作時，聽見學生的陳述：

「老師！我們從一年級到六年級都沒有上過這樣的課，寫過這樣的東西！」

「好難ㄛ！」

「故事內容很好笑，可是我們寫不太出來！」

二、教師間的對話與啓發

個人將上述對話內容帶回辦公室與其他老師討論時，獲得回應如下：

「當然啦！他們的語文課一週只有五節，哪有時間做這些練習！都是老師一直在趕課呀！」

「所以，學生難有細細消化的時間，我們班的學生也一樣，說會說，寫就沒有辦法。」

「還有，學習的態度，以及和老師、同學間的應對進退也不是很有禮貌。」

這些話不禁讓人深省：我們的教學眞的是隨著歲月而逐漸磨平兒童的創意、扼殺其創造思考的能力！此也再次印證了兒童語文能力低落的事實。我們基層的老師早就感受到這樣的現象，也很想盡力去改善此一情況，而這樣的發現與體認更加肯定我們進行本教學研究之重要性。

因此，我們分享與省思自身的教學實務，發現在面對現今學生語文能力有待提升及品格教育成效低落的社會氛圍下，若能提升學生的語文能力，促進其道德認知與態度的養成，絕對是一件是刻不容緩的事。於是我們嘗試以「品格」爲課程的核心內容，編選「圖像閱讀」的教材，融入師生「創意」的教與學，期能展現學生面對各項道德情境的創意思考與問題解決，同時更能幫助學生語文寫作能力的提升。

三、教學上的疏忽，提醒教學者的品格展現

「老師，○○沒有爸爸媽媽，他一直不知道要怎麼寫！」

在與學生進行「眞心留言簿」書寫活動時，突然有學生湊到我的身旁小聲的對我說。

我立即回應：「眞心話的對象也可以是家人，不只是爸爸或媽媽！」

教學經驗頗爲豐富的我，在設計教學時竟然會忽略這一點，以致對學生產生不夠「尊重」的意外，對於這位學生所造成的傷害甚感抱歉，也利用課餘時間予以輔導。同時，也延伸對「尊重」品格的教學。換個想法，本來每個美德的教學就是相互連結、相互加乘的效果。

四、在學生作品上的發現

1. 在學習單(二)「問題解決與創意改寫」中，有的學生提出他的創意特色就是要「搞笑、無厘頭」，這與平時學生常接觸的閱讀文本（電視、電影和漫畫等）有關，此也值得家長和教師重視及指導學童閱讀時的方針。然也有學生將學校裡的師長（校長、主任及老師）一一納入，成爲故事中的人物，結局還有讓人繼續聯想的空間，是一篇不錯的創意與品格的好作品（詳見「作品摘錄」單元），讓教師在賞析時可以有很好的例子與學生做分享。
2. 在學習單(三)「圖畫故事大偵察」寫作中，要學生去詮釋作者的意思，

經過之前的討論，多數學生均能舉出作者應用哪種的故事鋪陳，例如，有學生說作者是利用「不可能」在某些地方出現的事物來考驗老師和學生間的信賴關係，這對學生在寫作的後設認知學習上有很大的助益。

另外在給予作者意見的部分，也激發學生更多想像與創意展現的空間，有的學生說要再多安排一點「不可能」的例子，故事會更有張力，也有學生要替繪本中的人物重畫等等。

3. 在學習單(四)「真心留言簿」寫作中，可以發現學生心中確實有很多話想對父母說，教師可以利用班親會或其他時段提出來與家長分享。

五、對本課程方案教學後的回饋與修正

1. 學生對「信賴」的抽象概念轉化，需配合實際事例加以長時間的薰陶。

在教學歷程中，尤其在學習單(一)與學習單(二)的寫作過程裡，發現學生對「信賴」的概念還不是很清楚，會不斷地問及他們寫的與信賴此一主題有無關聯，這與討論時間不夠，對信賴的概念仍屬抽象有很大相關，例如，學生不斷地問：「信賴和信任是否一樣？」或是「信賴是否就是相信別人說的話？」因此，未來在其他的品格教學上，應給予學生更多時間探討品格的內涵是什麼？以及多舉例來說明，相信效果會有所提升；或者，在學習單的設計上應該以更明確的主題來引導學生做創意寫作，如此一來，學生在書寫時應更能掌握其要點。

2. 學生圖像寫作容易受書本的影響，不容易跳脫繪本內容的窠臼。
3. 學生誤解「創意」只是將故事（情節）變好玩。
4. 寫作教學仍需長時間的引導與教學。
5. 因此，在未來教學上，在進行圖像創意寫作前，應該要有較「深刻」的討論，最好是能與學生生活經驗產生共鳴的，如此，在進行圖像寫作時，學生書寫才會有內容。例如，在《遲到大王》圖像閱讀後，除了探討師生信賴問題外，若能引出學生經驗中實例（這需要時間的醞釀），

使其能透過實際的討論理解信賴的意涵和重要性後，再進行圖像寫作就會較有題材發揮。

六、結語：實踐我們共同的願景

我們分享與省思自身的教學實務與盱衡現今社會環境，發現在面對品格教育成效低落的社會氛圍下，學生的道德認知與態度的提升是刻不容緩的事。所以，我們思考著：總該有辦法來解決這個問題吧？一個可以讓老師既能不耽誤正常課程的進行，又能推廣閱讀活動和提升品格素養，魚與熊掌兩者兼得的好方法！

但是，我們更覺得：現今孩童的品格培養應更勝於學業知識的充實，因此我們共同的願景就是——教學生變聰明之前，更先要教學生變好。

10. 作品摘錄

學習單（一）

遲到大王閱讀後—*圖像創意寫作*

小朋友：

請你就下面「遲到大王」這本書裡的幾張圖像，發揮你的想像力，自行完成一篇不一樣的故事內容，不過別忘了要和「信賴」有關喔！

因本書圖像授權問題，故本頁以文字說明替代，原放置圖片為第16頁「約翰派克羅門麥肯錫站在牆角，大聲說了四百遍」的畫面，教師使用時可自行貼上。

因本書圖像授權問題，故本頁以文字說明替代，原放置圖片為第15頁「老師質疑學生這附近哪有什麼獅子」的畫面，教師使用時可自行貼上。

事情是這樣發生的：

不錯的開頭！

有一個奇怪的城市，常常會出現奇怪的事情，有一天，有一個小男孩從別的城市搬來這裡，對新的城市還不熟悉，上學的第一天，便急急忙忙的趕著去上學，走著走著，就忽然聽到有人在向他求救，大叫著：救命啊！我被一隻大猩猩捉住了。小男孩心想：這根本是不可能的事！就匆匆的離開了，到了學校，老師遲遲未到，過了很久，老師才到學校，老師一到學校，就把小男孩叫去罰站，小男孩也搞不懂為什麼，只覺得老師的聲音很耳熟，過了幾天，男孩在學校寫作文，因為寫得太慢了，老師就叫他回家寫，可是路上居然遇到了一陣暴風，把他的作文和書包都給吹走了，隔天，一到學校，他馬上告訴老師這件事，原以為老師一定不會相信，沒想到老師居然相信了，小男孩問老師為什麼要相信他，老師生氣的跳了起來，一邊吼著：老師和學生本來就要互相信賴，所以我希望你也能做到這一點。」小男孩想了想，他突然明白了，原來第一天上學遇到的人就是老師呀！

老師很喜歡這個創意情節。

學習單（二）

我知道・我有辦法——*問題解決與創意改寫篇*

小朋友： 年 班 號 姓名：

如果讓「遲到大王」裡的老師和學生的角色互換，換成是老師時常因為各種不同原因而造成上課遲到開始，請你發揮你的創造力，自行設計一篇另類的「遲到大王」：

第一次遲到：

原因：從天而降的大石頭，壓住了老師的衣服。

經過：老師受到驚嚇，拼命的想從石頭下逃脫，可是卻花了好一段時間。

結果：老師因此遲到，費了好大的力氣才解脫，卻得到學生的諷刺和嘲笑。

→

第二次遲到：

原因：剛踏出門的老師，突然發生了強烈地震。

經過：老師被地震嚇得跌坐在地上，昏了過去。

結果：當他醒來時，時間已過了一大半，到學校發現主任已經氣到臉都紅了，老師把遲到過程告訴主任，卻被臭罵一頓，主任還說根本沒有地震。

↓

第三次遲到：

原因：老師遇到了一隻小貓，小貓很可愛，老師摸了摸它，沒想到小貓狠狠咬住他的手。

經過：老師使力的甩開！但是小貓卻愈咬愈緊，老師拿出他的午餐給了它，它才鬆口。

結果：到了學校，校長和主任在會議上嘲笑老師的遲到經過，不只使老師被同事嘲笑，還沒了午餐。

←

校長主任

第四次遲到：

原因：今天，老師安全的到學校，校長主任居然走著走著來到奇怪的森林，迷路了。

經過：他們花了半天的時間才找到出口，到學校時早已中午了。

結果：全校的老師你一言，我一語，討論校長、主任的遲到情況，主任、校長紅著臉，什麼都不敢說。

我設計的這篇『創意』故事中，最大的特色是：

一開始大家總是不相信老師的話，最後校長和主任居然發生如此的事，讓人吃驚，途中遇上的怪事，是自己的創意。good! 我很喜歡這個具有想像力的故事！

■■ 學習單（三） ■■

我知道．我有辦法—圖畫故事大偵察

小朋友：

一篇生動、令人深刻的故事，需要作者用心的安排，要考慮到故事的人物安排、情節的高低潮變化、場景和想要傳達給讀者意義的主題等等，這就是所謂的「故事的元素」。如果我們能具備這些方面的知識的話，就能很快了解每一本書的內涵，更能細細品味其中的閱讀樂趣。現在就讓老師透過下面的練習，配合「遲到大王」這本書，讓你學到有這樣的能力，加油！

一.故事元素偵察大分析：

故事元素	內　　容
人物的安排	小男孩總是誠實的將事情經過說出來，但是沒有人要相信他。✓ 老師是一位不信任小朋友的人，而最後反過來因為他的不信任，而被大猩猩抓起來，小男孩不去救他。✓
情節（劇情）的安排	某一天小男孩要去上學，在上學的路上，下水道口突然冒出來一隻巨大的鱷魚，將小男孩的書包咬了過去，而深怕遲到的小男孩，將手套丟給鱷魚，而最後還是遲到了。接二連三的一直發生類似的事件，但是老師還是不信任他，而因為老師的不信任，被大猩猩抓起來小男孩都不去救他！通順有條理。
場景（如書本裡的圖像）	下水道口冒出來的鱷魚，在草叢遇見大獅子，在小河突然有巨浪，這些都不可能發生在現實生活中，而這些場景意味有誇大的效果，主要讓讀者有種有趣的感覺。我也這麼認為！
作者的意思是…（本書的主題）	作者是希望大家都要彼此尊重，互相信任！這樣大家以後才會相處的和樂！

二、請你給這本書一點意見（自己的見解或觀點）：

我覺得「遲到大王」一書有種與眾不同的感覺，例用豐富的想像力，創作出一些有趣的場景，使讀者了解到彼此需要互相信任，也同時覺得很有趣，真的很不錯！

A+

-7-

學習單（四）

◎短文分享：取自香港德育資源網 http://www.icac.org.hk/me/icac/familybase/index.html

親愛的爸爸媽媽：

謝謝你們一直以來對我無微不至的呵護，而我卻沒有回報你們的養育之恩，唯一的就只是以考取好成績來報答你們。

其實我曾想過用我的零用錢與你們去外地旅遊，但你們卻異口同聲地說：「不！」於是我又想過用零用錢來買生日禮物，但你們也是說：「不用了！」你們說：「只要妳認眞於學業上就足夠了！」

我眞的很內疚！你們辛苦地養大了我，我卻沒有甚麼可以回報，唉！我覺得你們都很了解我，但你們卻也非常緊張我，連放學後遲些回家也要詳細的質問我有否去逛街等，眞的很難受。因爲你們都不信任我，所以使我傷心非常，還望你們給我信心，使我感到被信任。我希望你們能多些和我溝通，使我能在溝通中成長，在此答謝你們的養育之恩！謝謝你們，爸爸媽媽！

祝身體健康！

女兒○○○上

◎我需要你們（指老師或父母等長輩）的信賴和傾聽------

親愛的爸爸、媽媽：

我很感謝您們多年來不畏辛勞的養育我們，但是你們總是不常回家陪伴我們，常常放我們在家，你們都根本沒有在關心過我們，有時候連我們出去玩都不會問一下，而我們問你們去哪時，卻只會說出去一下...可是真的是出去一下嗎？我知道你們信任我才放心讓我出去，但你們...卻不值得我信任嗎？

找個機會好好[illegible]父母談一下吧！要不要我協助你一下！

◎老師的真心話：謝謝你願意和老師分享，祝福你...

※小朋友，完成學習單後記得投入班級閱讀箱中喔！老師會仔細又愉快的閱讀你們的好作品，當然也會準備一份神秘的小禮物送給寫得不錯的小朋友，加油喔！

公平正義【低年級】

設計者◎黃瓊惠

我該怎麼做？

當我們在看報紙或看電視時，常常會看到很多不公平、沒有正義的事，但又說不出道理來。現在的社會已朝向追求公平正義，由此可知其重要性，所以我們有需要將這些觀念教給小朋友。

公平和正義可以說是同一件事。我們在日常生活中都會碰到與公平正義有關的事情，可能是在家裡、在學校、在社區或在社會上。公平正義的範圍很廣，所以必須將之概略區分出來：一是分配、分享的公平；二為對錯誤、傷害用公正的處理方式做處置；三為用公平合理的方式，查明事情的真相，再做出決定，以解決問題。

希望小朋友學會這些觀念後，能運用到生活中，並用這些概念去影響他們的家庭、學校或社會。

本次的教學設計將人類生活中的公平正義以動物家族的故事做呈現，讓學生易於理解，然後再引入本次要用的繪本，做公平正義的概念理解和學習活動。希望藉由淺顯易懂的故事情節，讓學生學會較難理解的公平正義，進而能運用在日常生活上，希望大家都能享有基本的權利和盡到應盡的義務，使社會更和諧融洽。

1. 圖像閱讀文本

一、書　名：不是我的錯（*DET VARINTE MITT FEL*）

作　者：雷・克里斯強森（Leif Kristiansson）

繪　者：迪克・史丹柏格（Dick Stemberg）

譯　者：周逸芬

出版社：和英出版社

不是我的錯

文　雷・克里斯強森
圖　迪克・史丹柏格
譯　周逸芬

二、內容簡述

有一個較弱小同學受到欺負時，旁邊的同學是如何的表現？是袖手旁觀、不發一語？是加入強勢的團體，繼續推卸責任？或是表現出同情、關懷、保護的態度呢？

故事中這位弱小的孩子被欺負後，只會顧著哭泣，究竟事情的原委為何？是誰欺負他呢？一群孩子一一站出來說明，有的說沒看見誰打人、有的說因為害怕不敢幫忙、有的說只是輕輕打一下而已、有的說是別人先打的、也有的說「他很古怪」所以他活該要被打……各種理由歸結起來，就是大家都在撇清與自身的關係，都在推卸責任——「這不是我的錯」、「這不關我的事」。可是，有人應該被欺負嗎？這就是公平正義的問題了。

在故事的最後，還有一些處死戰犯、大車輾人、原子彈爆炸、飢餓孩童等記錄殘酷戰爭的歷史照片，字幕只問了一句：「和我沒有關係嗎？」強烈的對照，讓人腦裡浮現疑惑——「究竟人道關懷、公平正義存在嗎？」實極具震撼，發人深省。

《不是我的錯》這本書是從學校同儕相處的角度，觸發團體中個人的責任和對公平正義的省思，淺顯的內容卻給人極大的思考空間，是很適合孩子們來共同討論的一本書。

2.設計理念架構

本次教學設計的目的是要向學生介紹何謂「公平正義」，讓他們在日常生活中能滋長公平正義的概念，也能因此而影響周遭所有的人。因此，本課程方案以「我該怎麼做」作為「公平正義」的中心主題，希望經由討論來啓發小朋友了解，如果遇到書中的情形——強和弱、大和小的對峙時，此時兩方面都應該如何去面對和處理，才不會喪失了公平正義的先機。

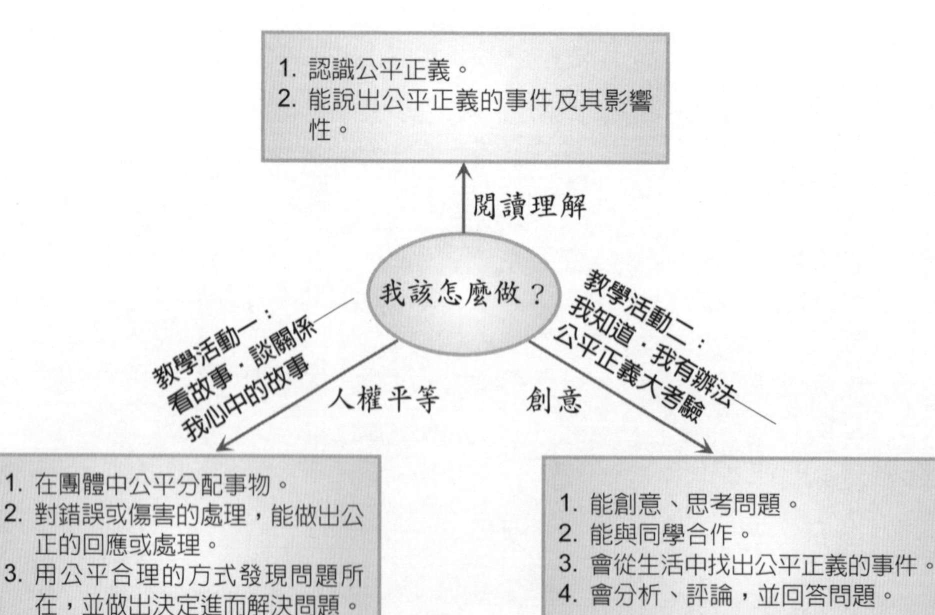

教學活動三：真心留言簿——我是小園丁

這個單元包括「人權」、「創意」及「閱讀與理解」等三個次概念，讓學生在閱讀理解的學習歷程中能達成認識、理解並指出「公平正義」的含義及其對人的影響；同時藉由創意思考與解決問題的分組活動，讓學生在閱讀之後同時能提升閱讀興趣與知識運用的能力，加深其對公平正義的敏感度及增加其讀寫能力及創意能力；最後，再藉由公平正義大考驗的分組合作，讓學生能更有效的分辨公平與正義。

3. 教學的進行

教學名稱	教　學　要　點	教學資源
活動一： 看故事．談關係 ——我心中的故事	一、聽老師說故事： （取材自台北律師公會發行的民主系列叢書） (一)由老師講述熊熊家族的故事： 1. 熊熊家庭在分食物時的爭執。 2. 熊熊學校同學間發生的衝突，及老師處理的方式。 (二)讓兒童對公平正義有多一點的認識和概念。	繪本 實物投影機
	二、看故事： (一)播放去除文字繪本《不是我的錯》之圖片電子檔。 (二)學生討論故事情節，讓學生自由的發揮想像空間。 三、故事內容深究及討論： (一)師生探討書中有關公平正義的內容： 1. 故事中發生什麼事？ 2. 如果你是在哭的那個人，你可以怎麼做？ 3. 如果你知道事情的經過，你會怎麼做？ 4. 快速的呈現最後的黑白圖片，問學生：這些圖片真的「和我沒關係」嗎？ (二)教師統整「公平正義」的意義： 對於發生的錯誤或傷害，用公正的方式去處理。也要用公平合理的方法，去了解問題的所在，對問題做出決定、判斷和解決。不要因為表面所見，而做出不正確的判斷。 四、教師總結： (一)教師再對「公平正義」做更廣泛的說明。 (二)在我們日常生活中，不論家庭、學校或社會上，公平正義的問題無所不在，對我們的影響很大。	電腦 單槍投影機 圖片電子檔

教學名稱	教　學　要　點	教學資源
	(三)稍不注意，可能會讓人受到傷害，所以大家要學習做適當的處理。 五、完成學習單(一)： 挑選繪本《不是我的錯》中的三張圖片呈現於學習單上，最後的結局留白，讓學生自由發揮。	學習單(一)
活動二： 我知道．我有辦法──公平正義大考驗	一、公平正義大考驗（抽抽樂）： (一)老師把熊熊家族的故事中所發生的事件，選出八個問題。 1. 吃飯了！「我要一熊掌的蜂蜜。」「我要兩熊掌的蜂蜜。」 2. 熊爸爸一大碗，熊哥哥一小碗，熊寶寶吃最小碗。 3. 熊哥哥會接高飛球守左外野。熊妹妹不太會接球，守很少球的右外野。小倫很會投球，應該當投手。熊寶寶年紀小，不能當投手，請他當啦啦隊。 4. 一場精采的表演，熊寶寶已經表演完了。結束前，他又要表演一次？ 5. 佩佩熊大喊：我要一枝綠色蠟筆，把你的借給我。佩佩一把就搶走了，還塗得太用力，把筆折斷了。 6. 大家在操場玩繩球，小倫一下子就擠到最前面。別人對他說，不可以插隊，他都不理會。 7. 廚師帶著熊哥哥、熊姊姊做餅乾，可是好香的餅乾卻有一些不見了。廚師仔細的查了一番……（老師再口述補充說明廚師調查的方法）。 8. 小熊班上要選班長，有人提議用選的。老師請想當班長的人上台，發表要怎麼為大家服務，最後獲得最高票的人當選。 (二)將題目做成籤，讓各組玩抽抽樂。每組抽兩題，負責解決兩個問題的分析評論。 (三)將答案寫在學習單(二)上。	學習單(二)

教學名稱	教　學　要　點	教學資源
	二、公平正義小法庭： (一)教師就學生所寫的報告內容以實物投影機呈現。 (二)進行是否符合公平正義的討論（辯論）。 (三)教師適度引導公平正義的正確觀念。 (四)讓學生可以從不同角度進行辯論。	學習單(三) 實物投影機
活動三： 真心留言簿—— 我是小園丁	一、學生從日常生活中、學校裡，找出發生過的有關公平正義的事件。 二、針對問題是否合乎公平正義進行分析、評論，並寫出應該怎麼做才會符合公平正義。 三、共同佈置在正義花園裡。	學習單(四)

4. 延伸活動

一、公平正義小偵探

1. 讓學生在讀報中發現公平正義的事件。
2. 將報導剪貼在學習單(五)上，做分析報告和發表看法。

二、花開滿園

1. 讓學生把自己對公平正義所做的註解寫下來。
2. 將學習單(六)的圓形剪下，做成一朵花，佈置在海報上。

三、正義的約定

1. 準備正義公約海報、學生自評表、家長檢核表。
2. 讓小朋友分組討論何者合於公平正義的行爲規範。
3. 全班進行票選，選出最高票的六項，作爲本班的正義約定。
4. 請大家確實去實踐。

5. 我可以做到

【公平正義】約定實踐學生自評表

____年____班____號 正義小天使：________________

各位小天使：

還記得我們針對「公平正義」的約定內容嗎？現在老師要請你們對自己最近的表現來一次大考驗，相信各位正義小天使們一定會有很好的表現，加油！要對自己的表現誠實的打✓喔！

時間：(　　)年(　　)/(　　)~(　　)/(　　)

	約定內容	全部做到	經常做到	偶爾做到	沒有做到	說明原因
家庭生活	1. 我在家裡不會亂丟垃圾。					
	2. 我會保護自己的身體。					
學校生活	1. 我會準時到學校上學。					
	2. 我會專心上課。					
	3. 我會按時交作業。					
	4. 我會愛惜遊戲設施。					

☺ 我的實踐心得：

□我真的很棒！因為________________

□我很努力喔！我還可以做得更好，因為________________

□我做得不是很好，我還會繼續加油！因為________________

☺ 給自己一句鼓勵的話：

____

☺ 老師的大補帖：

____

【公平正義】公約家長檢核表

____年____班____號　正義小天使：________________

親愛的家長，您好！

以下是老師與孩子約定的事項，這一週孩子在家裡的表現如何呢？請家長想一想，再打✓，謝謝！

時間：(　　)年(　　)/(　　)~(　　)/(　　)

約　定　內　容		全部做到	經常做到	偶爾做到	沒有做到	說明原因
家庭生活	1. 孩子在家裡不會亂丟垃圾。					
	2. 孩子會保護自己的身體。					

☺ 家長給寶貝鼓勵的話：

____

____

____

家長簽名：____________

6. 學生將學會

學習目標	對應之九年一貫課程能力指標
一、學生知道故事內容並說出自己的看法。	語文 E-1-7 能掌握閱讀的基本技巧。 語文 E-1-2 能讀懂課文內容，了解文章的大意。 語文 E-1-3 能培養良好的閱讀興趣、態度和習慣。
二、從故事中，學生了解「公平正義」的主題。	語文 F-1-1 能經由觀摩、分享與欣賞，培養良好的寫作態度與興趣。 語文 E-1-2 能讀懂課文內容，了解文章的大意。
三、學生能用文字重新編寫故事的內容，完成學習單。	語文 F-1-2 能擴充詞彙，正確的遣辭造句，並練習常用的基本句型。
四、學生能舉出生活實例，體會「公平正義」的重要性。	生活 2-1-3 舉例說明自己的發展與成長會受到家庭與學校的影響。 生活 2-1-4 了解自己在群體中可以同時扮演多種的角色。 生活 2-1-5 舉例說明個人或群體為實現其目的而影響他人或其他群體的歷程。

7. 延伸閱讀

書名	類別	作者	繪者	譯者	出版社	公平正義相關議題
艾蜜莉的畫	繪本	彼得・加泰隆諾多	彼得・加泰隆諾多	余治瑩	東方	評審到底公不公平？
一根羽毛也不能動	繪本	愛瑞卡・席佛曼	S.D.史耐得	黃迺毓	三之三	好朋友有困難，你會救他嗎？
給我一件新衣服	繪本	菲德莉・貝特朗	菲德莉・貝特朗	孫千淨	格林	老么一定要穿舊衣服？
聖誕小子	繪本	勞倫斯	勞倫斯	郭恩惠	格林	好孩子也會做壞事？
上面還是下面	繪本	珍娜・史蒂芬斯	珍娜・史蒂芬斯	李曉雯	三之三	故意隱瞞，所做的約定算數嗎？
把帽子還給我	繪本	梅田俊作	梅田俊作	林文茜	小魯	惡作劇的結果好玩嗎？
鐘樓怪人	小說	雨果	厄迪亞斯	蕭菲	臺灣麥克	長得醜就一定要被欺負嗎？
我班有個大哥大	小說	李光福	李長駿		小兵	當「大哥」的感覺真的很好嗎？
我的爸爸是流氓	小說	張友漁	張友漁		小兵	我的一生註定是「歹」命嗎？

8. 學習單

學習單(一)

品格教育圖像閱讀創意寫作學習單

年　班　號　姓名：

下面語詞可參考使用

有一天、雖然、因為⋯所以、竟然、只要⋯就、終於

☺ 我有辦法 ☺

☆讀完故事，我知道公平正義就是：

☺

☆如果你是旁邊的小朋友，你該怎麼做？

☺

☆如果你是在哭的小朋友，你該怎麼做？

☺

學習單(二)

公平正義大考驗

____年____班　第____組　組員：________________

小朋友：聽完熊熊家族的故事後，請從牠們發生的事件中找出公平正義的部分，記錄在下面的表格中。

第（　　　）題
☆請把有關公平正義的問題寫下來：________________ ________________ ________________ ________________ ☆為什麼這樣就是（或不是）公平正義？__________ ________________ ________________ ________________

第（　　　）題
☆請把有關公平正義的問題寫下來：________________ ________________ ________________ ________________ ☆為什麼這樣就是（或不是）公平正義？__________ ________________ ________________ ________________

※本學習單將以抽抽樂方式進行，增加其趣味性。每組將抽出兩個題目，由學生分組解決問題。

學習單(三)

公平正義小法庭

＿＿年＿＿班 第＿＿組 組員：＿＿＿＿＿＿

小朋友： 請大家對熊熊家族發生的事件是不是符合公平正義提出你們的看法。 記錄下來。

第（ ）題 第（ ）組 組員＿＿＿＿＿＿

☆請你把題目條中的問題寫下來：＿＿＿＿＿＿

＿＿＿＿＿＿

＿＿＿＿＿＿

＿＿＿＿＿＿

☆我們的看法？＿＿＿＿＿＿

＿＿＿＿＿＿

＿＿＿＿＿＿

＿＿＿＿＿＿

第（ ）題 第（ ）組 組員＿＿＿＿＿＿

☆請你把題目條中的問題寫下來：＿＿＿＿＿＿

＿＿＿＿＿＿

＿＿＿＿＿＿

＿＿＿＿＿＿

☆我們的看法？＿＿＿＿＿＿

＿＿＿＿＿＿

＿＿＿＿＿＿

＿＿＿＿＿＿

※本學習單將以辯論方式進行，增加其積極性。

學習單(四)

我是小園丁

____年____班　第____組　組員：____________

在我們的日常生活裡，有沒有發生一些屬於公平正義的事呢？

請把它記錄在下面，並在花瓣上寫出：

1. 你覺得這件事是不是合乎公平正義？
2. 你覺得應該怎麼做才符合公平正義？

學習單(五)

■■ 公平正義小偵探 ■■

____年____班　第____組　組員：____________

小朋友：從熊熊家族的故事中，我們已經有了公平正義的概念。現在我們要從報紙上尋找公平正義的報導然後剪下來，並做合理的分析和報告，記錄在下面的表格中。

☆公平正義說一說：

☆請你把公平正義的報導寫下來：____________________

____

____

____

☆為什麼這樣就是公平正義？____________________

____

____

____

學習單(六)

■■ 花開滿園 ■■

☆小朋友：你覺得公平正義是什麼？請把它寫下來。
做成一朵花，讓公平正義在每個人心中萌芽、開花。

※每個人可以對公平正義做很多種敘述表達，開出很多朵花。

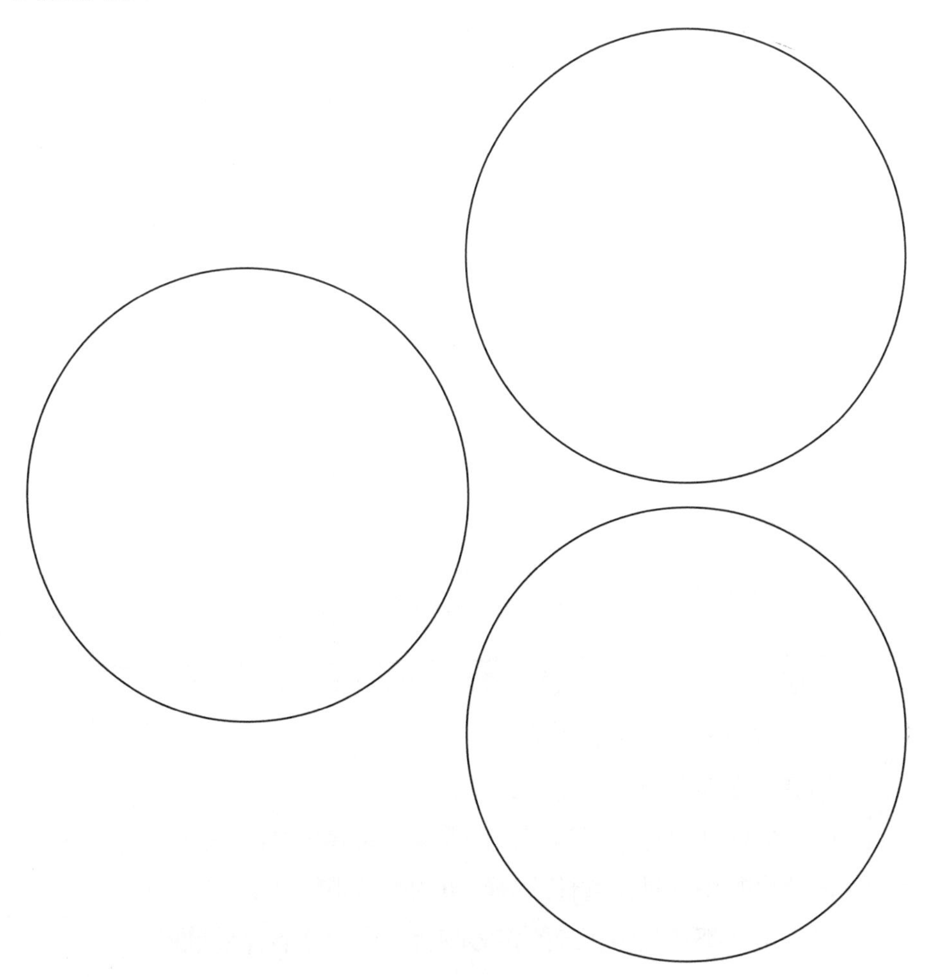

9. 行動與感動

一、行動中的發現和感動

㈠第一次教學的發現：

1. 《不是我的錯》這本繪本圖像很少，畫面內容相似。小朋友的發表大多只是有人被欺負或是故事主角自己不小心跌倒，所以一直在哭。

第一次教學探討故事內容

2. 有一個發現：有些小朋友會把每一個畫面當作是那個在哭的小朋友遇到很多次被欺負的事件，這樣和故事的情節有所不同。
3. 因爲第一張學習單有很多小朋友沒有寫出故事的關聯性，句子也不夠流暢。於是再一次播放圖像，對故事內容做討論後，希望小朋友能寫出較完整的敘述，並注意到故事的關聯性。

㈡第二次教學的發現和感動：

1. 小朋友在故事內容深究討論中，都能以自己與同儕相處的經驗做思考。
2. 小朋友在對公平正義做結語時，大致上有四種類型：

⑴大欺小、強欺弱的類型。

⑵老師處理的方法是公平合理的。

⑶出面處理事件的人具有公正性或是見義勇爲的類型。

⑷發生的事件是正當性或分配事物的公平性。

以上這些都與公平正義的定義吻合，令教學者深感欣慰。

3. 兒童在發表自己對公平正義的想法時，讓我很驚訝。他們說得很好，令我不禁好好的稱讚他們一番，讓他們更覺有自信心。另一發現是：在寫我心中的故事學習單時，有一半的小朋友能在三十分鐘內寫完故事的敘述，但是結局的創意較少。可能是因爲下課了，就草草結束，未能做很好的收尾，讓老師有點無力！針對這個缺失需再做補救。

㈢第三次教學「公平正義大考驗」的發現：

1. 學生在抽題目的時候興致高昂，但要呈現的時候就有些手足無措，老師也會不知從何協助他們。
2. 解決的方法：
   ⑴指導他們先將抽到的題目寫在學習單(二)：公平正義大考驗上，以便對問題有更清楚的了解。
   ⑵接著再鼓勵他們一定要將各組討論的內容，採用一人一句輪流寫的方式，完成各組的報告。
   ⑶我發現這樣可以增加每個人的參與度，也讓每個人都能進入題目的討論狀況中。

分組討論所抽題目是否符合公平正義事件的原因

㈣在學習單(四)「我是小園丁」中，請學生從生活周遭找問題，這些問題可能符合公平正義，也可能違反公平正義，所以「表現公平正義的人」欄位中，要指導學生做註明是表現「符合」公平正義的人或是表現「違反」公平正義的人。

㈤第四次教學（公平正義小偵探）的發現和感動：

「公平正義小偵探」剪報和發表

1. 小朋友從報紙上尋找公平正義相關的報導，將之剪貼於學習單(五)「公平正義小偵探」中，接著做分析報告並說明這份報導的內容符合公平正義。
2. 我發現他們找資料的速度滿快的，正確性也很高，更驚訝的是他們的思考角度雖然和老師不同，但卻能經由清楚的表達，讓老師認同。於是馬上將他們的分析報告發表拍攝下來。之前還發現他們會把問題和分析混淆在一起，而剪報時已經能清楚的做分析敘述了，又是另一個感動。

㈥在經過一系列的活動後，我一直在思考：教學之後學生學到的是否只是會說，而無法力行。於是改變了幾個活動，希望能討論與學生本身較有關聯的、立即性的、可實施性的——公平正義生活公約，在班上經過討論，確定後公佈實施。

二、從學生作品中得到的感動

1. 有人認爲：哭的人應該說清楚，不要只想得到別人的同情，所以會責怪哭的同學，是他害大家被盤問；但是最後大家仍然願意原諒他，而哭的人也能自我檢討，並知道改進。
2. 有人認爲：哭的人應該求救，才會有人伸出正義的援手。這也告訴大家，不要因爲對同學有特別的好惡而偏心，應該幫助需要幫助的人，以後易地而處時才會有人幫你。
3. 有人認爲：因爲一次的事件，大家用公正的方式查明解決後，以後也會注意：如果有違反公平正義的人時大家都會向他說「不可以！」
4. 有人認爲：被欺負的人要學習應付之道，才不會老是被人欺負，變成愛哭鬼喔！
5. 因爲班上有了公平正義之後，大家都不敢再欺負人了，也會變得有愛心了！
6. 有個較另類的說法：這位小朋友並不是平常就很愛哭，這次會哭得這麼傷心，令老師也覺得訝異——「嚇得不知所措！」
7. 在進行正義公約時：

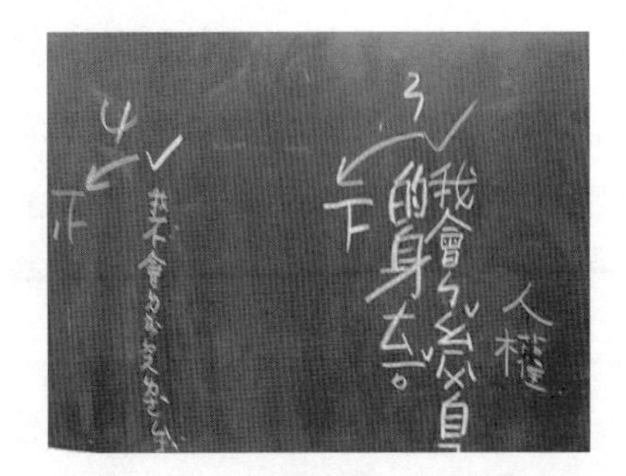

⑴小朋友提出一條「我會保護自己的身體」，從這裡我發現：小朋友心中的公平正義不再只是被動的，而是主動的；自己要主動做出明確的表達、回應，或主動尋求援助。

⑵有些項目雖因票數不夠，沒被選上，但也是很重要的公平正義公約，茲列於下：

①我會和同學好好相處。

②我不會和別人打架。

③我會和同學互助合作。

④我會把工作做好。

※其中的①、②項應該是從本次繪本閱讀《不是我的錯》中發展出來的。

8. 進行「公平正義小偵探」時：

我發現他們尋找資料的能力出乎我的預期，思考的角度也和我不盡相同，卻也能說得讓我十分佩服！例如：

⑴能由戒菸活動的報導中能說出：如果父母親抽菸，對小孩是違反公平正義的行為。

⑵從淨灘活動的報導中能說出：人們污染了環境，影響到魚的生存，也是違反公平正義。

三、結語：品格在學生的生活中發酵了

在公平正義這項品格教學之後，學生常出現的小告狀或衝突事件，老師和學生都能互相以此品格內容為對話，讓公平正義呈現在日常生活所發生的事件中，並能做公正合理的解決。例如：

甲生：「他走過去的時候就打我。」

乙生：「我只碰她一下！」

老師對乙：「如果你不是故意的，應該當場就說明，並跟她對不起，才不會有誤會！」

老師對全班：「如果別人侵犯你，你應該要向對方說清楚，或請老師幫忙處理，這樣別人就不敢隨便侵犯你，同學之間就會有禮貌！」

老師總結：「甲同學能即時把發生的事件說清楚，替自己爭取公平正義，

這樣很正確。乙碰到別人，認爲只是一下下沒有關係！這樣是違反公平正義，而且不尊重別人。」

品格教育如能從生活事件中去印證，應是最貼切，且其成效是明確可達的。

10. 作品摘錄

學習單(一)

品格教育圖像閱讀創意寫作學習單

二 年 二 班 ____ 號 姓名：__________

經過討論後，請注意故事的關聯性，再把你心中的故事完整的寫出來。

有一天 / 雖然 / 一面…一面 / 因為…所以 / 接著 / 竟然 / 只要…就 / 但是 / 最後 / 終於

為什麼你要哭呢！

有一天，不知道為什麼有人在哭。剛好有一個人經過她就馬上去向老師報告。不久那些人就走了，小男孩還是一直哭。老師要問每個人是誰害他哭的，全部的人都說：「不是我害他哭的。」可是老師還是要問問看，這樣才知道是誰啊！第二位說：「我好像看到是我們班的一位女生，但是我忘記她是誰。」最後位說：「我不知道是誰，因為我成績差，所以老師叫我在教室裡乖乖的看書，我一步都沒有走開呀！」最後就ㄔㄚ出是小玉害他哭的。小玉就跟小男孩道歉，老師說：「小玉妳以後不能亂打人喔！」小玉答：「老師說：好！」從此以後大家就幸福快樂的一起玩。

大家要幫他換成你有ㄗˋㄢ他也會來幫你的忙。

學習單(四)

☆在我們的日常生活裡，有沒有發生一些屬於公平正義的事呢？

請把它記錄在下面。

■■ 學習單(五) ■■

公平正義小偵探

二年＿＿班第＿＿組 組員：＿＿＿＿＿＿＿＿＿＿＿＿＿＿＿

☆小朋友：從熊熊家族的故事中，我們已經有了公平正義的概念。現在我們要從報紙上尋找公平正義的報導剪下來，並做合理的分析和報告，記錄在下面的表格中。

剪報資料來源：國語日報 2006 年 4 月 17 日(取材自美聯社)
主題：斷糧也要民主
內容簡述：
　　尼泊爾反對黨發起大規模罷工示威，要求國王賈南德拉交出政權，回歸民主。罷工持續將近兩個星期，造成首都地區幾乎斷糧。

☆公ㄍㄨㄥ平ㄆㄧㄥˊ正ㄓㄥˋ義ㄧˋ說ㄕㄨㄛ一ㄧˊ說ㄕㄨㄛ：

☆請ㄑㄧㄥˇ你ㄋㄧˇ把ㄅㄚˇ（沒有）公ㄍㄨㄥ平ㄆㄧㄥˊ正ㄓㄥˋ義ㄧˋ的ㄉㄜ˙報ㄅㄠˋ導ㄉㄠˇ寫ㄒㄧㄝˇ下ㄒㄧㄚˋ來ㄌㄞˊ：ㄋㄧˊㄆㄛˊㄦˇ的市ㄇㄧㄣˊ發起大ㄍㄨㄟㄇㄛˊ要求國王交出正ㄑㄩㄢˊ回ㄍㄨㄟㄇㄧㄣˊ主社會。ㄅㄚˋ工兩個星期，ㄓㄠ（？）快要ㄜˋㄙˇ了。

☆為ㄨㄟˋ什ㄕㄣˊ麼ㄇㄜ˙這ㄓㄜˋ樣ㄧㄤˋ就ㄐㄧㄡˋ（不）是ㄕˋ公ㄍㄨㄥ平ㄆㄧㄥˊ正ㄓㄥˋ義ㄧˋ？因為這樣子會ㄕㄤ害到住在ㄋㄧˊㄆㄛˊㄦˇ的ㄖㄣˊ的正常生活，也失去了一些人ㄇㄧㄣˊ有的ㄑㄩㄢˊ力，所以這樣沒有公平正義。

公平正義【中年級】

設計者◎葉美城

「公平正義」真的不見了嗎？

從三年前開始，有機會在桃園縣北區松柏大學擔任電腦教師，每期跟這些老前輩於課餘閒聊中，常常都會有人提到社會風氣敗壞，但又無可奈何！然而社會的「公平正義」真的不見了嗎？

我們的家庭教育、學校教育和社會教育的教育內容該把重點放在哪裡？

前些日子，有一則新聞提及，某學生因幫忙患有「玻璃娃娃」病症的同學上下樓梯，因協助不當而遭受法院判賠高額賠償，因而引起社會對「熱心助人」產生價值懷疑，實在值得大家好好思考。

我認為品格教育應該是教育改革中，永遠不能忽略的教育重點；社會中沒有生活價值，將失去社會的公平正義。基於此，我嘗試透過不同的閱讀討論教學方式：利用圖像閱讀、故事的創作、生活中狀況的討論、同儕的分享，與學生一同探討、澄清公平正義的意義，進而進行創意寫作練習，增進語文能力提升，並藉由實踐的演練，讓學生能更有效的在生活中，分辨與實踐公平正義。使「公平正義」在學生心中得到認同與實踐，以增進小朋友對品格的認知內化。

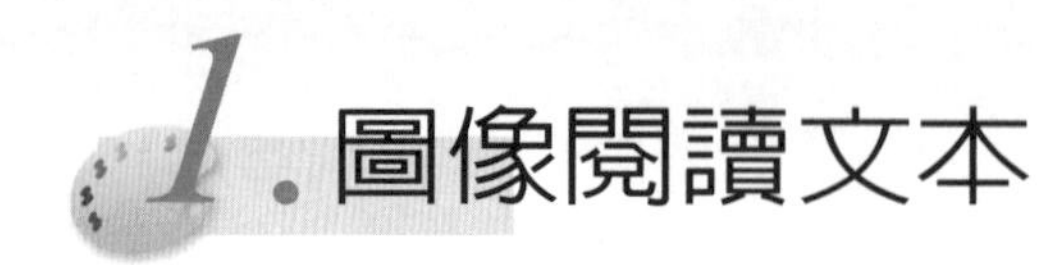

1. 圖像閱讀文本

繪本一

一、書　名：不是我的錯（*DET VARINTE MITT FEL*）

作　者：雷・克里斯強森（Leif Kristiansson）

繪　者：迪克・史丹柏格（Dick Stemberg）

譯　者：周逸芬

出版社：和英出版社

二、內容簡述

《不是我的錯》這本書主要呈現小朋友在學校和同學互動的情景，本書的繪圖以線條白描出一群小孩子，面對一位啜泣的同學，每個小孩反應出不同的應對與態度，但最後的答案都是「這不是我的錯」、「這與我無關」。

最後，故事是透過幾張黑白的歷史眞實照片作爲結尾，引發人們深省「公平正義」眞的不見了嗎？

繪本二

一、書　名：上面和下面（*TOPS & BOTTOMS*）

作　者：珍娜・史蒂芬斯

譯　者：李坤珊

出版社：三之三文化事業股份有限公司

二、內容簡述

從前有一隻大熊，牠有一位很有錢又會做生意的爸爸，所以留給牠很多錢和土地。有一隻野兔住大熊家附近，因打賭輸掉大筆賭金而全家過著窮困的生活，夫妻倆爲了不讓孩子挨餓，於是想了天衣無縫的計畫。野兔提出：由大熊提供土地、野兔負責耕種，野兔還讓大熊選擇要收成的上面或是下面。結果，貪睡的大熊發現自己陷入了野兔的圈套。

2.設計理念架構

如何讓「公平正義」的概念能不斷的在學生的生活中實踐，是本課程設計的核心。因此，本課程方案以「公平正義眞的不見了嗎？」作爲「公平正義」的主題中心，涉及「人際互動」、「創意」及「閱讀理解」等三個次概念，希望學生在閱讀理解的學習歷程中，能達成認識及指出「公平正義」的意涵、影響及價值層面；同時，藉由創意思考與解決問題的寫作活動，提升學生的閱讀興趣，增廣學生視野，加深其對公平正義的實踐及培養其讀寫和創意的能量；最後，則藉由實踐演練的建構，讓學生能更有效的在生活中，分辨與實踐公平正義。

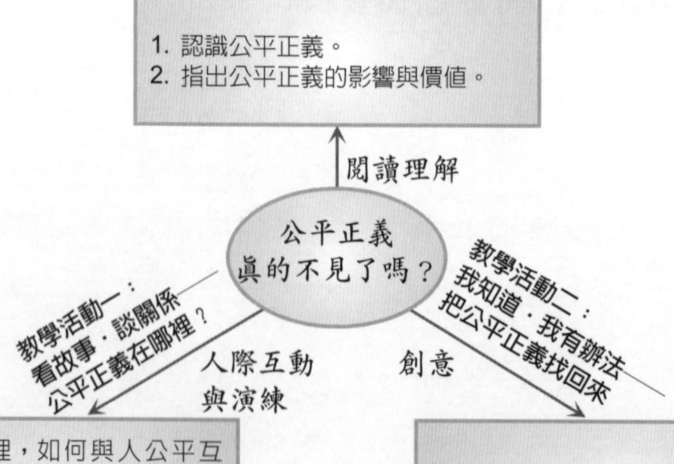

教學活動三：真心留言簿——演出創意劇場

3. 教學的進行

教學名稱	教　學　要　點	教學資源
活動一： 看故事・談關係 ──公平正義在哪裡？	一、創意說故事： (一)播放去除文字的《不是我的錯》繪本一書的圖片，每張約播放三秒鐘。 (二)請學生回答學習單(一)的問題：這本繪本最讓你感興趣或覺得有特色的地方是主題（故事內容）、場景、人物、結局或看不懂？ (三)回到去除文字的《不是我的錯》繪本第一頁，引導學生就看到的圖像，自由創作故事，一旦偏離主題太遠時，則由教師引導拉回主題。 二、引導學生對「公平正義在哪裡？」此一主題的關注： (一)播放《不是我的錯》原書的完整內容，引導學生注意本書所要呈現的內容。 (二)探討與本書有關公平正義的內容： 1. 你認為圖像中出現的角色，誰最具有公平正義的行為，為什麼？ 2. 逐頁呈現第十七頁開始的黑白圖片，問學生：你第一個想法是什麼？為什麼？ 3. 說出怎樣的行為是公平正義，原因是…… 4. 請寫出你的生活中和公平正義有關的事情（請把事情開始原因、經過、結果寫出來）。 (三)教師揭示「公平正義」的意義：公平對待每一件事，依自己的眼睛而不是別人的判斷。	圖片電子檔 單槍投影機 學習單(一)

教學名稱	教　學　要　點	教學資源
	(四)教師揭示「公平正義」對我們日常生活的影響性。 (五)師生共同分享幾則曾遇過有關「公平正義」的經驗，並提出個人的看法。 (六)閱讀討論後，挑選書中的三張電子檔圖片及安排二張空白圖，呈現於學習單，讓學生自由創作完成圖片中的完整故事。	
活動二： 我知道．我有辦法——把公平正義找回來	一、教師再統整公平正義的意涵。 二、教師向學生說明可利用下課或回家時間，配合教師製作之學習單(二)「公平正義——上面和下面」之閱讀延伸活動，閱讀本書內容，並請小朋友將完成之學習單繳回班級，繳交之作品將獲得教師不同等級之獎勵章。 三、請小朋友進行分組討論： 把大家共同認定「在家庭、學校可實踐的公平正義行為寫出」，請盡量用具體的生活事實來描述。例如： 1. 在學校環境打掃時，每班都依年級與班級，分配到不同的打掃區域。 2. 我會協助弱小的同學做事。 四、教師再將小朋友寫出的內容整理成行為檢核表，讓小朋友對自己的表現進行檢核。 五、分享優秀之學習單作品。	學習單(二) 單槍或實物投影機
活動三： 真心留言簿——演出創意劇場	一、讓孩子透過學習單(三)「真心留言簿——創意演出劇場」，分組共同討論並編出公平正義的故事。 註：將學生分成幾組，每組人數越少，難度越高。 二、請學生每個人書寫一句話並配合動作，把共同編出的故事改編成劇本演出（要把故事完整演出）。 三、演出後，鼓勵學生讓公平正義的概念能在日常生活中實踐。	

4. 延伸活動

一、演出創意劇場——招考演員

將學生分爲若干組（約八至十人一組），利用學習單(三)，各組進行共同討論，編出與「公平正義」有關的故事。並寫出一句話及配合演出的動作（要把故事完整演出）。再徵求同學組隊抽出劇本演出，演出完畢後，由全班進行投票來決定是否通過演員資格。

二、把故事演出來

將學生分爲若干組（約八至十人一組），發給和「公平正義」有關的故事或繪本，利用學習單(三)，各組進行共同討論，並寫出一句話及配合演出的動作（要把故事完整演出）。再請各組演出，演出完畢後，由全班進行投票來決定哪一組能獲得最佳演出獎。

5. 我可以做到

【公平正義】約定實踐學生自評表

____年____班____號　正義小勇士：____________

各位小勇士：

還記得我們針對「公平正義」的約定內容嗎？現在老師要請你們對自己最近的表現來一次大考驗，相信各位正義小勇士們一定會有很好的表現，加油！要對自己的表現誠實的打✓喔！

時間：(　　)年(　　)/(　　)~(　　)/(　　)

約　定　內　容		全部做到	經常做到	偶爾做到	沒有做到	說明原因
家庭生活	1. 在家裡，我會和家人輪流做家事。					
	2. 我會維護社區的環境。					
	3. 和家人玩遊戲時，會遵守遊戲規則。					
	4. 兄弟姊妹被欺負時，會協助保護或告訴爸媽。					
	5. 玩玩具或使用電腦時，能和家人輪流使用。					
學校生活	1. 打掃時，我會和同學分工合作把工作完成。					
	2. 我會維護教室整潔。					
	3. 我會幫助學弟學妹。					
	4. 我會遵守班級公約。					
	5. 大家輪流當值日生，我能把值日生的工作做好。					

☺ 給自己一句鼓勵的話：____________

【公平正義】公約家長檢核表

＿＿年＿＿班＿＿號　正義小勇士：＿＿＿＿＿＿＿＿

親愛的家長，您好！

以下是老師與孩子約定的事項，這一週孩子在家裡的表現如何呢？請家長想一想，再打✓，謝謝！

時間：(　　)年(　　)/(　　)~(　　)/(　　)

	約　定　內　容	全部做到	經常做到	偶爾做到	沒有做到	說明原因
家庭生活	1. 在家裡，孩子會和家人輪流做家事。					
	2. 孩子會維護社區的環境。					
	3. 孩子和家人玩遊戲時，會遵守遊戲規則。					
	4. 孩子遇到兄弟姊妹被欺負時，會協助保護或告訴爸媽。					
	5. 孩子玩玩具或使用電腦時，能和家人輪流使用。					

☺給孩子一句鼓勵的話：

＿＿＿＿＿＿＿＿＿＿＿＿＿＿＿＿＿＿＿＿＿＿＿＿

＿＿＿＿＿＿＿＿＿＿＿＿＿＿＿＿＿＿＿＿＿＿＿＿

＿＿＿＿＿＿＿＿＿＿＿＿＿＿＿＿＿＿＿＿＿＿＿＿

家長簽名：＿＿＿＿＿＿＿＿

6. 學生將學會

學習目標	對應之九年一貫課程能力指標	
一、能增進圖像判讀的能力與說出、寫出所理解的意思。	語文 F-2-1	能培養觀察與思考的寫作習慣。
二、提升閱讀的興趣與激發創意思考。	語文 F-2-10	能發揮想像力，嘗試創作，並欣賞自己作品。
三、能理解公平正義的意義並加以辨別。	人權 1-3-3	了解平等、正義的原則，並能在生活中實踐。
	人權 1-3-1	表達個人的基本權利，並了解人權與社會責任的關係。
	藝術與人文 1-2-4	運用視覺、聽覺、動覺的創作要素，從事展演活動，呈現個人感受與想法。
四、了解公平正義的特殊情況。	綜合 1-3-2	尊重與關懷不同的族群。

7. 延伸閱讀

書名	類別	作者	繪者	譯者	出版社	公平正義相關議題
艾蜜莉的畫	繪本	彼得・加泰隆諾多	彼得・加泰隆諾多	余治瑩	臺灣東方	評審公平嗎？
一根羽毛也不能動	繪本	愛瑞卡・席佛曼	S.D. 史耐得	黃迺毓	三之三	好友有難，要不要救？
給我一件新衣服	繪本	菲德莉・貝特朗	菲德莉・貝特朗	孫千淨	格林	老么一定得穿舊衣服嗎？
聖誕小子	繪本	勞倫斯	勞倫斯	郭恩惠	格林	好小孩也曾做壞事
把帽子還給我	繪本	梅田俊作	梅田俊作	林文茜	小魯	惡作劇好玩嗎？
鐘樓怪人	小說	維克多・雨果 Victor Hugo		李玉民	商周	長得醜的人一定要先犧牲嗎？
我班有個大哥大	小說	李光福	李長駿		小兵	當「大哥」的感覺真好？

8. 學習單

學習單(一)

不是我的錯（公平正義）品格教育與圖像寫作學習單

____年____班____號 姓名：________________

一、在這些圖像中出現的角色，你認爲誰最具有公平正義的行爲，爲什麼？

二、請寫出你的生活中，和公平正義有關的事情？

（請把事情開始原因、經過、結果寫出）

原因：
經過：
結果：

三、請利用上頁五個圖像（其中二個圖像留白，請自己添加），編寫出與「公平正義」有關的故事。

四、這本繪本最讓你感興趣或具有特色的地方是：

□主題（故事內容）　□場景　□人物　□結局　□看不懂

學習單(二)

公平正義——「上面和下面」閱讀延伸活動

____年____班____號　姓名：__________

從前有一隻大熊，牠有一位很有錢又會做生意的爸爸，所以留給牠很多錢和土地；有一隻野兔住大熊家附近，因打賭輸掉大筆賭金，全家過著窮困生活，夫妻倆為了不讓孩子挨餓，於是想了天衣無縫的計畫……

小朋友，請你在看完後，完成這份學習單。

◎認識這本書：

	書名：上面和下面 作者：__________ 繪者：__________ 翻譯：__________
一、小朋友，請你用心看，並將本書中最讓你有感受的對話寫出來，並寫出你感動的原因。	

二、對話書寫練習：請你在閱讀後，想像如果你是作者，你想要讓大雄和野兔如何對話（對話內容要和公平正義問題相關）。

大雄：

野兔：

大雄：

野兔：

大雄：

野兔：

大雄：

野兔：

學習單(三)

■■ 真心留言簿——創意演出劇場 ■■

____年____班　第____組　組員：____________________

小朋友，請你透過學習單(三)，分組共同討論，編出與「公平正義」有關的故事。

請各組每個人書寫一句話，並想出自己配合演出的動作，把共同編出的故事改編成對話演出（要把故事完整演出）。

一、故事名稱：____________________

故事內容：

____

____

____

____

____

____

二、改編劇本：

組員姓名	負責說的一句話	配合演出的動作

9. 行動與感動

進行公平正義之《不是我的錯》繪本教學時，我有幾項發現和感覺：

1. 幾次教學下來，學生對圖像的判讀越來越快，核心的概念也抓得較精準，發表的人數與次數也有增多的現象；然而不敢公開發表的學生仍占多數，但我發現，他們仍能把自己的看法，透過學習單表達在文字上。
2. 圖像閱讀後的創意發表能帶給創意發表的機會，但發現學生也非常容易脫離教學主題而搞笑起來，如不加以明示的引導，發表的內容必定呈現雜亂無章。另外，觀看書中「戰爭下驚慌失措、無所依靠的小孩」時，我有點驚訝！學生並沒有預期中的震撼感出現，只是脫口說出一些無厘頭的回答，卻對圖像中人性的脆弱或是戰爭的殘酷無動於衷，是不是我們的教養眞的出了問題？但願這樣的引導閱讀寫作方式，能對小朋友品格的提升有所幫助。
3. 進行學生學習單(一)的審閱時，大部分小朋友，很難把歷史的眞實照片和繪本圖像連結的很好，因此建議下次的教學將歷史照抽離，保留空白給予學生更大創作空間。
4. 在延伸閱讀中，大多數學生對於大熊的懶惰雖有所批評，但對於野兔利用詭計獲得最大利益，也覺得太不應該了，且對大熊出租土地而未獲得任何報酬，也覺得不公平。因爲後段教學要學生透過表演，更深入體認公平正義的內涵，因此在學習單(二)利用對話的習寫，讓學生慢慢熟悉劇本的編寫。
5. 最後一個教學活動是想藉小朋友愛表演的天性，做劇本對話的寫作練習，進而透過表演而對公平正義的實踐進行行爲演練。原本對中年級的表演效果要求設定並不高，但經過故事的編寫、對話與動作的設計，到第一次的表演結束，馬上進行演出的改進。在改進的過程中，老師與同學共同給予指導與建議後，第二、第三次的演出，小朋友都能快速表演出自己要表達的角色。

甲組第一次表演，最後停格影像。

甲組經過改進，第二次表演，最後停格影像。

乙組第一次表演，最後停格影像。

乙組經過兩次改進，第三次表演，最後停格影像。

丙組第一次表演，最後停格影像。

丙組經過改進，第二次表演，最後停格影像。

10. 作品摘錄

學習單(一)

不是我的錯繪本（公平正義）品格教育與圖像寫作學習單

三年 2 班＿＿號姓名:＿＿＿＿

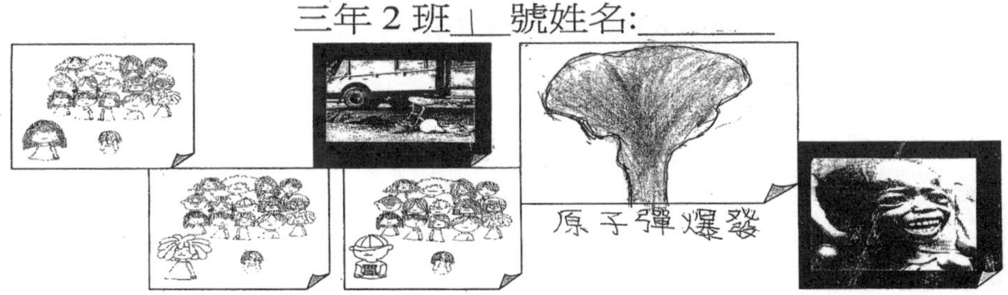

一、在這些圖像中出現的角色，你認爲誰最具有公平正義的行爲，爲什麼？

我覺得老師最具有公平正義了，因為老師發覺同學哭了，為了要了解事情發生的原因，並找出公平正義的方法來解決事情，所以接二連三的詢問同學，終於知道事情的始末。

二、請寫出你的生活中，和公平正義有關的事情？（請把事情開始原因、經過、結果寫出）

我和姐姐為了誰可以先玩電腦而爭吵不休，爸爸為求公平起見，要我們猜拳決定先後順序，結果我猜贏了，所以我可以先玩電腦，我覺得這樣很合乎公平正義。

三、請利用上列六個圖像（其中一個圖像留白，請自己添加），編寫出與『公平正義』有關的故事。

╲	╲	現	代	的	社	會	真	的	生	病	了	，	開	車	的	人	橫	衝	直
撞	，	不	管	他	人	死	活	，	社	會	亂	成	一	團	，	看	到	路	邊
蓋	著	白	布	，	唉	！	又	有	人	被	撞	死	了	，	然	而	卻	不	見
有	人	處	理	，	人	類	真	不	該	如	此	啊	！	像	第	二	次	世	界
大	戰	時	，	日	本	軍	閥	為	了	一	己	之	私	，	擴	充	領	土	、
壓	搾	鄰	國	、	引	起	紛	爭	，	最	後	因	美	軍	在	廣	島	和	長
崎	投	下	原	子	彈	，	致	使	日	本	戰	敗	且	無	條	件	投	降	，
然	而	卻	造	成	很	多	的	後	遺	症	，	如	畸	型	兒	。	人	類	不
要	有	貪	婪	，	才	不	會	自	食	惡	果	，	我	們	要	公	平	且	正
義	的	對	待	每	個	人	與	國	家	，	這	樣	世	界	不	有	真	正	的
										和	平	與	發	展	。				

四、這本繪本最讓你最感興趣或特色的地方是

☑主題（故事內容）　□場景　□人物　□結局

學習單(二)

公平正義一『上面和下面』閱讀延伸活動

三年二班　姓名：＿＿＿＿＿

從前有一隻大熊，牠有一位很有錢又會做生意的爸爸，所以留給牠很多錢和土地；有一隻野兔住大熊家附近，因打賭輸掉大筆賭金而全家過著窮困生活，夫妻倆為了不讓孩子挨餓，於是想了天衣無縫的計畫……

小朋友請你在看完後，完成這份學習單。

◎認識這本書：

書名：上面和下面
作者：珍娜・史蒂芬斯
繪者：珍娜・史蒂芬斯
翻譯：李坤珊

一、小朋友，請你用心看，並將本書中最讓你有感受的對話寫出來，並寫出你感動的原因。

夫妻倆為了不讓孩子挨餓，於是想了天衣無縫的計畫。
因為野兔不想讓孩子挨餓，所以幫大熊種田。

二、對話書寫練習：請你在閱讀後，如果你是作者，你想要讓大雄和野兔如何對話
（對話內容要和公平正義問題相關）。

大雄：ㄟ你憑什麼來我家？
野兔：你給我一塊田，我幫你種菜，好不好？
大雄：好啦。
野兔：那你要上面還是下面還是中間？
大雄：我要上面和下面。
野兔：好，沒問題。
大雄：要種快一點喔！
野兔：大熊，這是你要的上面和下面。
大雄：為什麼你拿的是有用的而我拿的是沒用的？
野兔：你自已說你要上面和下面的。

公平正義【高年級】

設計者◎萬榮輝

與我無關

在她國小四年級的時候，老師正在為大家複習數學，臨時決定小考，一時間，同學們都發出了不滿的雜音，大家都不想考試。老師對同學們的反應也不太滿意，要大家「把眼睛閉起來，不想考的舉手」。由於想做個誠實的小孩，她勇敢的舉起了手，天真的以為有好多人都會參加表決呢！沒想到，睜開眼睛後，她才發現，全班只有她一個人舉手。老師冷冷的走到她面前把考卷拿走，說：「不想考就不要考。」（修改自吳淡如「我們真的要誠實嗎？」http://home.kimo.com.tw/chi_chi406/heat/page33/2.htm）

在這個案例裡頭，那個老師設下陷阱捕捉誠實的孩子，讓孩子的天真受到傷害，這種事件常常在我們的教學場域中發生，老師生氣學生對自己的用心「不知好歹」，學生對老師的欺騙產生怒氣，心中烙下師生間原來就是一個極為不公平的世界，而原本站在同一陣線的同學們，原來在面對同學有難的處境時，也是極力撇清，甚至落井下石。因此，本單元教學即以「與我無關」為主題，以繪本《不是我的錯》為引導，與學生共同探討「公平正義」的實際情境運用。

1. 圖像閱讀文本

一、書　名：不是我的錯（*DET VARINTE MITT FEL*）

作　者：雷·克里斯強森（Leif Kristiansson）

繪　者：迪克·史丹柏格（Dick Stemberg）

譯　者：周逸芬

出版社：和英出版社

二、內容簡述

《不是我的錯》這本書的繪圖以極為簡單的黑白線條勾畫出一群小孩子們，在面對一位可能受了欺負而低頭啜泣的孩童時，所表現出的想法與態度。

書中主要在呈現孩童世界裡常有的摩擦，這些摩擦事件又常造成他們感受到不公平，或是造成他們冷默以對的心態。每個小孩的反應不同，但各種理由加總起來，就是「這不是我的錯」、「這與我無關」。

在回憶我們自己童年時的求學階段，總有身材較矮小或弱勢的同學受到欺負與打壓，此時，自己是要選擇出面保護他？還是若無其事、默不作聲靜靜離開？抑或加入這個勢力龐大的團體呢？《不是我的錯》一書是從學校同儕相處的角度來觸發「公平正義」這個問題的省思，最後在故事的結尾以問句及陡然急轉透過幾張黑白的眞實照片的方式，更能引發人們深省的空間。

2. 設計理念架構

如何讓「公平正義」的概念能不斷地在學生的生活中蔓延，是本課程設計的核心。因此，本課程方案以「與我無關」作爲「公平正義」的主題中心，涉及「人權」、「創意」及「閱讀理解」等三個次概念，希冀學生在閱讀理解的學習歷程中能達成認識及指出「公平正義」的意涵及影響層面；同時藉由創意思考與解決問題的寫作活動，提升閱讀的興趣與增廣視野，加深其對公平正義的感覺及培養其讀寫及創意的能量；最後，則藉由正義之樹的建構，讓學生能更有效的分辨公平與正義。

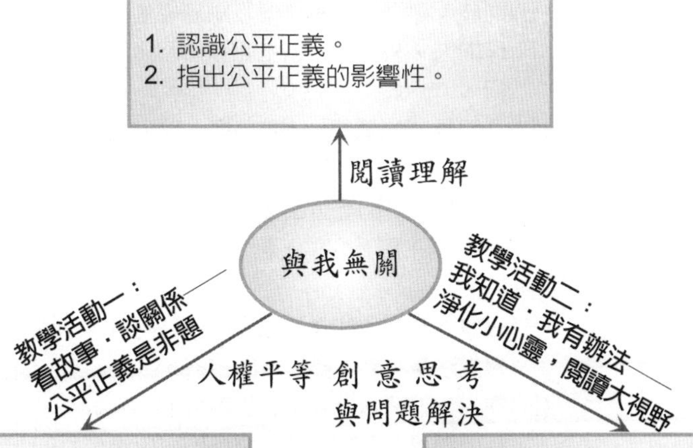

教學活動三：真心留言簿——正義之樹

3. 教學的進行

教學名稱	教　學　要　點	教學資源
活動一： 看故事．談關係 ——公平正義是非題	一、創意大發現： (一)播放去除文字的《不是我的錯》繪本圖片，故事結尾的幾張黑白的真實照片暫時不呈現。教師可將本書圖片轉換成電子檔，抑或直接透過實物投影機呈現。 (二)閱讀後挑選書中的六張圖片（事先影印放大，並於背後黏貼軟磁鐵）呈現於教室黑板，讓學生上臺自由排放先後順序，並以口頭方式完成自訂圖片中的完整故事。 (三)附註：為提高挑戰難度及訓練學生的圖像寫作能力，教師亦可以指定圖片順序的方式進行。 (四)透過書寫學習單(一)的過程，呈現及評估學生的學習成效，同時協助學童達到創意與語文能力提升的雙重目標。 二、引導學生對主題「公平正義——與我無關」此主題的關注： (一)播放《不是我的錯》原書的完整內容，引導學生注意本書所要呈現的內容。 (二)探討本書有關公平正義的內容： 1. 如果可以倒帶的話，怎麼做可以更公平的對待這位在哭的同學？ 2. 逐頁呈現第十七頁開始的黑白圖片，每張圖只問學生一個問題：「和我沒關係嗎」？ (三)教師揭示「公平正義」的意義：公平對待每一件事，依自己的眼睛而不是別人的判斷。	電腦 單槍投影機 圖片電子檔 學習單(一) 電腦 單槍投影機 圖片電子檔

<table>
<tr><th>教學名稱</th><th>教 學 要 點</th><th>教學資源</th></tr>
<tr><td></td><td>(四)教師揭示「公平正義」對我們日常生活的影響性。
(五)師生共同分享幾則曾遇過有關「公平正義」的經驗，並提出個人的看法。
(六)最後，教師可以分享類似下個段落的內容，引導學生探討公平正義的相互損益，作為下一個教學活動……公平正義是非題大考驗的辨識能力基礎：「我們（大人）反對學生在課堂上隨意說話，為的就是營造一個有秩序的學習環境，讓每個學生的學習效果能達到最大，因此，在這樣的狀況下我們有理由阻止學生在課堂上隨意說話（教育部人權教育網 http://www.hre.edu.tw/report/child/1-1.htm）。所以，有時候為了保障學生的學習權利，也會犧牲掉一些公平正義。」
三、公平正義是非題大考驗：
(一)配合學習單(二)，讓學生就各種媒體（如：報紙、網路新聞）近來報導有關公平正義事件，進行蒐集、裁剪（或印製），並黏貼於學習單中，並完成學習單的內容。例如：教師可引導學生蒐集如玻璃娃娃跌倒死亡判背負同學需賠償事件、馬術國手飆車車禍時同伴卻急於拆車子零件而忽略救人，或是兒子向母親要不到錢卻自殺而留下孤母等等事件。
(二)教師就學生所蒐集的剪報內容（以實物投影機呈現），視教學時間選擇幾篇學生作品與學生進行是否符合公平正義的討論（甚至是辯論）。
(三)教師亦可適度引入人權平等的觀念，讓學生也可從此一角度進行分辨。</td><td>學習單(二)

電腦
單槍投影機
實物投影機</td></tr>
</table>

教學名稱	教學要點	教學資源
活動二： 我知道・我有辦法——淨化小心靈，閱讀大視野	一、教師再統整公平正義的意涵。 二、教師向學生說明可利用下課或回家時間，配合教師製作之學習單(三)，閱讀本書內容。 三、請小朋友將完成之學習單帶回班級並投入班級閱讀小箱裡，以及告知優秀之作品將獲得教師為他準備的神秘小禮物一份。 四、分享及獎勵優秀之學習單作品。	學習單(三)
活動三： 真心留言簿——正義之樹	一、讓孩子透過學習單(四)的書寫，表達他們對同學、師長、班級、學校應該要更公平正義的建議。 二、請學生個人所書寫的正義葉片懸掛於班級已事先製成的正義之樹上。 三、鼓勵學生閱讀同學的意見，甚至進行相關討論，期讓公平正義的概念能在日常生活中不斷的蔓延、討論與辯證。	學習單(四)

4. 延伸活動

為「不是我的錯」增添色彩

將學生分爲六組，將去除文字的《不是我的錯》繪本中的全部圖像影印，發予各組，由小組合作爲只有圖片的內容設計對話或旁白。撰寫的方式是請學生直接書寫在圖像的空白處，若時間允許更可以讓學生爲黑白的圖片上色，最後，教師將學生的作品利用時間展示於黑板上，並進行共同賞析。

5. 我可以做到

【公平正義】約定實踐學生自評表

____年____班____號　姓名：______________

各位小帥哥、小美女：

還記得我們針對「公平正義」的約定內容嗎？現在老師要請你們對自己最近的表現再來一次大考驗，相信各位具正義感的小帥哥及小美女們一定會有很好的表現，加油！要對自己的表現誠實的打✓喔！

時間：(　　)年(　　)/(　　)~(　　)/(　　)

	約定內容	全部做到	經常做到	偶爾做到	沒有做到	說明原因
家庭生活	1. 我不會做壞事。					
	2. 遇到爭執時，我會找公平的第三者來調解。					
	3. 我不偏袒別人，能公平對待每一件事。					
學校生活	1. 看到比自己懦弱的人被欺負，我會幫他們解決紛爭。					
	2. 看到同學被欺負，我會勇敢去解圍。					
	3. 我對人公平，不偏心。					

☺ 記錄一件值得分享的「公平正義」事件：______________________________

____

____

☺ 教師的貼心話：

____

____

【公平正義】公約家長檢核表

____年____班____號　姓名：________________

親愛的家長，您好！

以下是老師與孩子約定的事項，這一週孩子在家裡的表現如何呢？請家長想一想，再打✓，謝謝！

時間：(　　)年(　　)/(　　)~(　　)/(　　)

約　定　內　容		全部做到	經常做到	偶爾做到	沒有做到	說明原因
家庭生活	1. 孩子看到弟弟妹妹吵架會去制止。					
	2. 孩子對待長輩不會偏心。					
	3. 孩子不會亂丟垃圾。					

☺ 家長貼心話：

家長簽名：________________

6. 學生將學會

學習目標	對應之九年一貫課程能力指標
一、增進圖像判讀的能力與說出、寫出所理解的意思。	語文 F-2-1 能培養觀察與思考的寫作習慣。
二、提升閱讀的興趣與激發創意思考。	語文 F-2-10 能發揮想像力，嘗試創作，並欣賞自己作品。
三、能理解公平正義的意義並加以辨別。	人權 1-3-3 了解平等、正義的原則，並能在生活中實踐。 人權 1-3-1 表達個人的基本權利，並了解人權與社會責任的關係。
四、了解公平正義的特殊情況。	綜合 1-3-2 尊重與關懷不同的族群。

7. 延伸閱讀

書名	類別	作者	繪者	譯者	出版社	公平正義相關議題
艾蜜莉的畫	繪本	彼得・加泰隆諾多	彼得・加泰隆諾多	余治瑩	東方	評審公平嗎？
一根羽毛也不能動	繪本	愛瑞卡・席佛曼	S.D.史耐得	黃迺毓	三之三	好友有難，要不要救？
給我一件新衣服	繪本	菲德莉・貝特朗	菲德莉・貝特朗	孫千淨	格林	老么一定得穿舊衣服嗎？
聖誕小子	繪本	勞倫斯	勞倫斯	郭恩惠	格林	好小孩也曾做壞事
上面還是下面	繪本	珍娜・史蒂芬斯	珍娜・史蒂芬斯	李曉雯	三之三	商業行為，約定算數？
把帽子還給我	繪本	梅田俊作	梅田俊作	林文茜	小魯	惡作劇好玩嗎？
鐘樓怪人	小說	雨果	厄迪亞斯	蕭菲	臺灣麥克	長得醜的人一定要先犧牲嗎？
我班有個大哥大	小說	李光福	李長駿		小兵	當「大哥」的感覺真好？
我的爸爸是流氓	小說	張友漁	張友漁		小兵	我註定一生就是「歹」命？

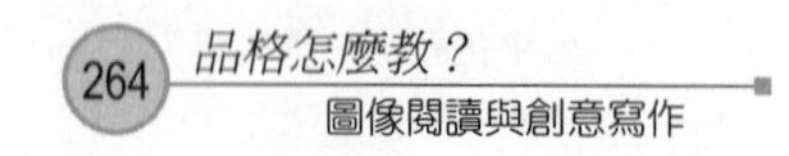

8. 學習單

學習單(一)

《不是我的錯》閱讀後——圖像創意寫作

____年____班____號　姓名：________________

小朋友：

請你就下面《不是我的錯》這本書裡的幾張圖像，發揮你的想像力，自行完成一篇不一樣的故事內容，不過別忘了要和「公平正義」有關喔！

事情是這樣發生的：

我認爲「公平正義」就是：

學習單(二)

公平正義是非題

小朋友：

請你就各種媒體（如：報紙、網路新聞）近來報導有關於公平正義的事件，進行蒐集及剪下（或印製）黏貼於學習單中，並完成下面的內容。

一、我找到的資料是（若貼不下時可以浮貼）：

----------------------浮--------------------------------貼--------------------------------線----------------------

二、你覺得這篇報導裡的事件公平（正義）嗎？想不想當位大導演來改變這篇報導的內容讓它更合乎公平（正義）呢？現在就請你重新爲這篇事件換上新的角色和情節，加油！

※這個新聞事件的名稱叫作：

※報導的內容：

三、爸媽的評語及評分：（請以優等：90 分以上，甲等：80-89 分，乙等：70-79 分，丙等：60-69 分的方式給予孩子評量）

四、老師的評語及評分：

學習單(三)

《喂！小螞蟻》閱讀延伸活動

____年____班____號　姓名：________________

小男孩想踩死一隻路過的螞蟻，不料螞蟻卻開口請求「放過我」，這是人與擬人化螞蟻的一段邂逅，令人深思的是：即便如螻蟻般渺小的生物，都有其生存的權利與必要性。

小朋友，上面這個故事的介紹你還喜歡嗎？趕快到學校或社區圖書館借來看吧！並請你在看完後完成這份學習單。

◎ 認識這本書：

喂，小螞蟻（*HEY, LITTLE ANT*） 作者：菲利普．胡斯、漢娜．胡斯　　譯者：林良 出版社：三之三文化　　出版日期：2005 年 11 月 10 日
一、佳言美句無限擴展： （請你在閱讀後，寫下一句以上優美的詞句且塗上顏色，並擴充爲一篇 200 字左右的文章。）

二、書中有哪些錯誤和傷害？誰受到這些錯誤和傷害？

◎存檔一下：

我認爲「公平正義」就是：

學習單(四)

正義樹

____年____班____號　姓名：________________

小朋友，請你透過下面正義葉的書寫，表達你對同學、師長和班級、學校應該要更公平正義的建議。並請你將個人所書寫的正義葉，剪下來後懸掛於班級的正義樹上，記得為它塗上顏色後會更亮眼喔！

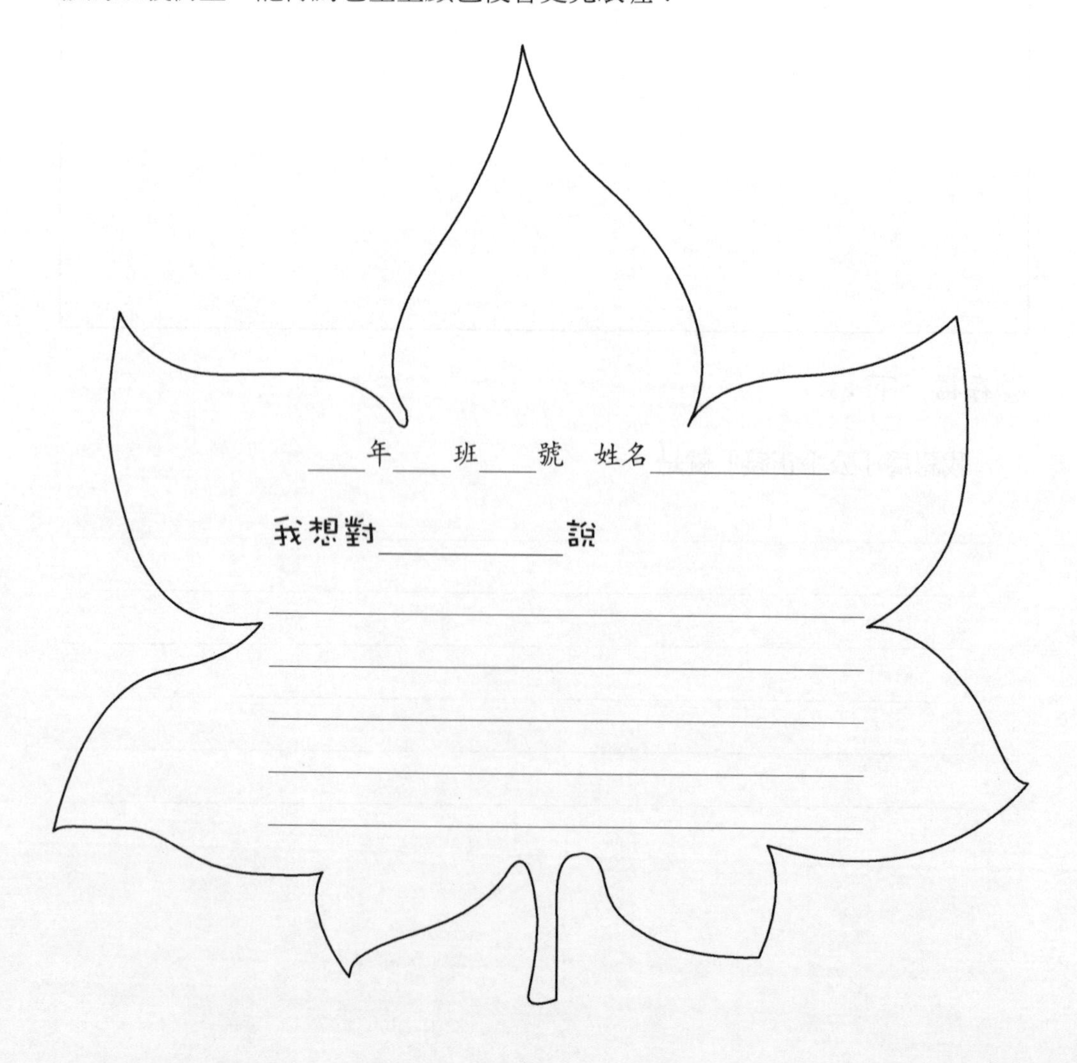

9. 行動與感動

一、對學生創意的另一個思考

我們試著以創意融入語文教學的方式來提升兒童的語文能力，雖然創意的發表能帶給學生學習的動機，但創意的結果卻也可能減低學生對美德所要傳達的含義。例如，當呈現《不是我的錯》一書中「戰爭下驚慌失措、無所依靠的小孩」圖像時，卻引起一股笑聲──有小孩說：「乾癟癟的，好好笑噢！」

我有點驚訝！六年級的學生雖然後來能講出這張圖片所要表達的是大人們自私的戰爭卻造成小孩的苦難，但身爲老師的我還是感覺到學生只是如寫作業般地應付我而已。想想自己的小孩，何嘗不是如此，喜歡看搞笑、無厘頭的內容文本，卻對人性的脆弱或是關懷面冷默看待，是不是我們的教養眞的出了問題？還是這樣的環境是我們大人世界裡所創造出來的？

但轉念一想，這不正是品格教育最佳的時機！也再次激起個人對品德教育落實的決心。

二、在學生作品上的發現

第一，在學習單(一)：《不是我的錯》閱讀後──圖像創意寫作中，全班三十四位學生中，除了天生就屬於較弱勢有待更積極及長期給予協助的學生外，有三十位學生均能配合圖像完成一篇完整的創意寫作，這與之前學生書寫時會說好難的情境相較起來，可以發現學生在進行類似的活動中已有長足的進展。

此外，在創意的部分，有的學生在文章結尾時會出現電影般的情節，留給讀者更多的想像與思考空間。例如，有學生寫出：「突然，老師回來了！他問了事情的經過，就說：『你們每一個人都想推卸責任！何不想想自己錯在哪裡？』同學們安靜的思索著。」也有的學生將最後的結果拉回與自己班級有關的實際情境：「最後老師說：『如果大家都不懂得關心別人，那還是一個班級嗎？』於是，每個人都低頭思考著。」這些作品都讓教師在做作品賞析時，可以有很好的例子與學生們做分享。

第二，在本課程方案中的學習單寫作中，我多安排讓學生融入創意，且要扣緊「公平正義」來進行寫作，目的除了希望能激發學生創意外，更重要的是透過書寫的歷程來引導其檢核自己對「公平正義」的理解。但從學生所蒐集的媒體報導事件中，發現有剪報不完整、報導內容與公平正義不相稱等問題，一方面可能是教學者事前未能明確教導學生如何蒐集資料，另一方面也顯現出學生在媒體閱讀上的不足，這在面對目前資訊媒體氾濫的環境，如何引導學生學會閱讀媒體資訊便成為未來另一個品格教育的重點。

三、對本課程方案教學後的回饋與修正

(一)看見學生的成長

幾次教學下來，學生對圖像所要呈現的感覺愈來愈強烈，核心的概念也抓得較精準，發表的人數與次數也有增多的現象，顯示這樣的教學對學生確實是有幫助的。

(二)學生要有創意，教師便要敢 show

記得在進行《喂！小螞蟻》閱讀延伸活動的過程中，一開始我不斷的舉例，引導學生做佳言美句的無限擴展，效果卻十分有限。於是乎，身為教師的我，隨性帶領幾位學生就以「喂！小螞蟻」為開頭，一人用一句話以接力的方式貫穿成一個完整的故事，一開始老師演得賣力，隨後學生的創意也就跟著起飛。

之後，再讓學生進行寫作時，其效果也就較能顯現了。

學生平時見我頗有幾分畏懼，而要教學有創意且品格教育要提升，其實對我及學生來說的確是一項挑戰，然而透過師生共同飆創意的方式，很容易就達成教學的目標，因此學生的創意一部分是與老師相互激盪而出的。

而這樣的體認是源自於個人參加「九歌兒童劇團」總監黃翠華老師所帶領的創意研習裡所引發的體認，當身體放鬆與放下身段時，潛藏於個人內在的創意就能源源不斷的浮現。

(三)對教學目的的再質疑

這樣寫寫幾張學習單的方式，真的就能提升兒童的寫作能力嗎？我們又能滿足學生哪些需求呢？

這樣的省思，我把它帶到教師群的討論會議中，有不少老師亦有如此之看法和感受。的確，在目前教學時間有限和教師體力負擔過重的因素下，要能短時間且有效的提升兒童的寫作能力，無疑是過度奢求。因此，我們重新定位教學的目的：

1. 讓孩子敢表達、肯表達！並非強調在作文（寫作）技巧上。
2. 寫作時若要融入寫作技巧，可能造成教學時間不足和學生負擔，因此，著重在學生的敢表達、創意表達、增進閱讀理解能力，而非寫作教學上，整個教材的發展還是來自品格的引發。

(四)需加強教師個人的工具書閱讀，從增進背景知識開始，提升教學成效

教師必須在相關的知能上不斷成長。在此推薦一套不錯的品格教學教材給教師同儕參考：中華扶輪教育基金會──法治教育向下扎根特別委員會出版的法治教育系列。

(五)對時事或新聞事件引用的矛盾與傷害

在進行學習單(二)「公平正義是非題」的活動裡，原先配合社會時事「檢察官洩漏辦案內容造成屏東火車出軌主角李雙全因壓力過大而自殺事件」與學生探討公平正義，然經多日的演變，本事件實際的原因也有可能是「主角李雙全因畏罪而自殺」。更令吾人沮喪的是學生已畢業，難以再進行相關補救性教學，因此，教師在引導相關事件時不可不慎。

四、結語：提供一個豐富品格閱讀環境

品格的養成除了是在身教與言教的潛移默化中養成，個人覺得另一個重要的因素是提供學生一個豐富品格閱讀環境，而所閱讀的文本就是在學生個人生活周遭隨手可以取得的，它可能是一本書，也可能是一段話、一片 CD，或是欣賞同學認眞與誠摯待人的態度等等，因爲當環境產生了質變，行爲與思考也就會跟著產生改變。

10. 作品摘錄

學習單(一)-1

「不是我的錯」閱讀後—圖像創意寫作

小朋友：

請你就下面「不是我的錯」這本書裡的幾張圖像，發揮你的想像力，自行完成一篇不一樣的故事內容，不過別忘了要和「公平正義」有關喔！

事情是這樣開始的：

上課時，教室裡一片鴉雀無聲，只有吉米一個人在哭，哭的正傷心時，老師忽然走進教室，問「是雖害吉米哭的呢？」，愛琳就先說：「雖然我是有看到你被大家打，但是我沒打你，所以不是我的錯」，查理就說：「我雖然有打你，但是他也有她也有打你啊，所以不是我的錯。」，泰瑞說：「雖然我有打你，但是不是我先打的，所以不是我的錯。」，蘿拉說：「你怎麼那麼愛哭呀，你是男生也。」，全班頓時一片鬧哄哄，大部分的人都有打吉米，但大家都說「不是我的錯」，最後老師說：「如果大家都不懂的關心別人那還是一個班級嘛？」，大家正在思索著。

學習單(一)-2

「*不是我的錯*」閱讀後——*圖像創意寫作*

小朋友：

請你就下面「不是我的錯」這本書裡的幾張圖像，發揮你的想像力，自行完成一篇不一樣的故事內容，不過別忘了要和「公平正義」有關喔！

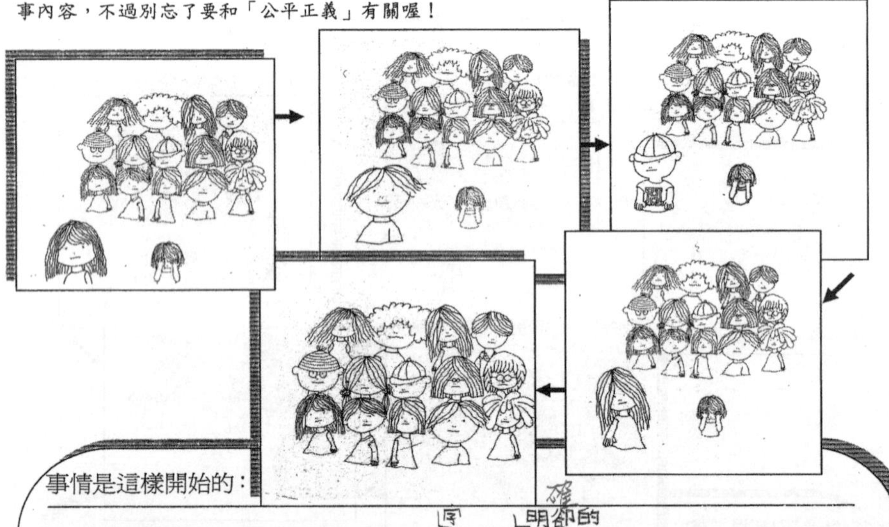

事情是這樣開始的：

不是我的錯，不是我的錯，這五個己經告訴你，這跟他一丁點關係
也沒有，在現在這個地球上所有的生離死別，只要跟我們周遭的人沒關
係，就算誰～都和我沒關係，我也沒錯。這是在一所小小學校的事情，雖然
只是小事情但也是沒關係，下課後過沒多久只聽見一陣悲涼的哭泣，直到
上課。大家都面無表情。感覺上大家都和這個社會常常有的一句話：「我不知
道，跟我沒関係，不是我的錯」借此明卻告知對方並先脫離關係！老師
馬上問大家，有誰看到是誰欺負居令利？大家看著居令利哭紅了雙眼～但大家
卻急忙的說：「我不知道！不是我的錯！干我屁事！和我沒關係，居然還有"哭屁"
啊！不論是誰！現在最須要安慰時，卻冷嘲熱諷。」彷彿將此事推的一
乾二淨，冷眼旁觀！可憐的居令利只能將雙手繼續貼近眼睛，依
然流下眼淚！大家的理由全是似是而非的輕輕的輕描淡寫的

（下頁續）

滑過！大家都拿他沒辯法！只能讓他繼續哭下去了！其實在這個世界上還要遇到的排擠，互看不順眼！也有全民開扁！冷嘲熱諷！貓哭耗子假慈悲的事情還很多！我覺得有些事情能忍就忍，要不然看開一點！就會有更好的事會發生！我們常常在路上看到自己的朋友接近黑暗！也不敢告訴老師怕被他打！有時也會遇到超極鴨霸型！我說一不可以說二！說東不能說西！要不然會遭到一陣毒打或罵到臭頭之類！而有些人常常須顧集自己的人際關係！幫自己的好友做壞事！若不從就～折2半～唉！有時也有些人不知道自己的話會不小心傷到他人！而直直的就說也不知道！自己早以把刀向他人的胸狠狠的砍了一刀了！也有些人從是讓人看不順眼！不知自己的行為舉只因該好好的改一改！其實我會知道這些事也是我個人經過！不僅被人這樣對待過！也這樣曾對待過人家！你問我，我有沒有錯！我通常會說、我沒有錯但，現在我會說是就是！不是就不是！勇敢的挑戰和我沒關係！不是我的錯了！～飛向成功之路～

學習單(二)

公平正義是非題（片斷擷取）

公平正義Q年級

二、你覺得這篇報導裡的事件公平（正義）嗎？想不想，當位大導演來改變這篇報導的內容讓它更合乎公平（正義）呢？現在就請你重新為這篇事件換上新的角色和情節，加油！

※※這個新聞事件的名稱叫做：要命或要肉？（記者 貓咪時報／桃園報導）

※※報導的內容：

弱國無外交，亞洲國家中，最近中國大陸、日本、韓國…等均禁止美國牛肉的輸入，而臺灣、香港、菲律賓、越南…等小國在美國強大的壓力下，仍然有條件開放進口美國牛肉，而我國衛生署的做法更是罔顧人民的生命安全。

消基會和各相關組織團體，應該挺身而出，大聲呼籲全民，拒買或者拒吃有問題的牛肉，以全民的力量來抵制；以市場的機能，來對抗強勢、不公平的外交。

政府更應該用負責的態度，保護人民健康為首要的考量，做出務實的政策，而不是嘴巴說說，儘講些「場面話」。

讓我們大聲疾呼："要命"而"不要肉"！

（難道本人說錯了嗎？）

四、爸媽的評語及評分：（請以優等：90分以上，甲等：80—89分，乙等：70—79分，丙等：60—69分的方式給貴子弟評量）甲等

閱讀過報章，尚可抓住重點，文章詞語應加強順暢性。（此篇已經爸媽修飾）。

尊重【低年級】

設計者◎黃淑芬

己所不欲，勿施於人

「老師！小華沒經過我的同意就翻我的鉛筆盒。」

「老師！他們兩個都不讓我過。」

「老師！小明他們都不讓我玩扯鈴。」

「上課了！請安靜！」

……

……

……

每天處理小朋友之間這樣的爭吵，不知有多少回，也曾經共同討論過誰是誰非、以後類似的事應該如何處理，但是，相同的事件總是一再的上演，有時覺得真是煩不勝煩；再看看報紙、電視新聞報導，成人之間的相處也是糾紛不斷，為什麼呢？

推究其根源，現在的孩子「自我」意識太強了，「只要我喜歡，有什麼不可以！」在家庭、媒體和社會影響下，一片吵雜聲，聲聲刺耳，人與人之間連最起碼的尊重都不見了，真是讓人憂心哪！

希望能藉此品格與閱讀系列教學，在孩子們的心中種下一顆小小的種子，也期待日後能發芽茁壯，開出美麗的花朵；每一個小朋友都能成為品德優良的小紳士和小淑女，再去影響其家庭、社區社會，乃至於國家。

或許這樣的期許太沉重了，但是我相信：只要努力播種，勤勞灌溉，就會有收成的。

1. 圖像閱讀文本

一、書　名：*WHY*？

作　者：Nikolai Popov

出版社：North-South Books

因圖像授權的關係，
本頁以文字代替。
一隻青蛙坐在草原的
石頭上欣賞著美麗的花。

二、內容簡述

一隻青蛙摘了一朵花，坐在草原的石頭上欣賞著；一隻地鼠帶著一把傘從地底下鑽了出來，牠向四方看看，無視於地上一叢又一叢的花兒，只看中了青蛙手上的花，於是丟了傘、去搶花。雙方都找來同伴，開出戰車，一場花兒爭奪戰於焉展開，在一陣陣隆隆的砲聲之後，大地一片焦土、花兒枯萎了、傘破了，誰也沒贏，這究竟是爲了什麼？

2. 設計理念架構

藉由繪本圖像閱讀引導學童體認「尊重」的重要，並希望他們能落實於日常生活中，做到自重人重，減少爭吵，改善人際關係。

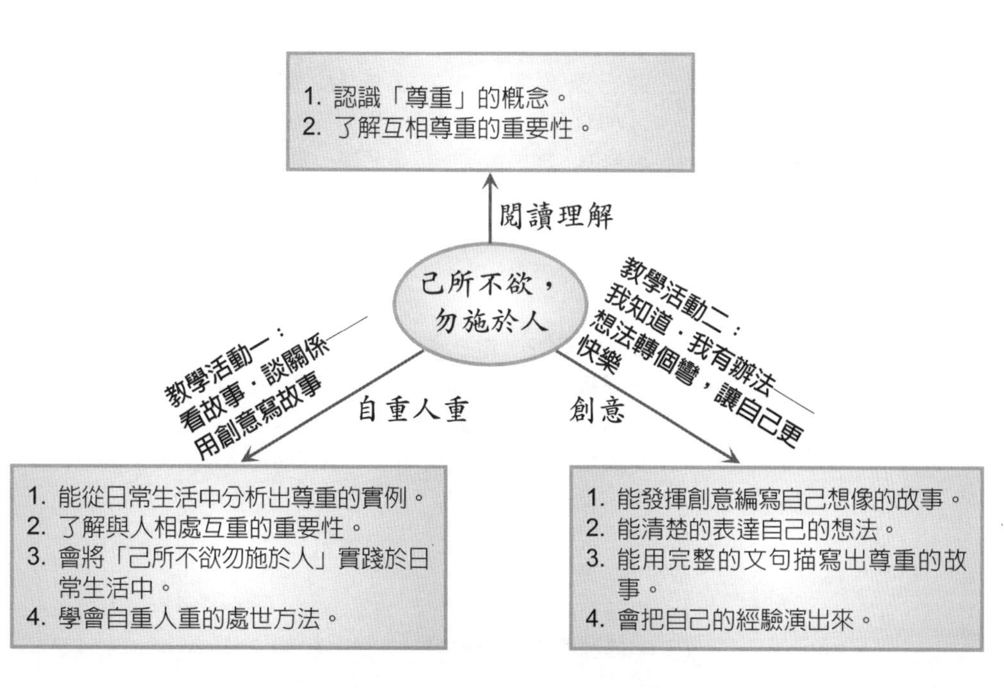

教學活動三：真心留言簿——心事演出來

3. 教學的進行

教學名稱	教　學　要　點	教學資源
活動一： 看故事．談關係 ——用創意寫故事	一、繪本欣賞： (一)播放《WHY？》電子繪本，老師不引導，請學童靜靜觀賞。 (二)進行圖像閱讀能力調查（於學童觀看《WHY？》電子繪本後，針對故事內容、故事角色、場景畫面、故事結局、看不懂等五個部分進行調查）。 (三)再播放一次《WHY？》電子繪本，以加深學童對此繪本之印象。 二、編故事高手： (一)從《WHY？》電子繪本中挑選出六張圖片，讓學童盡情發揮想像力，完成學習單(一)，編寫出他們所意會的故事內容。 (二)作品發表：挑選幾篇作品，由作者本人閱讀、解說其創作意念。 (三)給予發表作品的小朋友讚賞獎勵。 三、故事內容解說： (一)先讓小朋友自由發表。 (二)老師簡述原版故事內容。	電腦 單槍投影機 圖片電子檔 學習單(一)

教學名稱	教學要點	教學資源
活動二： 我知道．我有辦法 ——想法轉個彎， 讓自己更快樂	一、問題討論： (一)師生共同討論《WHY？》的故事內容。 (二)討論與主題「尊重」有關的問題： 1. 青蛙和老鼠為什麼要打架？ 2. 青蛙和老鼠可以怎麼做才不會打架？ 3. 哪些表現算是尊重？ 4. 人和人相處，為什麼一定要互相尊重？ 二、完成學習單(二)： (一)經過共同討論後，在學習單(二)上依照圖片順序編寫有關於「尊重」的故事。 (二)請學童以文字描述其對「尊重」的概念。 (三)讓學童發表其生活中的經驗，表達其受人尊重與不被尊重的感覺，或是自己尊重他人與不尊重人所產生的後果。 三、想法轉個彎：在學童發表經驗的過程中，請其他學童一起思考，如果換個對待方式，會有什麼不同的結果。	學習單(二)
活動三： 真心留言簿 ——心事演出來	一、老師先設計幾個關於「尊重」的不同情境，以布偶演出，讓學童也以布偶演出不同的結果，以加深學童對「尊重」的概念。 二、徵求有不被尊重經驗而不敢說出來的學生，將其不愉快又不知如何解決的事以布偶演出，再讓其他學生幫忙想一想解決的對策。 三、老師總結。	布偶數個

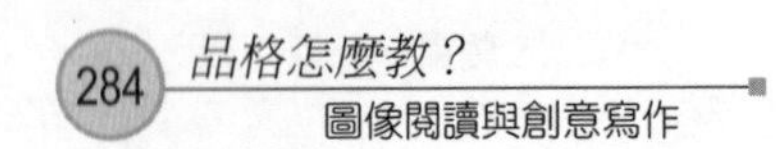

4. 延伸活動

訂定「尊重」生活公約

全班一起討論出認爲可以做到的規條數則後，老師依學生的能力增減成幾條約定。老師在帶領學童做一簡單信守約定的儀式之後開始實施，實行期間，對有做到約定的學童給予班上約定的獎勵。

5. 我可以做到

【尊重】約定實踐學生自評表

____年____班____號 尊重小天使：________________

各位小天使：

還記得我們針對「尊重」的約定內容嗎？現在老師要請你們對自己最近的表現來一次大考驗！相信各位尊重小天使會有很好的表現，加油！要對自己的表現誠實的打✓喔！

時間：(　　)年(　　)/(　　)~(　　)/(　　)

約定內容		全部做到	經常做到	偶爾做到	沒有做到	說明原因
家庭生活	1. 沒有得到同意，不會亂動家人的東西。					
	2. 家人講話時，不可插嘴、頂嘴、唱反調。					
	3. 家人在看電視時，不可以擅自轉臺。					
	4. 看電視、聽音樂、玩遊戲時，音量不可以太大聲。					
	5. 進去家人房間前一定要先敲門。					
	6. 要共同保持家裡的整齊乾淨。					
學校生活	1. 上課發言一定要舉手，還要專心聽老師和同學發表。					
	2. 同學有不同的意見時，不可以嘲笑他／她。					

約定內容		全部做到	經常做到	偶爾做到	沒有做到	說明原因
學校生活	3. 不在走廊奔跑、扯鈴、搖呼拉圈和跳繩。					
	4. 不在別人耳朵旁大叫。					
	5. 沒有得到同意，不會亂動同學和老師的東西。					

☺ 我覺得自己：

☐太棒了！ 因為＿＿＿＿＿＿＿＿＿＿。

☐還不錯！ 因為＿＿＿＿＿＿＿＿＿＿。

☐做得不夠好，還要加油，因為＿＿＿＿＿＿＿＿＿＿。

＊給自己一句鼓勵的話：

＿＿＿＿＿＿＿＿＿＿＿＿＿＿＿＿＿＿＿＿

＿＿＿＿＿＿＿＿＿＿＿＿＿＿＿＿＿＿＿＿

＿＿＿＿＿＿＿＿＿＿＿＿＿＿＿＿＿＿＿＿

＊老師的貼心話：

＿＿＿＿＿＿＿＿＿＿＿＿＿＿＿＿＿＿＿＿

＿＿＿＿＿＿＿＿＿＿＿＿＿＿＿＿＿＿＿＿

＿＿＿＿＿＿＿＿＿＿＿＿＿＿＿＿＿＿＿＿

【尊重】公約家長檢核表

____年____班____號　尊重小天使：____________

親愛的家長，您好！

以下是老師與孩子約定的事項，這一週孩子在家裡的表現如何呢？請家長想一想，再打✓，謝謝！

時間：(　　)年(　　)/(　　)~(　　)/(　　)

約　定　內　容		全部做到	經常做到	偶爾做到	沒有做到	說明原因
家庭生活	1. 沒有得到同意，不會亂動家人的東西。					
	2. 家人講話時，不會插嘴、頂嘴、唱反調。					
	3. 家人在看電視時，不會擅自轉臺。					
	4. 看電視、聽音樂、玩遊戲時，音量不會太大聲。					
	5. 進去別人房間、房子前一定會先敲門。					
	6. 會共同保持家裡的整齊乾淨。					

☺ 家長給寶貝鼓勵的話：

____

____

____

家長簽名：____________

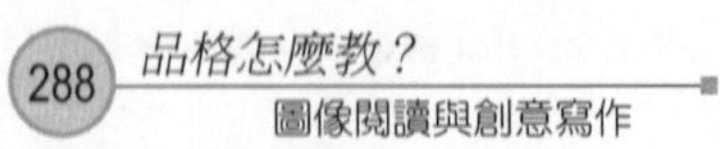

6. 學生將學會

學習目標	對應之九年一貫課程能力指標
一、能專心的觀賞電子繪本。	語文 E-1-3　能培養良好的閱讀興趣、態度和習慣。
二、能完整說出自己的觀後感想。	語文 C-1-1-3能清楚說出自己的意思。 C-1-3　能生動活潑敘述故事。 C-1-4　能把握說話主題 。
三、能與人討論不同的看法。	語文 B-1-1　能培養良好的聆聽態度。 B-1-2　能確實把握聆聽的方法。
四、知道與人相處時，尊重的重要性。	
五、能在生活中實踐尊重的品德。	環境 3-2-3　了解並尊重不同族群文化對環境的態度及行為。

7. 延伸閱讀

書名	類別	作者	繪者	譯者	出版社	尊重相關議題
喂！小螞蟻	繪本	菲利普・胡斯、漢娜・胡斯	黛比・蒂莉	林良	三之三	尊重生命
畢老師的蘋果	繪本	瑪丹娜	羅倫	蔡依林	格林	尊重別人的行為
培培點燈	繪本	艾莉莎・巴托尼	泰德・陸溫	劉清彥	格林	尊重孩子的選擇
誰是第一名	圖畫故事書	蕭湄羲	蕭湄羲		信誼	尊重別人的創作
不要嘲笑我	繪本	史蒂夫・希斯金、艾倫・薛伯林	葛林・戴伯利	余治瑩	維京國際	尊重和我不一樣的人

8. 學習單

學習單(一)

圖像閱讀創意作業單

____年____班____號 姓名：____________

※ 請你看著下面的幾幅圖，寫成一個小故事。

因圖像授權的關係，本頁以文字代替。雙方你來我往，田野上儼然成為一個殺戮戰場。	因圖像授權的關係，本頁以文字代替。老鼠出動靴子戰車要攻打青蛙。	因圖像授權的關係，本頁以文字代替。出現另一隻青蛙動手要搶回花。	因圖像授權的關係，本頁以文字代替。老鼠動手去搶青蛙手中的花。	因圖像授權的關係，本頁以文字代替。一隻老鼠拿著雨傘，從地洞裡冒出來。	因圖像授權的關係，本頁以文字代替。一隻青蛙手中拿著一朵花，坐在石頭上。

※如果故事可以重編，你覺得他們應該怎麼做，才會有和平的結局？

____

____

※這個故事告訴你：________________

看這本書的時候，最吸引你的是：

□ 故事內容 □ 角色 □ 畫面 □ 結局 □ 看不懂

學習單(二)

圖像閱讀創意作業單

____年____班____號 姓名：____________

※小朋友， 你已經發揮你的編故事潛能， 這次同樣的圖請你編出一個和「 尊重」 有關的故事。

因圖像授權的關係，本頁以文字代替。雙方你來我往，田野上儼然成為一個殺戮戰場。	因圖像授權的關係，本頁以文字代替。老鼠出動靴子戰車要攻打青蛙。	因圖像授權的關係，本頁以文字代替。出現另一隻青蛙動手要搶回花。	因圖像授權的關係，本頁以文字代替。老鼠動手去搶青蛙手中的花。	因圖像授權的關係，本頁以文字代替。一隻老鼠拿著雨傘，從地洞裡冒出來。	因圖像授權的關係，本頁以文字代替。一隻青蛙手中拿著一朵花，坐在石頭上。

※從故事中，你知道什麼是尊重嗎？
尊重就是：____________________

____

____

※在日常生活中，你覺得你有被別人尊重或尊重他人嗎？你的感覺怎麼樣？請用一件事舉例說明？

____

____

____

9. 行動與感動

1. 初嘗試圖像閱讀教學，原本想：「有些小朋友不愛閱讀，沒文字的圖片能吸引他們嗎？」沒想到，從小朋友的觀賞表情、心得發表與創意寫作中，我知道他們和我都得到了很大的鼓舞，因為小朋友常會要求想看下一個故事，甚至有小朋友說：「老師，國語課本我自己讀就會了，我比較想『看故事』。」
2. 從讀了第一本去除文字的繪本之後，很明顯的，小朋友因為喜愛而更願意、更踴躍發表自己的想法，連平時難得舉手發言的幾位小朋友也都主動發表他們的看法，很令我意外。
3. 在前幾次的實驗教學中，由於學習單的設計方式：一張圖片一個大格，小朋友僅就單格圖片做描述，無法將數張圖片串聯成一個完整的故事。這次的學習單改以圖格和文字格分開，全班有三分之一的小朋友能完整的描述他／她所意會的故事內容，連平時表現較差的一個小朋友，他的內容雖然簡短、錯字不少，但也能寫出他所想像的故事主題，讓我感動不已。
4. 這次《WHY？》的學習單(一)是在看完了兩次電子繪本後，隔天的早上利用教師晨會三十分鐘完成的，雖未經過引導，但都能自己完成，而且有很多位小朋友的故事編寫竟然超出格子還欲罷不能，從他們寫的文句中也能看到平時學習的成語、優美語句應用，讓我驚訝不已，也欣慰自己給小朋友一年多的訓練終於有一點點的成果了。
5. 在討論的過程中，低年級小朋友較難將故事與所設定的六大品德扣合，雖經引導後，也因其想法不同而有不同的詮釋，例如：主題是尊重，他們也可能有公平正義的想法。

6.低年級小朋友對於每個品德的定義都很模糊，討論的層次都不是很深入，但有時也會有我意想不到的情形，例如：在討論《WHY？》的時候，有小朋友提出一些看法，令人激賞。

「青蛙和地鼠不尊重花兒，不尊重植物，不尊重大地，才會造成那麼大的災難，我們人類不應該那樣，世界就太平了。」

「戰爭太可怕了，希望世界上的國家都能和好相處、互相尊重，永遠不要有戰爭了。」

「希望媽媽能多聽聽我的意見，不要一直逼我學這個、學那個。」

「我覺得我很幸福，因爲我的媽媽很尊重我，她像我的朋友一樣，都會和我討論我要做的事。」

7. 做延伸閱讀《喂！小螞蟻》時，小朋友除了討論到公平正義、尊重生命，在我問到：如果你是書中主角時，你會踩死螞蟻嗎？有小朋友答：會，因爲我不喜歡螞蟻，媽媽說牠會傳染病菌。

但是也有小朋友善良的答：我不會，別人應該也不會。

有小朋友質疑：壞人呢？她說：再壞的人也有他善良的一面啊！

8. 上了一系列品德教育的課程，我們約定了要互相提醒，小朋友的行爲稍有進步，尤其在排隊方面，有小朋友會提醒同學不要插隊，爭吵聲變小了，相信長久下去應該會有更多的進步。

10. 作品摘錄

學習單（一）

圖像閱讀創意作業單

※請你看著下面的幾幅圖，寫成一個小故事。

因圖像授權的關係，本頁以文字代替。雙方你來我往，田野上儼然成為一個殺戮戰場。	因圖像授權的關係，本頁以文字代替。老鼠出動靴子戰車要攻打青蛙。	因圖像授權的關係，本頁以文字代替。出現另一隻青蛙動手要搶回花。	因圖像授權的關係，本頁以文字代替。老鼠動手去搶青蛙手中的花。	因圖像授權的關係，本頁以文字代替。一隻老鼠拿著雨傘，從地洞裡冒出來。	因圖像授權的關係，本頁以文字代替。一隻青蛙手中拿著一朵花，坐在石頭上。

有一個森林叫[illegible]森林，ㄓ說有一把ㄙˇ可以做ㄖˋ何事，所以大家都非常想要得到。有一天，[illegible]花花他找到了這把ㄙˇ，但有一個ㄩˊ言：如果不是真命天子的話，就無法ㄕˇ用這把ㄙˇ。因為花花不是真命天子，青蛙皇皇發現了，皇皇馬上ㄓ走，但是呢，花花馬上把他的ㄒㄧㄝˊ子ㄔ車給開了過來，皇皇也開了他的ㄔ車，ㄌㄧㄤˇ個誰也不ㄖㄤˋ誰，因為ㄉ人不及ㄔ，所以他們打了三天三夜才結束，不過那把ㄙˇ被花花和皇皇的大炮給ㄉㄚˇㄆㄛˋ了，從此花花ㄏㄨㄟˊ到北國，皇皇ㄏㄨㄟˊ到ㄋㄢˊ國，從此世界在也沒有戰爭。

※如果故事可以重編，你覺得他們應該怎麼做，才會有和平的結局？

①做人要相親相愛不打ㄓ、ㄔㄠˇㄓ。

②不可以ㄑㄧㄤˇ走別人的東西。

※這個故事告訴你：要相親相愛。②要尊重別人

看這本書的時候，最吸引你的是：☑ 故事內容 □ 角色 □ 畫面 □ 結局 □ 看不懂

1. 我覺得這個故事和公平正義有關。
2. 我覺得這個故事和尊重有關。

學習單（二）

圖像閱讀創意作業單（二）

※小朋友你已經發揮你的編故事潛能，這次同樣的圖請你編出一個和< 尊重> 有關的故事。

因圖像授權的關係，本頁以文字代替。雙方你來我往，田野上儼然成為一個殺戮戰場。	因圖像授權的關係，本頁以文字代替。老鼠出動靴子戰車要攻打青蛙。	因圖像授權的關係，本頁以文字代替。出現另一隻青蛙動手要搶回花。	因圖像授權的關係，本頁以文字代替。老鼠動手去搶青蛙手中的花。	因圖像授權的關係，本頁以文字代替。一隻老鼠拿著雨傘，從地洞裡冒出來。	因圖像授權的關係，本頁以文字代替。一隻青蛙手中拿著一朵花，坐在石頭上。

有一天，青蛙寶寶坐在大石頭上，他發現ㄓㄦ有一大堆的花好美麗呀！所以他在了一朵下來欣賞！ㄇㄟ ㄇㄟ ㄇㄟ！一隻ㄌㄠㄕㄨ跳出來，他東看看看，西看看，他發現青蛙手上拿著一朵好ㄆㄧㄠ亮的花，他把雨傘給ㄏㄡ了、去ㄑㄧㄤ那朵美麗的花，ㄌㄠㄕㄨ ㄑㄧㄤ到手之後，青蛙寶寶回去把事情一五一十的告訴爸媽，他們很生氣去追ㄌㄠㄕㄨ，ㄌㄠㄕㄨ看到青蛙趕快跑，ㄌㄠㄕㄨ也把事情一五一十的把事情告訴大家，ㄌㄠㄕㄨ家人很生氣，就開了戰車，青蛙也開了戰車，戰爭ㄐㄧㄠ ㄆㄛ ㄇㄛ，到ㄔㄨ都是ㄙ ㄉㄧㄠ的青蛙和ㄌㄠㄕㄨ，美麗的花也ㄎㄨ ㄨㄟ了！

※從故事中你知道什麼是尊重嗎？

尊重就是：你不喜歡被人ㄑㄧ ㄈㄨ就不要去ㄑㄧ ㄈㄨ別人。

※在日常生活中，你覺得你有被人尊重或尊重他人嗎？你的感覺怎麼樣？請用一件事舉例說明。：我覺得我沒有被人尊重，有一次，我在幫ㄨㄛ ㄍㄨㄥ ㄍㄨㄥ澆花，ㄨㄛ ㄉㄧ ㄉㄧ跑過來踢我，我很生氣，他又拿ㄍㄨㄣ子去我的肚子，好ㄊㄨㄥ！我感覺好ㄊㄨㄥ又好不舒服！

尊重【中年級】

設計者◎陳淑霞

欣賞自己，尊重他人

現代的孩子身處在一個物質生活充足的環境中，從小孩子對父母總是予取予求，孩子們也習慣別人必須去滿足他們的需求，久而久之，孩子的世界裡只看得到自己。別人為他做的事，他認為理所當然，不知感恩，似乎別人自然也必須無條件奉獻出他們自己想要得到的「東西」。因此，在孩子們這種「只要我喜歡，有什麼不可以」的邏輯裡，缺少了同理與尊重的態度，也產生了不少人際關係的衝突。

本繪本中，故事的主角們因爭奪一朵花而弄得兩敗俱傷的誇張結局，正好能帶給小朋友一些省思：日常生活中，我們是否曾因為一己之私而侵犯到別人或忽略了別人的感受？或者朋友間曾經只為了些芝麻蒜皮的小事而吵得不可開交？我想這也是作者急欲傳達的想法，希望在人類的世界裡能多些尊重包容，減少紛爭與暴戾，唯有如此，我們才能讓孩子得到內心真正的快樂。

1. 圖像閱讀文本

一、書　名：*WHY*？

作者：Nikolai Popov

出版社：North-South Books

因圖像授權的關係，
本頁以文字代替。
一隻青蛙坐在草原的
石頭上欣賞著美麗的花。

二、內容簡述

故事一開始是一隻青蛙安靜的坐在石頭上欣賞著手中的花，一隻地鼠突然從地底中冒出來搶走青蛙手中的花，於是雙方人馬開始發動一場爭奪戰，甚至引發戰爭，導致雙方兩敗俱傷，最後青蛙和地鼠誰也沒得到花。

2. 設計理念架構

《WHY？》這本書是一本無字書。整本書透過低調的中性色彩、流暢的圖畫線條、主題鮮明的圖像畫面來呈現故事主題。藉由一隻青蛙和一隻地鼠，爲了爭奪一朵花而引起的紛爭，鋪陳出一場田野間的浩劫，是本淺顯易懂卻寓意深遠的好書。

運用無字圖畫書來進行閱讀活動，是一種有趣而奇妙的經驗，因爲每個孩子對無字圖畫書的內容領略不同而有不同的理解與感受，沒有文字的束縛，孩子們想像的空間也更加寬廣。無字圖畫書必須透過精確的圖像語言，引起讀者內在的深刻感動，才能在共讀過程中體會彼此分享的喜悅，在每次閱讀中重新發現的驚喜更是難能可貴的經驗。

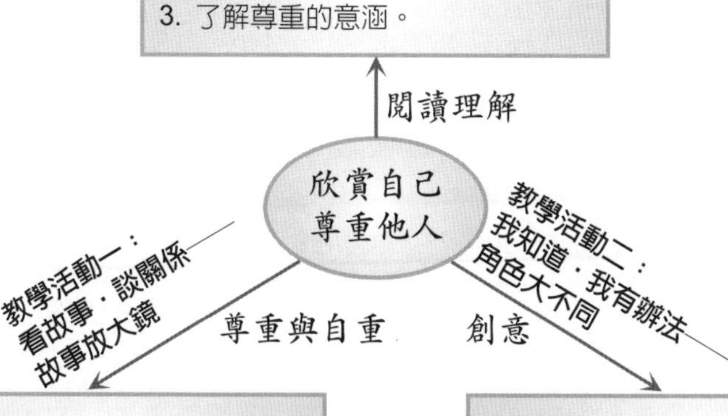

教學活動三：真心留言簿——我來說故事

這一次的閱讀活動除了對文本有共讀與討論的歷程外，希望在閱讀之後，讓孩子能從圖像語言中理解本書想要傳達的品格教育——「尊重」，並期望孩子能藉由尊重他人的感受、包容他人的異同，體認到每個人的不同價值。除了讓學生了解「尊重」的意涵之外，本教案希望透過教學活動讓學生體會出「尊重」的三個要項：第一，尊重別人的發言權；第二，尊重別人的隱私權；第三，尊重別人的所有權。讓學生從尊重日常生活中的親人、師長、同學開始做起，學會尊重他人，也讓他人尊重自己，最後才能愛自己，欣賞自己。

3. 教學的進行

教學名稱	教學要點	教學資源
活動一： 看故事・談關係 ——故事放大鏡	一、播放《WHY？》繪本，並以問卷調查繪本中最吸引學生的地方。 (一)教師不加任何說明，將繪本內容放映給全班欣賞。 (二)教師保持固定翻頁的時間，過程中教師保持開放與分享的態度，鼓勵學生運用想像力臆測故事內容。 (三)問卷調查本繪本最吸引學生的地方（請學生就故事內容、故事角色、場景畫面與故事結局等四個選項勾選）。 二、問題討論： (一)全班共同討論分享繪本中的人物特性、情節發展、故事主題等，教師不預設立場，盡量鼓勵學生發揮想像力拼湊出完整的故事。 (二)全班討論故事的起因、發展過程與結局。教師配合簡報檔說明「故事臉」的特徵（如「附錄」）。 (三)全班共同討論出故事中各元素以完成本故事的故事臉，讓學生更熟悉故事的完整架構。 三、教師總結： (一)教師統整故事中所具有的基本元素，包括主題、角色、場景與結局，使學生具有創作故事的能力。 (二)教師可視情形選擇使用學習單(一)「故事臉」讓學生習寫，加深學生的印象。	繪本 單槍投影機 電腦 簡報檔 學習單(一)
活動二： 我知道・我有辦法 ——角色大不同	一、問題討論： (一)請學生發表書中想傳達的主題。 (二)老師簡介本書作者及故事的創作背景，讓學生更了解作者的創作動機，體會本書欲傳達的寓意。	

教學名稱	教　學　要　點	教學資源
	(三)請學生發表如果自己是故事中的主角，會如何處理相同情境發生的問題。 (四)教師鼓勵全班發表並統整總結「尊重」的意涵。 (五)請學生舉出在家庭和學校中尊重他人的實例。 二、戲劇表演： (一)請三組小朋友演出三個狀況劇： 1. 媽媽未經你的同意，就擅自偷看日記（隱私權）。 2. 同學未經你的同意，就拿走你的學用品（所有權）。 3. 同學沒禮貌的打斷你和另一位同學的談話（發言權）。 (二)請學生發表狀況劇中主角心裡的感受，並討論劇中主角應如何處理這樣的狀況。 (三)完成學習單(二)。	學習單(二)
活動三： 真心留言簿—— 我來說故事	一、腦力激盪： 故事最後青蛙和地鼠會有怎樣的發展？透過小組腦力激盪，共同討論，分組口頭發表（提醒小朋友注意人、事、時、地、物……等故事情節安排的重要性，需合乎邏輯與故事張力）。 二、故事創作： (一)教師事先將繪本圖像整理後挑選出八張圖片各影印出二十張（教師可視班級人數或喜好情形來決定張數）。 (二)學生可從八張圖片中選出四張隨意編排順序，組合編寫出一則故事。創作主題不限，故事內容也不必和原文相似，只要學生把握故事創作的原則即可。 (三)將選出的四張圖像依序貼在學習單空格中，並完成學習單(三)。 三、作品賞析： 教師批閱後，全班共同賞析學生作品。	圖片影印 學習單(三) 實物投影機

4. 延伸活動

一、每個人大不同

1. 全班共讀繪本《誰是第一名？》。
2. 老師提問，全班共同討論：
   ⑴你覺得大餅帥不帥？為什麼？
   ⑵如果你是評審，看了小狗、蜻蜓、蜜蜂、螞蟻、毛毛蟲的圖畫，你會評定「誰是第一名」？為什麼？
   ⑶你贊成大餅最後宣佈的結果嗎？為什麼？
   ⑷當別人畫的跟你不一樣時，你會怎樣？
   ⑸當你的畫或其他作品被其他小朋友批評時，你會怎樣？
   ⑹我們要怎樣尊重每位小朋友的作品？
3. 每個人畫一幅畫，畫中要有太陽、有樹、有花、有房子。
4. 張貼在黑板上，全班共同欣賞。
5. 說出欣賞同學作品之後的心得，並完成學習單。

學習單：我是大畫家

1. 小朋友，請你畫出一幅畫，畫中要有太陽、有樹、有花、有房子喔！

2. 同學跟你畫的太陽、樹、花、房子不一樣時，你覺得怎麼樣？

____

____

____

3. 欣賞別人的作品時，怎樣的態度才能表達對作者的尊重？

____

____

____

二、優點大花園

1. 全班分成若干組，每組發一張半開壁報紙，每組依照小組成員人數在紙上畫出相等數量的花朵。
2. 小朋友將自己的照片貼在花朵的中央。
3. 小朋友將自己及同組同學的優點分別寫在花瓣上，貼在照片的周圍，每組的每朵花必須至少有五個花瓣以上。
4. 各組共同美化「優點大花園」。
5. 將各組作品張貼在教室後方的佈告欄上共同欣賞。

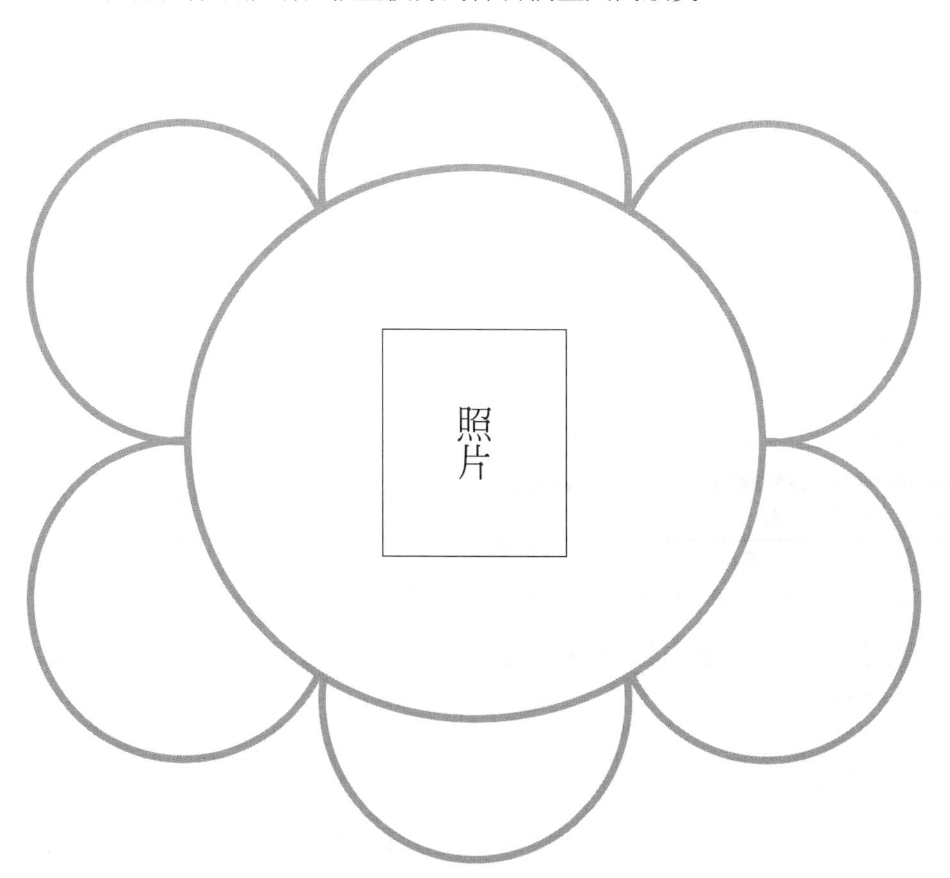

5. 我可以做到

【尊重】約定實踐學生自評表

____年____班____號　尊重小勇士：________________

各位小勇士：

還記得我們針對「尊重」的約定內容嗎？現在老師要請你們對自己最近的表現來一次大考驗，相信各位尊重小勇士們一定會有很好的表現，加油！要對自己的表現誠實的打✓喔！

時間：(　　)年(　　)/(　　)~(　　)/(　　)

	約　　定　　內　　容	全部做到	經常做到	偶爾做到	沒有做到	說明原因
家庭生活	1. 我會尊重長輩，不跟他們頂嘴。					
	2. 我不會偷看家人的書信。					
	3. 進去別人的房間時，我會先敲門。					
	4. 看電視時不可以太大聲，以免吵到家人。					
	5. 我不會搶兄弟姊妹的玩具。					
學校生活	1. 我不會亂翻同學的東西。					
	2. 別人說話時，我不會隨便插嘴。					
	3. 老師上課或聽別人演講時，我會專心聽講不會吵鬧。					
	4. 要拿別人的東西時，先徵求他的同意。					
	5. 討論事情時，要多聽取別人的意見。					
	6. 不可以威脅別人做他不想做的事。					

☺ 我想要說的真心話：

____

☺ 教師的貼心話：

____

【尊重】公約家長檢核表

____年____班____號　尊重小勇士：____________

親愛的家長，您好！

以下是老師與孩子約定的事項，這一週孩子在家裡的表現如何呢？請家長想一想，再打✓，謝謝！

時間：(　　)年(　　)/(　　)~(　　)/(　　)

	約　定　內　容	全部做到	經常做到	偶爾做到	沒有做到	說明原因
家庭生活	1. 懂得尊重長輩，不會頂嘴。					
	2. 不會偷看家人的書信。					
	3. 進去別人的房間時，會先敲門。					
	4. 看電視時不會太大聲，以免吵到家人。					
	5. 不會搶兄弟姊妹的玩具。					

☺ 家長給小寶貝鼓勵的話：

____

____

____

家長簽名：____________

6. 學生將學會

學習目標	對應之九年一貫課程能力指標
1. 能觀察圖畫並說出故事內容。	語文 B-1-1 能培養良好的聆聽態度。 語文 C-1-3 能生動活潑敘述故事。
2. 能融入故事情境，參與討論。	語文 E-2-8 能共同討論閱讀的內容，並分享心得。
3. 能勇於發表自己的想法。	語文 C-1-2 能有禮貌的表達意見。 語文 C-2-1 能充分表達意見。 綜合 3-2-2 參加團體活動，了解自己所屬團體的特色，並能表達自我以及與人溝通。
4. 學會如何寫作。	語文 F-1-6 能概略知道寫作的步驟（從蒐集材料到審題、立意、選材及安排段落、組織成篇），逐步豐富作品的內容。
5. 能運用想像力，自己編寫故事。	語文 F-2-10 能發揮想像力，嘗試創作，並欣賞自己的作品。
6. 能欣賞別人的作品。	語文 F-1-1 能經由觀摩、分享與欣賞，培養良好的寫作態度與興趣。
7. 能學會尊重他人。	人權 1-2-1 欣賞、包容個別差異並尊重自己與他人的權利。 人權 1-2-2 關心弱勢並知道人權是普遍的、不容剝奪的。

7. 延伸閱讀

書名	類別	作者	繪者	譯者	出版社	尊重相關議題
菲菲生氣了──非常，非常的生氣	繪本	莫莉・卞	莫莉・卞	李坤珊	三之三	我該怎麼辦？
誰是第一名	繪本	蕭湄羲	蕭湄羲	無	信誼	誰才是最好的？
綠尾巴的老鼠	繪本	李歐・李奧尼		劉清彥	道聲	肯定自我，尊重他人
棒棒糖小姐	繪本	狄克・金・史密斯	吉兒・巴頓	管家琪	臺灣東方	尊重才能贏得友誼
你大我小	繪本	葛黑瓜爾・梭羅塔賀夫	葛黑瓜爾・梭羅塔賀夫	武忠森	和英	誰是永遠的好朋友？

8. 學習單

學習單(一)

故事臉

繪本名稱：＿＿＿＿＿＿＿＿

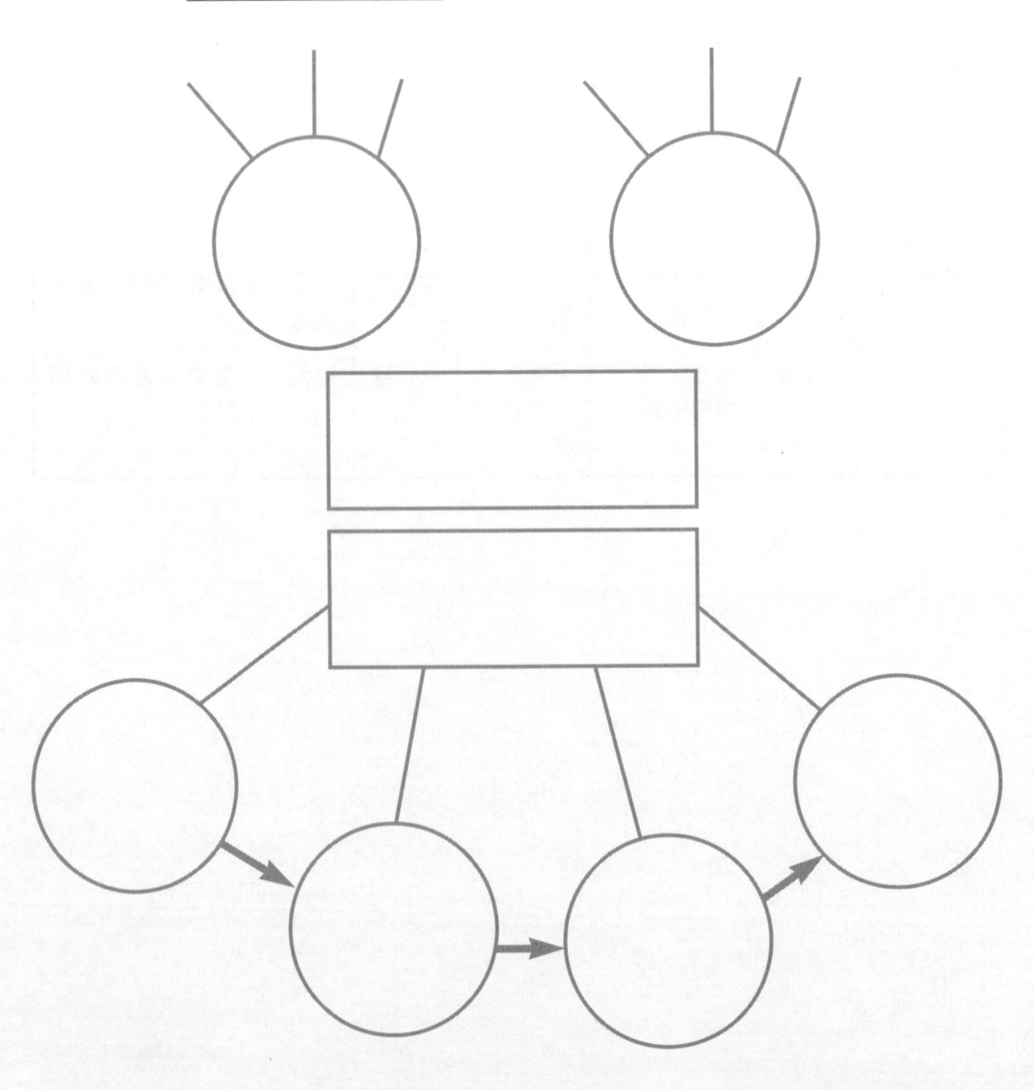

學習單(二)

我該怎麼辦

親愛的小朋友：

在日常生活中，你是否曾因爲別人不尊重你而生氣呢？如果你遇到以下幾種狀況，請發揮你的智慧，想想看你該怎麼辦？

狀況一：
媽媽沒經過你的同意，就擅自偷看日記

我會＿＿＿＿＿＿＿＿＿＿＿＿＿＿＿＿

＿＿＿＿＿＿＿＿＿＿＿＿＿＿＿＿＿＿＿

＿＿＿＿＿＿＿＿＿＿＿＿＿＿＿＿＿＿＿

狀況二：
同學沒經過你的同意，就拿走你的學用品

我會＿＿＿＿＿＿＿＿＿＿＿＿＿＿＿＿

＿＿＿＿＿＿＿＿＿＿＿＿＿＿＿＿＿＿＿

＿＿＿＿＿＿＿＿＿＿＿＿＿＿＿＿＿＿＿

狀況三：
同學沒禮貌的打斷你和另一位同學的談話

我會＿＿＿＿＿＿＿＿＿＿＿＿＿＿＿＿

＿＿＿＿＿＿＿＿＿＿＿＿＿＿＿＿＿＿＿

＿＿＿＿＿＿＿＿＿＿＿＿＿＿＿＿＿＿＿

老師的話：＿＿＿＿＿＿＿＿＿＿＿＿＿＿＿＿＿＿＿＿＿＿＿＿

學習單(三)

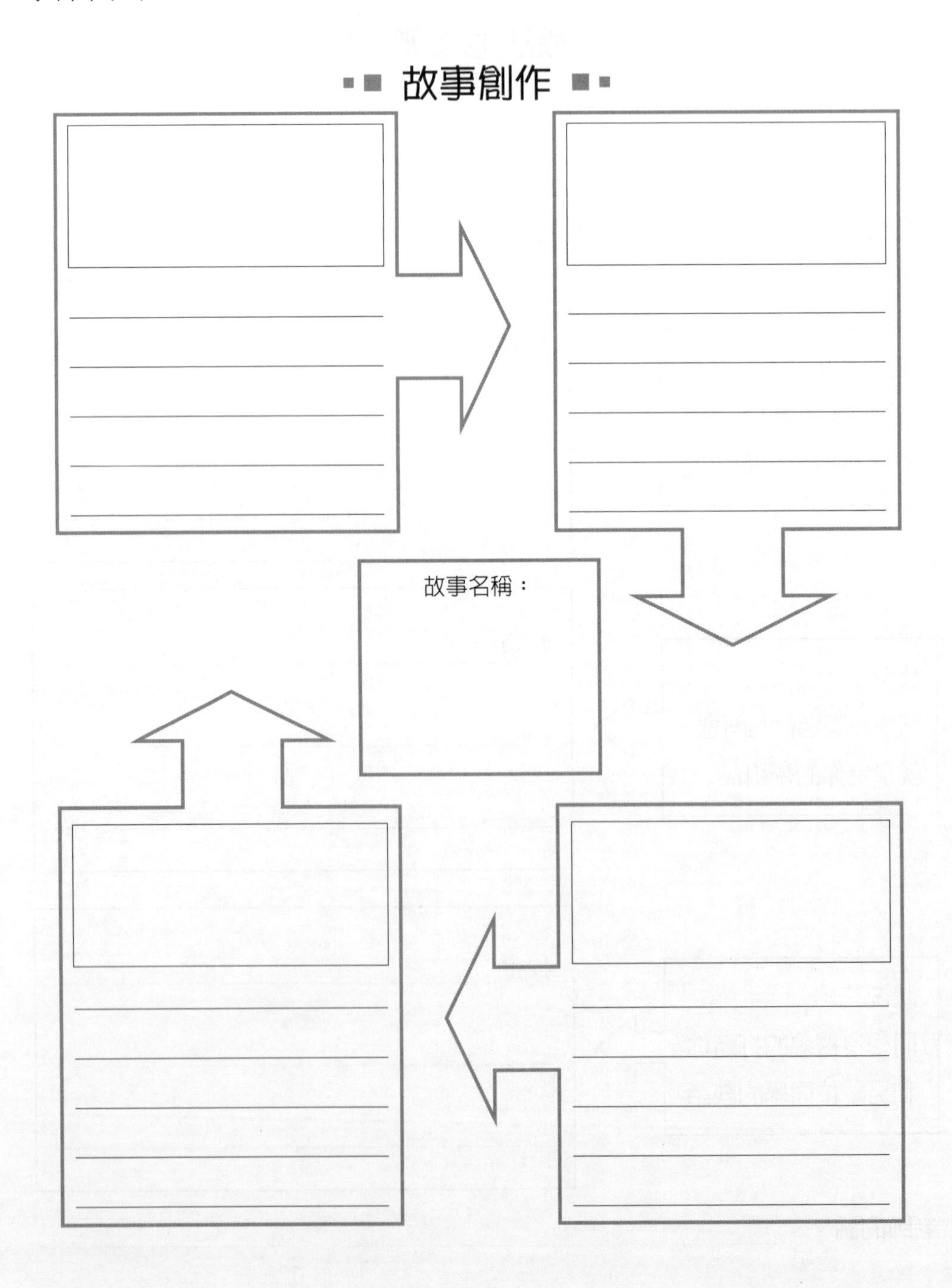

9. 行動與感動

「品格教育」這個好久不見的名詞近來似乎變得相當熱門，不知是否最近又吹起了復古風？還記得小時候黑板右側總會寫上當週的生活與倫理德目當作大家的座右銘，以時時惕勵自己注意言行舉止。而九年一貫課程實施後，現在的孩子不再聽聞「禮義廉恥」等四維八德，身爲教師的我總覺得我們給孩子的，好像就是少了些什麼。當孩子犯錯，而我苦口婆心想曉以大義時，孩子面對我教條式的說教方式似乎根本不爲所動。我常想：總該有些方法來讓孩子認識這些人生中最重要的課題吧！

對我來說，運用繪本帶領孩子認識「品格教育」是個新鮮又富有挑戰性的嘗試。尤其我用《WHY？》這本無字書來進行「尊重」品格的教學，對於我以及大多數的學生來說是個全新的經驗。我自己花了兩三次才看懂整個故事，「孩子們究竟能看得懂多少呢？」我不禁煩惱了起來。「孩子們又能領會多少故事中的含義呢？」老師總認爲自己比學生還行。

上課十分鐘後，我驚訝的發現竟然有學生只看了一次就看懂了，對於劇情的描述還頭頭是道，心中的疑慮與優越感頓然消失。原來我並沒有比較「行」！整個教學活動中，我們並沒有花很多時間在討論、釐清故事的情節，學生的反應也出乎我意料之外的熱烈，雖然我並不是這個班級的導師，但師生之間並未見生澀或冷場，看得出孩子對於電腦「看書」這件事還滿有興趣的。我將和他們的第一次經驗與大家分享如下：

一、第一次面對「無字書」

因閱讀習慣背景的差異，學生對無字繪本的領悟差異頗大，但全班討論到前幾張後，大多數學生就能抓到重點了，且學生對於圖片中極細膩的部分也觀察得很仔細，例如：兩邊人馬陣仗愈來愈龐大（鼠蛙數愈來愈多）、依照青蛙衣服顏色體型大小判斷彼此關係……等。由此可以發現利用無字書帶領學生從事閱讀教學，可以訓練學生的觀察力、想像力與邏輯思考的能力，因爲少了文字的引導，學生必須自己從畫面中的一草一木、甚至是一個表情或眼神去尋找線索；少了文字的連貫，學生必須自己去連結前後幅圖畫的關聯處與差異性，以發展出有趣的故事情節。當然，每個小朋友創造出的故事不盡相同，這也是無字書的奧妙之處，只要學生能發揮想像力，拼湊出故事情節，誰說大家的故事都得一樣呢？

二、這本「大書」看起來……

此書色調柔和、筆觸細膩，因此約有半數以上的學生普遍對此書的畫面、背景印象深刻。尤其是最後戰爭慘況的畫面，讓學生印象深刻，驚奇連連！

三、孩子們看出了什麼？

當老師提問故事中的角色因爲缺少什麼精神，以致發生此種結局時，學生的回答有「友愛」、「禮貌」、「友情」、「和平相處」……，好不容易終於有人說出「尊重」，甚至還有人說出「包容」、「謙虛」等，眞是不錯！學生對於品格的感受有時會超出我們的想像，當然同儕間的相互學習也是進步的重要因素喔！

四、說故事時間

我們試著口頭發表劇情接龍，但故事發展不外乎「握手言和」或「玉石俱焚」，只要其中有一人說出搞笑版，接著就群起效尤，學生思考方向容易被牽著走，因此教師的引導策略與課程設計時，給予的空間與時間都是創意品質的關鍵因素。

五、品格教育達成了嗎？

在課程進行中，一個偶發事件讓我懷疑我們實施的品格教育就算學生都明瞭了，但他們都做得到嗎？有一個男生說：「尊重就是當別人在說話時，我們不能插嘴。」語畢，一堆女生隨即報告：「老師，他自己每次上課都不舉手就插嘴！」——我想這就是當老師的無奈吧！但此時何嘗不是實施機會教育的最佳時機呢？透過平時生活言行舉止的反省與實踐，應是實施品格教育的最佳生活化教材。

或許過程略顯倉促，或許學生略爲聒噪，但整個教學經驗對我來說是新奇而有趣的，原來全班孩子的目光可以這麼一致，雖然某些孩子對於討論並不是非常投入，雖然他們的想法並沒有太多創意，但這些都是教師在教學引導與設計上更需注意的細節，如何讓孩子覺得好玩有趣之外，激發他們的想像力與創造力，還能從故事中學得「品格」教育，我想，這是教師要繼續努力的專業領域。

10. 作品摘錄

學習單(一)

故事臉

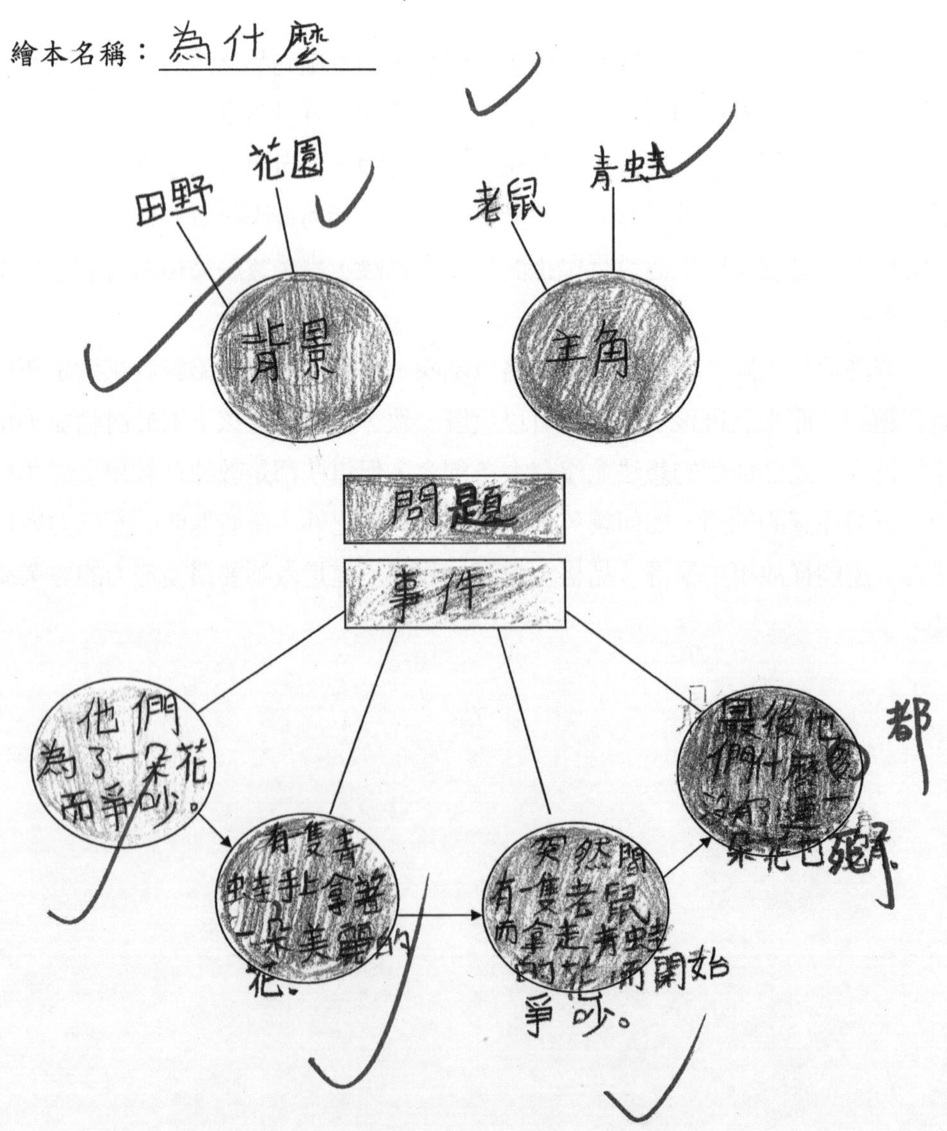

學習單(二)

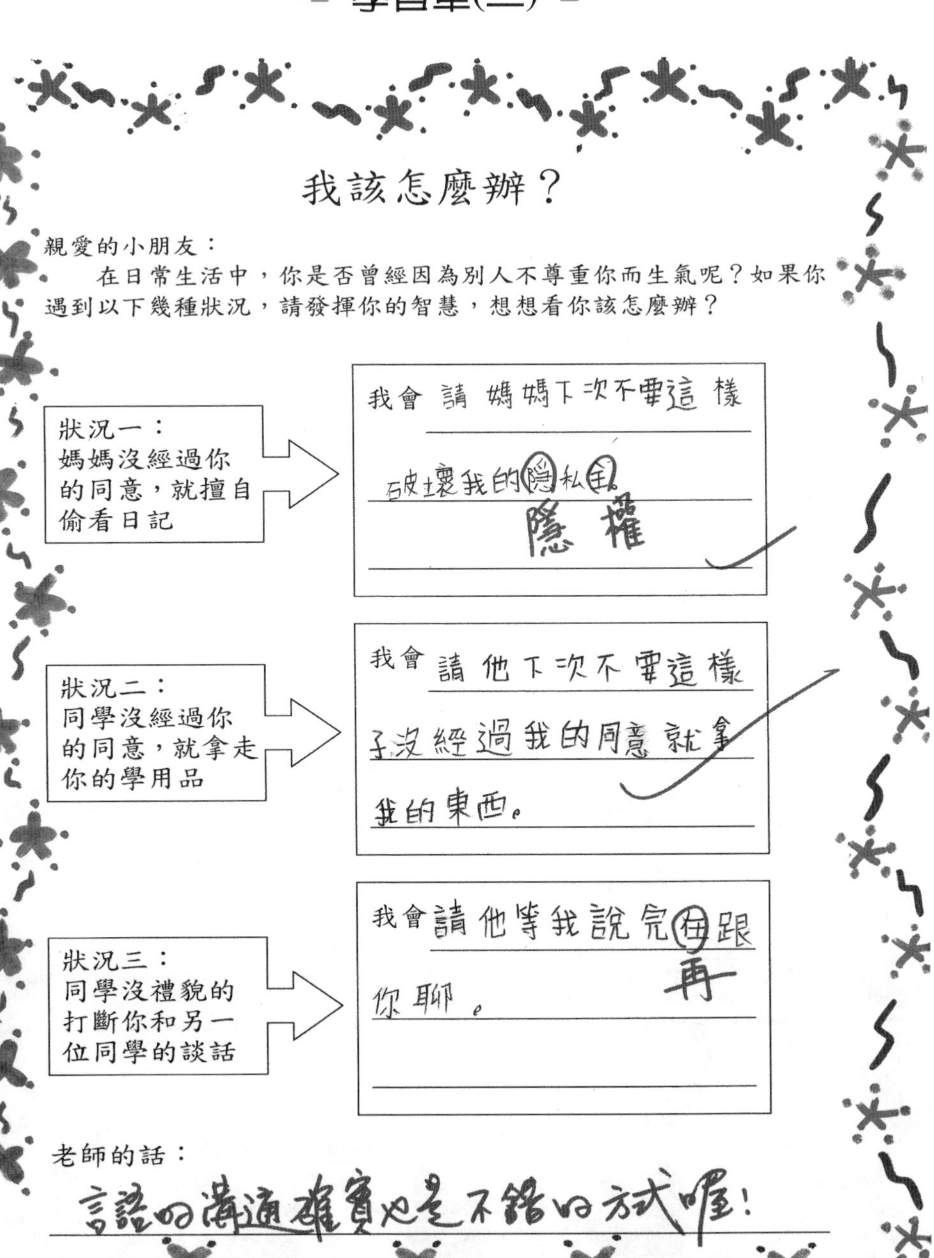

我該怎麼辦？

親愛的小朋友：

在日常生活中，你是否曾經因為別人不尊重你而生氣呢？如果你遇到以下幾種狀況，請發揮你的智慧，想想看你該怎麼辦？

狀況一：媽媽沒經過你的同意，就擅自偷看日記

我會 請媽媽下次不要這樣破壞我的隱私權。

狀況二：同學沒經過你的同意，就拿走你的學用品

我會 請他下次不要這樣子沒經過我的同意就拿我的東西。

狀況三：同學沒禮貌的打斷你和另一位同學的談話

我會 請他等我說完再跟你聊。

老師的話：

言語的溝通確實也是不錯的方試喔！

學習單(三)

故事創作
從前，在一個平靜的草原，住著青蛙一族和老鼠一村，有一個國家叫蛙鼠國，牠們的寶物，分別是：老鼠有一枝黃雨傘，而青蛙的則是奇異的種子，它的花香可以傳千里。
有一天，小老鼠覺得那把雨傘很無聊，便想跟青蛙交換。但是小青蛙不肯，小老鼠便叫大力士去搶花，結果青蛙被打得落花流水。
故事名稱：
蛙鼠國戰爭
小青蛙也不甘示弱，叫牠爸爸和爺爺開戰車去搶雨傘，沒想到，竟然掉到陷阱裡，動彈不得，只好落荒而逃，牠們對老鼠已經恨之入骨。
第二天，雙方人馬便展開「第三次世界大戰」，最後，落得兩敗俱傷，死傷慘重，寶物也失去了它的價值。

我是大畫家-1

學習單：我是大畫家

1.小朋友，請你畫出一幅畫，畫中要有太陽、有樹、有花、有房子哦！

1. 同學跟你畫的太陽、樹、花、房子不一樣時，你覺得怎麼樣？

每個人畫白東西不一定一樣，要以尊重別人。

2. 欣賞別人的作品時，怎樣的態度才能表達對作者的尊重？

不要ㄆㄆㄥ別人，要ㄗㄢ美他。

我是大畫家-2

學習單：我是大畫家

1.小朋友，請你畫出一幅畫，畫中要有太陽、有樹、有花、有房子哦！

1. 同學跟你畫的太陽、樹、花、房子不一樣時，你覺得怎麼樣？

每個人的想法都不一樣。

2. 欣賞別人的作品時，怎樣的態度才能表達對作者的尊重？

專心的看，不隨便改別人的作品。

附錄 1：關於故事臉

關於故事臉教學，連淑鈴（2003）整理如下：

一、故事臉的特徵

(一)故事臉容易建構且容易記憶

故事臉以一個孩童所熟悉的臉的圖像，來代替故事圖一系列複雜的框框（如下頁圖）。故事臉包含兩個眼睛，代表背景與主要角色。眼睫毛則爲這兩部分的描述與次要角色。鼻子部分爲問題的陳述。嘴巴的部分是數個圓圈，代表主要事件至結局的發展，而事件通常包含三個以上。故事圖策略以一個熟悉的圖像來組織故事的架構，所以容易記憶。

(二)故事臉具有彈性

故事臉依照故事的結局，可做彈性的改變。當故事有一個快樂的結局時，故事臉的嘴形是向上揚的。相反的，如果是悲傷的，嘴角則是下垂的。在這故事臉的基本圖像（眼睛、睫毛、鼻子、嘴巴）之外，學生也可依其想像與需要，加上臉型、耳朵與頭髮（Staal, 2000）。

二、故事臉的教學

Tompkins（1994）提供了故事臉教學的步驟：

1. 解釋此模式。
2. 舉例使用此模式來寫作。
3. 複習此模式。
4. 以此模式合作式的寫作。

5. 學生個別的使用此模式寫作。

6. 當寫作者能進行個別寫作之後，鼓勵學生將其作品與其他同學分享。

然而，此故事臉對寫作者而言只是一個鷹架（scaffold），並不是寫作最終的目的。教師應鼓勵孩子在這樣的架構下盡量的讓最後的作品具有詳細又豐富的描述。

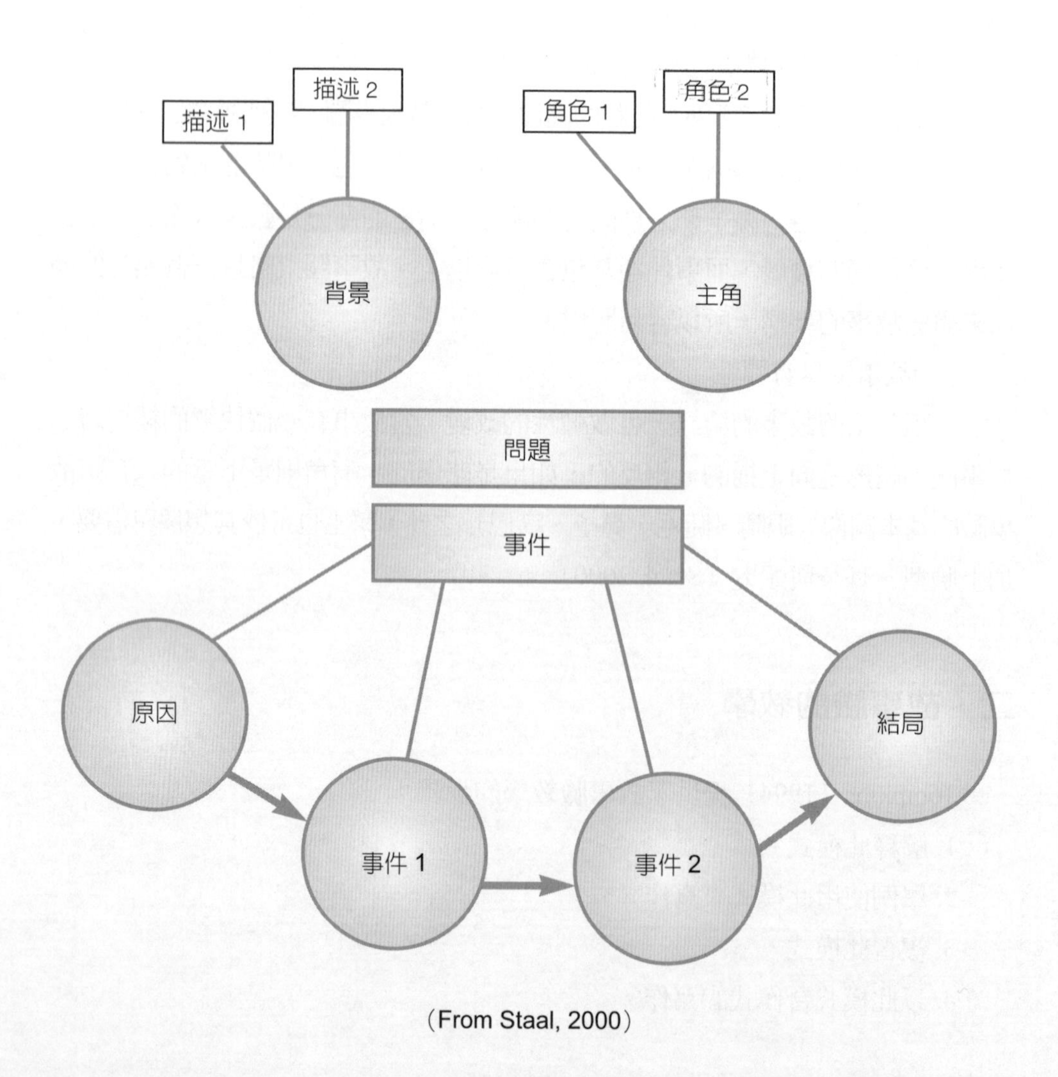

（From Staal, 2000）

參考文獻

連淑鈴（2003）。電腦看圖故事寫作對國小二年級學童寫作成效及寫作態度影響之研究。臺北市立師範學院國民教育研究所，未出版，台北市。

Staal, L. A. (2000). The story face: An adaptation of story mapping that incorporates visualization and discovery learning to enhance reading and writing. *The Reading Teacher, 54*(1), 26-31.

Tompkin, G. E. (1994). *Teaching writing: Balancing process and product* (2nd ed.). Englewood Cliffs, NJ: Macmillan.

附錄 2：故事臉簡報檔

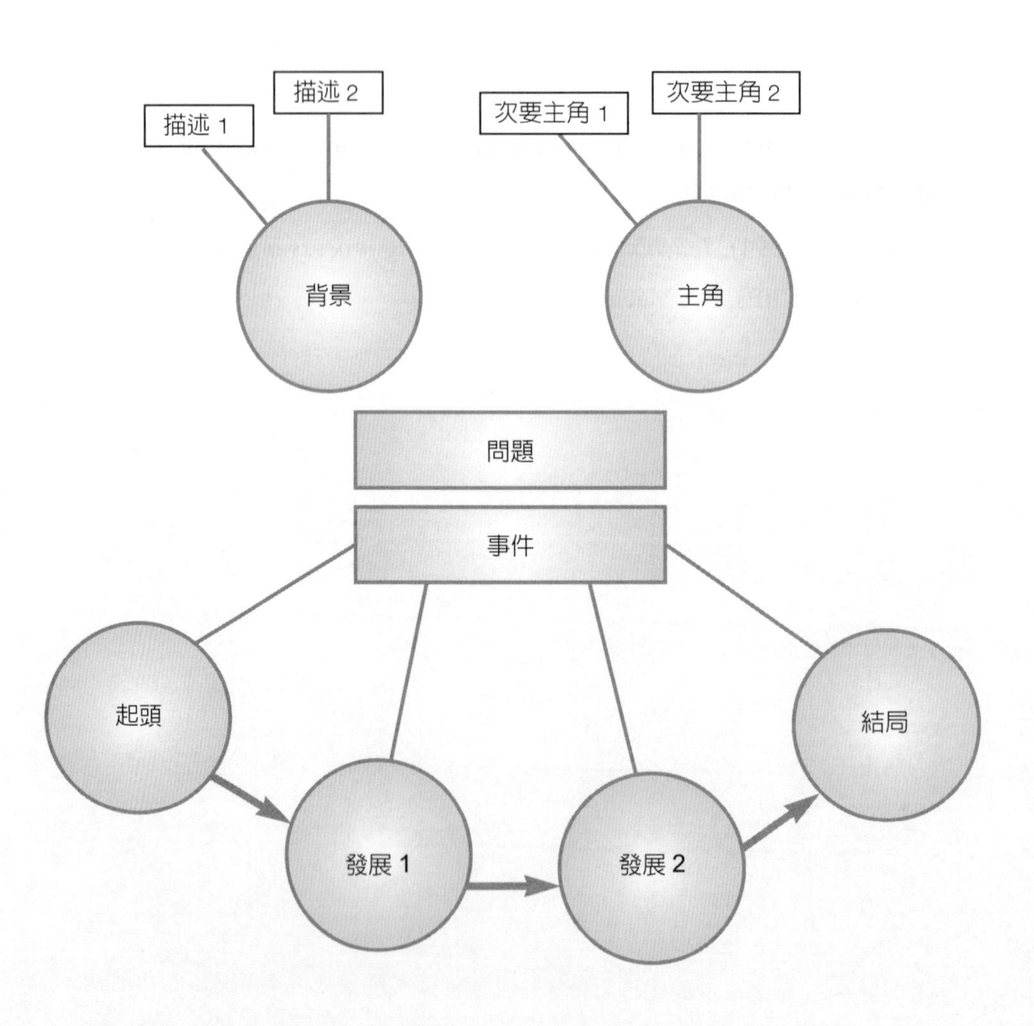

尊重【高年級】

設計者◎陳鈺嫿

多一分尊重，少一分衝突

教師晨會時，一位愛心媽媽來到班上爲孩子們說故事，這對孩子來說原本應該是一段快樂的時光，沒想到回到教室後，孩子們氣憤的說：「剛剛他們兩個在打架，阿姨很生氣，害我們故事沒聽完。」到底是什麼大事使他們倆在課堂上打起架來？「我想聽阿姨說故事，但是都聽不到，因爲他一直鬧我。」「我有先警告他，可是他不聽……」德坤緊握雙拳激動的哭著解釋。

這是孩子在四年級時發生的事情，試想如果這兩位孩子懂得尊重身邊的人，結局或許會不一樣。曾經在教室裡發現有孩子要借鉛筆，沒有問過鉛筆的主人就從桌上的鉛筆盒裡拿走，或甚至去翻他人的書包，一點都不尊重同學。現在的孩子常常想到什麼就做什麼，往往太重視自己，卻又太輕忽他人，因此常常因爲雞毛蒜皮的小事吵得不可開交，類似德坤的事件也一再上演。

尊重是人與人相處的基本條件，因此希望透過《WHY？》此一繪本與孩子討論尊重的議題，藉此讓孩子了解尊重的重要性，珍惜自己擁有的，並尊重別人擁有的。

1. 圖像閱讀文本

一、書　名：*WHY*？

作　者：Nikolai Popov

出版社：North-South Books

因圖像授權的關係，
本頁以文字代替。
一隻青蛙坐在草原的
石頭上欣賞著美麗的花。

二、內容簡述

這本書裡沒有文字，只有圖畫。故事由獨自坐在石頭上欣賞手中花朵的青蛙揭開序幕，接著從地底冒出一隻老鼠，搶走了青蛙手裡的花朵，也占據了青蛙所坐的石頭，這突如其來的舉動引發一連串的爭奪戰，最後引起兩族群間的戰爭，結果是兩敗俱傷。

2. 設計理念架構

在《WHY？》此一繪本中，一個小小不尊重的舉動，卻引發一場大戰爭，這是大家始料未及的。在日常生活中，相信孩子們也常因一個不尊重的小舉動而引起口角，甚至反目成仇，因此希望孩子能藉由本課程了解「尊重」的意涵、發現「尊重」的重要性，進而身體力行。

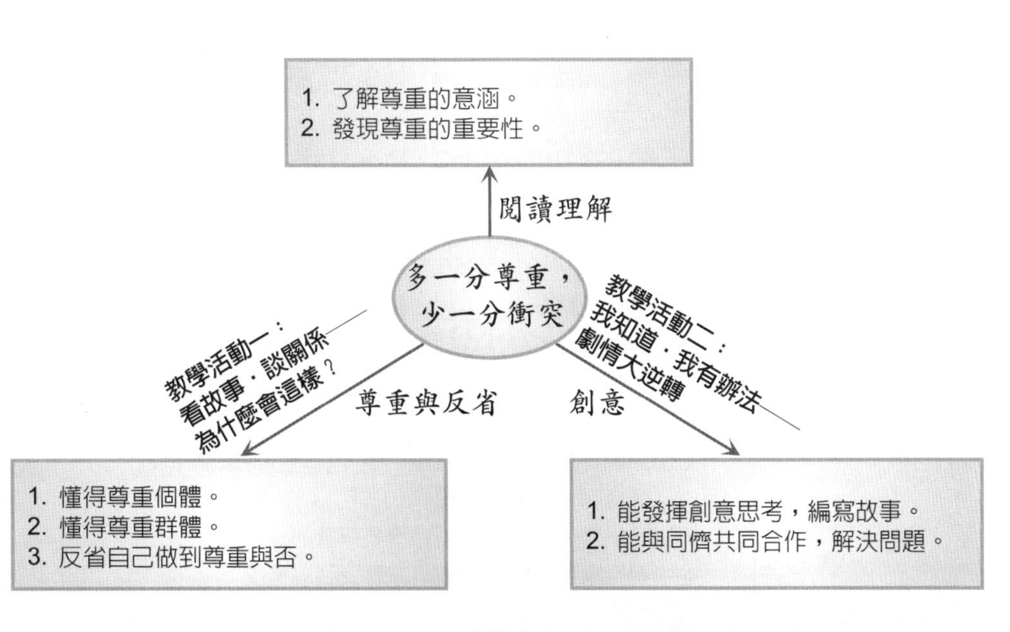

教學活動三：真心留言簿──內視反聽

3. 教學的進行

教學名稱	教學要點	教學資源
活動一： 看故事．談關係 ——為什麼會這樣？	一、圖像閱讀 (一)播放《WHY？》繪本電子檔，在播放過程中，教師不解說內容，並維持一定的翻頁速度。 (二)調查學生對書中最感興趣或印象最深的部分是哪方面？可就主題、場景、人物、結局，四選一。 (三)再次播放繪本電子檔，請學生說說故事的內容。 二、問題討論： 引導學生共同討論故事中「尊重」的相關問題。 (一)如果你是開場的那隻青蛙，老鼠如此對你，你有什麼感覺？喜歡這種感覺嗎？ (二)如果你是搶花朵的那隻老鼠，你會改用什麼方式達成賞花的目的？ (三)你覺得故事中的老鼠是一隻什麼樣的老鼠？牠擁有什麼樣的特質？ (四)在日常生活中，是否有不被尊重的經驗？而對方應該怎麼做才會讓你感受到被尊重？ 三、教師總結「尊重」的意涵。	繪本電子檔 單槍投影機 電腦
活動二： 我知道．我有辦法 ——劇情大逆轉	一、創意寫作： (一)故事最後的結局是兩敗俱傷，如何才能避免悲劇發生？請學生分組討論後發表。若學生不知從何切入，提示可以加入新人物——調停人，或改變主角的處世態度以扭轉情勢。 (二)配合學習單(一)進行寫作。學習單可放大，由小組合作完成，個人創作亦可。	學習單(一)

教學名稱	教 學 要 點	教學資源
	二、作品分享。 三、教師總結： 尊重與不尊重往往會反映在禮貌上，如能處處尊重他人，不僅能使相處的氣氛和諧，他人也會尊重你。尊重他人即是尊重自己。	
活動三： 真心留言簿——內視反聽	一、自我反省： 了解什麼是「尊重」之後，請學生檢討過去的行為是否恰當？完成學習單(二)。 二、聽取建言： 發給每位學生兩張「希望樹留言單」，請學生帶回家找兩位家人或比自己年長的朋友，先由學生向對方訴說自己的尊重行為與不尊重行為，再請對方寫上一段想對該學生說的話（希望是正向的、鼓勵的話）。完成後貼在學習單(二)的留言板上。	學習單(二) 希望樹留言單

延伸活動

一、誰是「尊重王者」？

1. 小組討論：哪些是合於尊重的行爲？依家庭、學校、社會三方面來討論，請把具體的行爲事項記錄在學習單(三)「邁向尊重王者之路」。
2. 根據小組討論結果，全班一起選出最重要的幾項作爲班上的約定。
3. 由學生、家長、老師進行行爲檢核，每週發給一張檢核表，連續六週，依據檢核表檢核結果推選出班上的「尊重王者」。

二、尊重事件簿

1. 在班級網頁討論區中成立「尊重事件簿」討論版。
2. 請學生發表值得與大家分享的「尊重」事件。可以分享啓發性故事，也可以分享自己或親友發生的眞實案例喔！
3. 定期從「尊重事件簿」中選取最佳事件，作爲全班討論、增強尊重行爲的範例。

5. 我可以做到

【尊重】約定實踐學生自評表

____年____班____號　姓名：________________

各位小帥哥、小美女：

記得我們針對「尊重」的約定內容嗎？現在老師要請你們對自己最近的表現來一次大考驗，看看自己是否具有獲得「尊重王者」封號的資格呢？相信各位尊重他人的小帥哥及小美女們一定會有很好的表現，加油！要對自己的表現誠實的打✓喔！

時間：(　　)年(　　)/(　　)~(　　)/(　　)

約定內容		全部做到	經常做到	偶爾做到	沒有做到	說明原因
家庭生活	1. 跟家人說話要有禮貌，不插嘴、不頂嘴，也不會大呼小叫。					
	2. 尊重家人的隱私權，不去翻家人的物品。					
	3. 家人在看電視時不隨便轉台。					
	4. 進家人的房間前，先敲門。					
學校生活	1. 尊重發言的人，專心聆聽且不插嘴。					
	2. 不說髒話。					
	3. 未經過他人的同意前，不擅自拿他人的物品。					
	4. 遇到師長要問好。					
社會生活	1. 到美術館等公共場所，說話要輕聲細語，不大聲喧嘩。					
	2. 尊重他人智慧財產權，不拷貝光碟。					
	3. 不亂丟垃圾。					

☺ 給自己的表現評分！最棒的是五星級，而你可以得到幾顆星呢？請將它塗上顏色並說明。

等級：☆☆☆☆☆

因爲＿＿＿＿＿＿＿＿＿＿＿＿＿＿＿＿＿＿＿＿＿＿＿＿＿＿＿＿＿＿＿＿

＿＿＿＿＿＿＿＿＿＿＿＿＿＿＿＿＿＿＿＿＿＿＿＿＿＿＿＿＿＿＿＿＿＿

＿＿＿＿＿＿＿＿＿＿＿＿＿＿＿＿＿＿＿＿＿＿＿＿＿＿＿＿＿＿＿＿＿＿

☺ 老師想對孩子說：＿＿＿＿＿＿＿＿＿＿＿＿＿＿＿＿＿＿＿＿＿＿＿＿＿＿

＿＿＿＿＿＿＿＿＿＿＿＿＿＿＿＿＿＿＿＿＿＿＿＿＿＿＿＿＿＿＿＿＿＿

＿＿＿＿＿＿＿＿＿＿＿＿＿＿＿＿＿＿＿＿＿＿＿＿＿＿＿＿＿＿＿＿＿＿

【尊重】公約家長檢核表

____年____班____號　姓名：________________

親愛的家長，您好！

以下是老師與孩子們的約定事項，這一週孩子在家裡的表現如何呢？請家長想一想，再打✓，謝謝！

時間：(　　)年(　　)/(　　)~(　　)/(　　)

	約定內容	全部做到	經常做到	偶爾做到	沒有做到	說明原因
家庭生活	1. 孩子跟家人說話時有禮貌，不插嘴、不頂嘴，也不會大呼小叫。					
	2. 孩子懂得尊重家人的隱私權，不去翻家人的物品。					
	3. 家人在看電視時，孩子不會隨便轉台。					
	4. 孩子進入家人的房間前，會先敲門。					
社會生活	1. 孩子到美術館等公共場所，會輕聲細語，不大聲喧嘩。					
	2. 孩子能尊重他人智慧財產權，不拷貝光碟。					
	3. 孩子不會亂丟垃圾。					

☺ 家長想對孩子說：________________________________

____

____

家長簽名：________________

6. 學生將學會

學習目標	對應之九年一貫課程能力指標
一、能說出圖像中所呈現的內容，並理解其中的意義。	語文 C-3-4 能自然從容發表、討論和演說。 語文 E-2-5 能利用不同的閱讀策略，增進閱讀的能力。
二、遇到問題時能積極參與討論活動，並發揮創意思考及問題解決的能力。	語文 E-2-8 能共同討論閱讀的內容，並分享心得。 語文 F-2-10 能發揮想像力，嘗試創作，並欣賞自己作品。
三、能了解尊重的重要性並落實於家庭、學校與社會層面。	社會 3-3-4 分辨某一組事物之間的關係是屬於「因果」或「互動」。 社會 4-3-4 反省自己所珍視的各種德行與道德信念。

7. 延伸閱讀

書名	類別	作者	繪者	譯者	出版社	尊重相關議題
傻魯比魯傻（SALU-BILUSA）	繪本	鈴木康司	鈴木康司	林朱綺	青林	尊重和自己不同族的人，即使你聽不懂他的語言
畢老師的蘋果	繪本	瑪丹娜	羅倫	蔡依林	格林	尊重別人的行為
誰是第一名	繪本	蕭湄羲	蕭湄羲		信誼	尊重差異與多元
箭靶小牛	繪本	王淑均、張允雄	張哲銘		羅慧夫顱顏基金會	尊重與自己不盡相同的人
少年噶瑪蘭	小說	李潼	蔡宜芳		天衛	尊重不同文化

8. 學習單

學習單(一)

劇情大逆轉

____年____班　姓名：________________

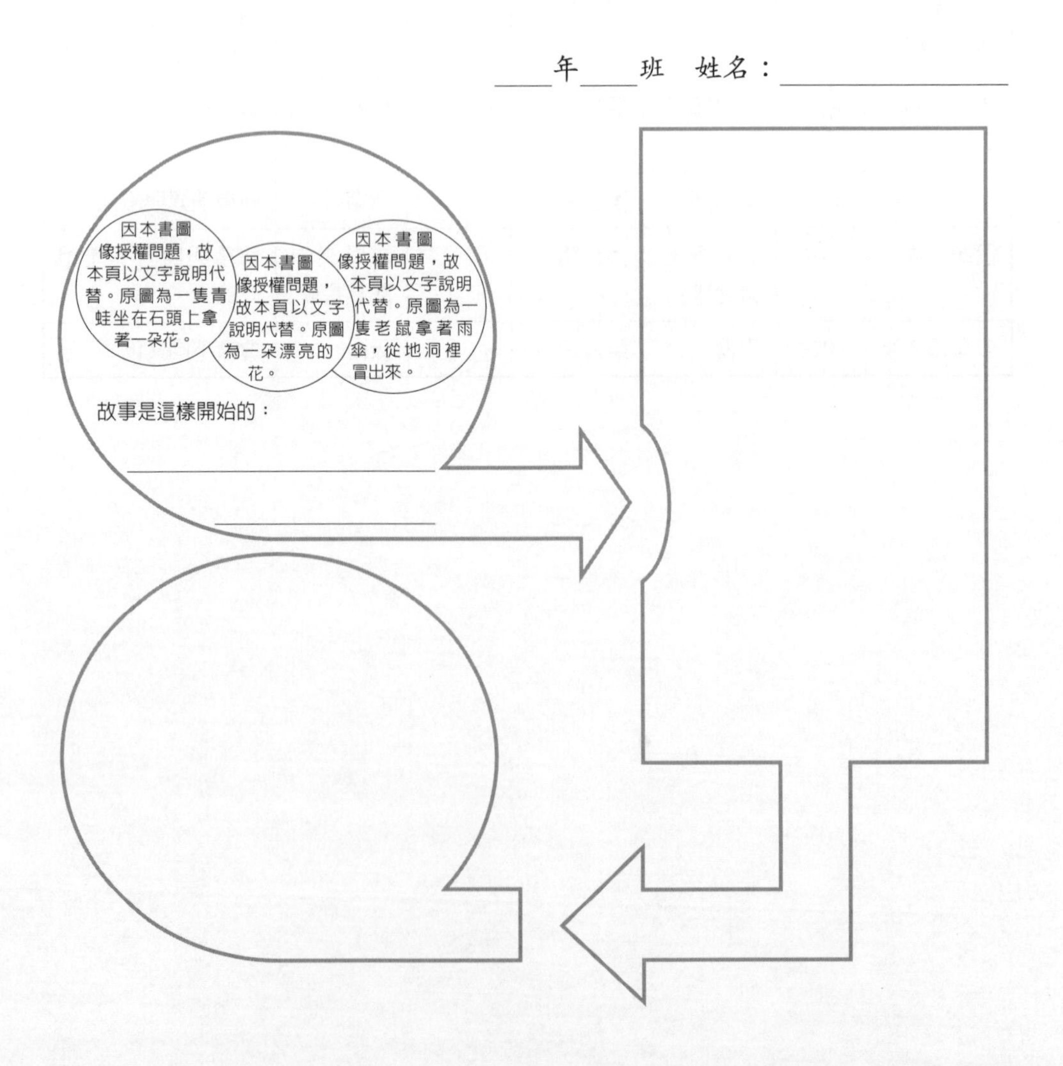

學習單(二)

內視反聽

____年____班　姓名：__________

◎尊重就是__________

◎回想過去，寫下你曾經出現過尊重與不尊重他人的行為：

行為	尊重	不尊重
時間		
地點		
對象		
內容		
改進的方式		

◎把家人或長輩寫給自己的「希望樹留言單」貼在下面吧！

留言板

學習單(三)

▪▪ 邁向尊重王者之路 ▪▪

第______組

記錄者：______________

參與者：____

討論內容：要成爲「尊重王者」，應該要做到哪些尊重的行爲？

地點	要做到的尊重行為
家裡	
學校	
社會	

9. 行動與感動

一、既期待又害怕的開始

「耶！要看繪本！」

「快點關燈！」

「看完以後要寫學習單嗎？」

「ㄏㄚˊ？不要啦！」

在我忙著接上單槍投影機時，孩子們發出一連串的疑問，也發出擔心害怕的警訊，原來大部分的孩子喜愛閱讀但害怕寫作，也正巧上週才剛寫了一篇作文，所以孩子有些排斥。這令我擔心孩子會因此無法在輕鬆愉快的心情下學習。

二、教學中的驚喜

在進行「看故事．談關係——為什麼會這樣？」的時候，每個畫面僅停留五秒鐘，接著便請孩子說說裡面的故事。

甲生：「青蛙在橋下綁一條繩子做陷阱，等老鼠的戰車到橋上就用力拉繩子，讓牠們掉到河裡。」

教師：「有嗎？哪有繩子啊？」

甲生：「有，真的有。」

乙生：「不信請老師重放一遍！」

照他們說的重放一遍，發現果真有這麼一幕，意外的發現孩子敏銳的觀察力，連小細節都看得清清楚楚，真令我佩服又驚喜！除此之外還發現，閱讀繪本經驗豐富的孩子較能抓住圖畫所傳達的意象。

慢慢的，我帶孩子進入「尊重」主題，一開始有人說故事中的老鼠是「霸道」、「粗魯」、「暴力」、「沒禮貌」、「愛生氣」……的傢伙，突然間，令人驚喜的答案出現了，有人說到「不尊重青蛙」，終於進入了中心主題：

教師：「怎麼說呢？」

甲生：「花是青蛙的，所以說老鼠不尊重青蛙，是個不懂得尊重別人的人。」

乙生：「花不是青蛙的吧？」

丙生：「剛剛有看到青蛙旁邊有很多一樣的花，應該是大自然的，所以青蛙不尊重花的生命。」

就這樣你一句我一句，討論得非常熱烈，甚至還討論到繪本情境以外的問題：「被蚊子叮，把牠打死是不是不尊重生命呢？」「要尊重自己的身體」等等，看來之前我的擔心似乎是多餘的，下課鐘響了，仍可聽見他們討論的聲音呢！

三、創作故事秀創意

當告訴學生要創作故事的瞬間，看到有人愁眉苦臉的樣子，我感到很驚訝，創作故事應該是一件容易的事，而且孩子們上學期已有接寫故事的經驗，怎麼這回居然是這樣的反應？「故事很有趣，可是我覺得好難改！」我心裡想著：難道是看完整本故事，知道了結局，反而侷限孩子的思維？

在活動二我們花了三節課才完成，看見孩子的作品完成後，我比孩子們還興奮，我看見了有人跳脫了故事原始的模式，在老鼠出現之後，安排了老鼠搶花的劇情，接著出現調停

者排解紛爭，最令我驚喜的是有位孩子在老鼠出現之後並未安排搶花劇情，卻是青蛙主動把花借給老鼠一起欣賞，我想，這就是孩子的創意！

此外，在學生作品裡還發現一個有趣的現象，女孩們如果在故事中有加入調停者，全都選擇有著溫和形象的角色，例如：兔子、貓咪，而男孩們則選擇兇猛又具有王者風範的獅子或老虎，這或許反映出男孩與女孩的喜好不同吧！

四、人非聖賢，孰能無過？

人一生中難免會有犯錯的時候，有句話說：「爲人不怕犯錯，就怕死不改過。」平常我們都以此句作爲警惕，提醒大家犯錯並不可恥，重要的是要知錯能改，因此希望孩子能懂得自我反省，並能聽取別人的建議，讓自己做得更好。在「內視反聽」學習單中看到孩子們能分辨尊重與不尊重的行爲，也知道如何改進，然而在實踐上卻未能完全做到。一位家長在電話中告訴我：「昨天看到國語考卷，覺得小呂的造句太口語，好小孩子的感覺，一點都不像五年級孩子的句子，要他重造一句，可是小呂卻一直跟我頂嘴，認爲自己造的已經很棒了，不肯重造一句。今天發回家的學習單，我看到小呂把這件事寫出來，知道自己這樣不對，可是當時他都不聽我的話，還跟我大吵一架！」看來要時時做到尊重還有一段漫長的路。不過這位家長還是很高興，因爲發現原來孩子知道這是不尊重媽媽的行爲，懂得反省就是好的開始。

五、意外的收穫

在與學生的互動中，能收到教學相長之效，這或許是教學者事前就能預料的，而令人驚喜的是家長也受到影響，家長也開始反思自己是否有以身作則？看見手機有五通未接來電，回撥之後聽到了這一段令我感動的話：「老師，今天小呂在學校跟您說明後天要請假，我沒有寫聯絡簿或打電話跟您說，那是因爲小呂堅持要自己跟老師說，不要我寫聯絡簿，可是我想一想還是一定要打電話跟您請假才對，不然我好像很不尊重老師，不好意思！」

六、看見孩子的進步

其實早在進行此教學前，班上就已有一個共同口號：「請尊重發言的人。」這樣的口號喊了一學期，雖然老師提醒的次數已有減少，但還是有人沒確實做到。現在，孩子們對尊重有更深的了解，我也發現孩子們對於尊重發言的人這一點上，又更進步了一些，不僅是提醒的次數明顯減少，孩子們甚至從被動的由老師要求轉爲自己主動要求被尊重，在進行「邁向尊重王者之路」的討論過程中，聽到孩子喊著：「你們都不尊重我的意見！聽我說完嘛！」此外，孩子們之間的相處也更加融洽，因爲他們學會互相尊重。以前常會突然從背後抱住同學的那位孩子，現在懂得尊重別人的身體，不再出現這樣的舉動了。看見孩子們的進步，那種喜悅無法言喻！

10. 作品摘錄

學習單（一）

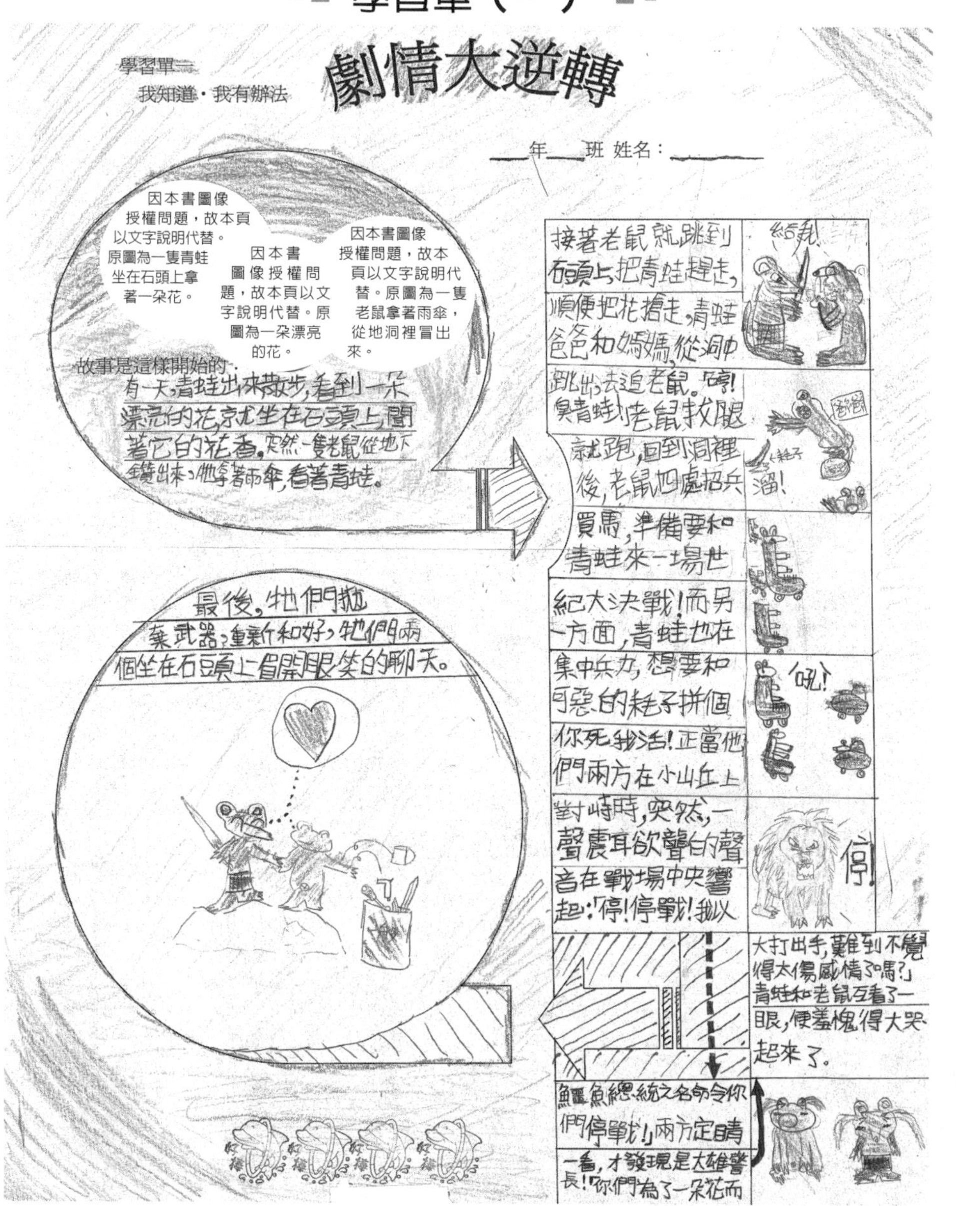
學習單二
我知道．我有辦法
劇情大逆轉
___年___班 姓名：______
因本書圖像授權問題，故本頁以文字說明代替。原圖為一隻青蛙坐在石頭上拿著一朵花。
因本書圖像授權問題，故本頁以文字說明代替。原圖為一朵漂亮的花。
因本書圖像授權問題，故本頁以文字說明代替。原圖為一隻老鼠拿著雨傘，從地洞裡冒出來。
故事是這樣開始的：
有一天，青蛙出來散步，看到一朵漂亮的花，就坐在石頭上，聞著它的花香。突然，一隻老鼠從地下鑽出來，牠拿著雨傘，看著青蛙。
接著老鼠就跳到石頭上，把青蛙趕走，順便把花搶走，青蛙爸爸和媽媽從洞中跳出去追老鼠。哼！臭青蛙，老鼠拔腿就跑，回到洞裡後，老鼠四處招兵買馬，準備要和青蛙來一場世紀大決戰！而另一方面，青蛙也在集中兵力，想要和可惡的耗子拼個你死我活！正當他們兩方在小山丘上對峙時，突然，一聲震耳欲聾的聲音在戰場中央響起：「停！停戰！我以鱷魚總統之名命令你們停戰！」兩方定睛一看，才發現是大雄警長！「你們為了一朵花而大打出手，難到不覺得太傷感情了嗎？」青蛙和老鼠互看了一眼，便羞愧得大哭起來了。
最後，牠們拋棄武器，重新和好，牠們兩個坐在石頭上眉開眼笑的聊天。
停！
吼！

學習單（二）

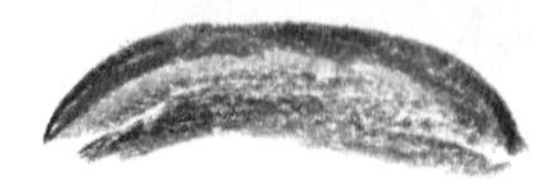

真心留言簿 **內視反聽**

____年____班 姓名：__________

◎尊重就是一種與他人之間的禮貌。

◎回想過去，寫下你曾經出現過尊重與不尊重他人的行爲：

行爲	尊重	不尊重
時間	95年6月17日	95年6月21日
地點	家裡電腦桌	家裡的書桌
對象	妹妹	媽媽
內容	我和妹妹都想玩電腦這時我心想「我應該先讓妹妹玩」，然後我還給了她許多裝備，讓她非常高興。	媽媽昨天看我的考卷，她說我的句子造的不好，我卻說已經很好了，不用再改了使媽媽非常難過。
改進的方式	我覺得我已經很好了。做的	我應該立刻把句子改過，不跟媽媽頂嘴

◎把家人或同學寫給自己的希望樹留言單貼在下面吧！

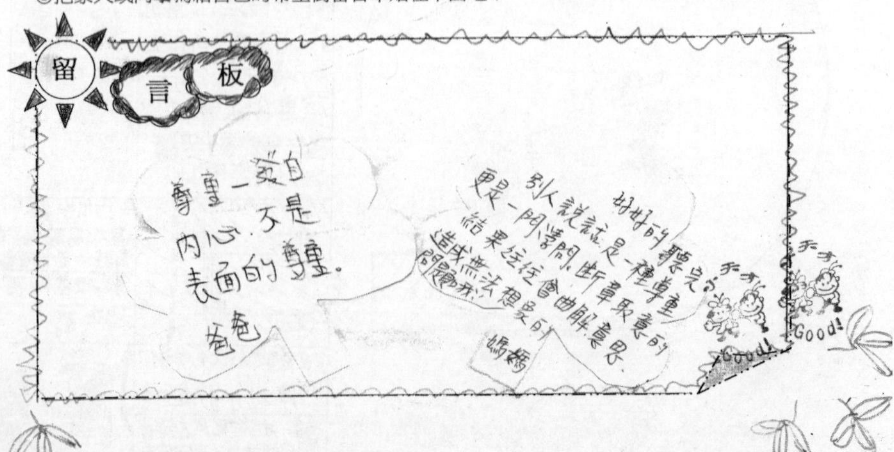

學習單（三）

邁向尊重王者之路

第＿＿組

紀錄者：＿＿＿＿＿＿

參與者：＿＿＿＿＿＿＿＿＿＿＿＿＿＿＿＿＿＿＿＿

討論內容：要成為「尊重王者」，應該要做到那些尊重的行為？

地點	要做到的尊重行為
家裡	1、不和爸媽頂嘴（尊重爸媽）。
	2、不欺負弟妹（尊重弟妹）。
	3、不在家裡奔跑（尊重家人）。
	4、不在家裡喧嘩（尊重家人）。
	5、不去翻家人的物品（尊重家人的隱私權）。
	6、不在門窗、牆壁上塗鴉（尊重家人）。
學校	1、不在走廊上奔跑（尊重他人的生命）。
	2、不罵髒話侮辱別人（尊重他人）。
	3、上課不插嘴（尊重老師和同學）。
	4、不甩門（尊重大家）。
	5、不在同學耳朵大叫（尊重同學）。
	6、不亂打同學（尊重同學）。
	7、上課不睡覺（尊重老師）。
社會	1、不亂吐檳榔（尊重大家）。
	2、不偷他人物品（尊重他人）。
	3、不種檳榔樹（尊重人們的生命）。
	4、不跟導盲犬玩（尊重他人生命）。
	5、不亂丟垃圾（尊重生活環境）。
	6、不拷貝光碟（尊重他人智慧財產權）。
	7、不濫用他人的自由（尊重他人的自由）。

責任【低年級】

設計者◎林金慧

我知道，我可以

對於低年級的孩子而言，國民小學是個不同於幼稚園的學習階段。在這個新的學習階段裡，班級人數增多了、課業增加了、照顧的老師變少了、連自由遊戲的時間也變少了。孩子有許多新的課題要探索、新的能力要培養、新的事物要學習。相對的，他們要更獨立，對自己的行為要更負責，才能逐漸適應這個新的團體生活。

但是「負責」一詞對低年級的學生而言，雖常掛嘴邊，但實際上仍是個抽象的名詞，由教室中常有許多遺失的文具找不到心愛的小主人、有人學用品沒帶、作業沒交或是打掃工作不認真即可見一斑。生活實踐上的落差，有時是孩子對「責任」概念的模糊不清所致。故希望透過教學活動的設計，讓學生明辨「負責」與「不負責」的結果，進而能將「責任」概念深植於心，落實於實際學習與生活中。

1. 圖像閱讀文本

一、書　名：*Guji Guji*

作　者：陳致元

出版社：信誼基金出版社

二、內容簡述

有一天，一個巨大的蛋滾進了鴨媽媽的窩，鴨媽媽負責任的完成牠的工作——孵蛋，不管那是從哪兒來的蛋。巨蛋孵出了怪寶寶「Guji Guji」，牠和小鴨們長得完全不一樣，但是大家並未對牠另眼相看。牠們一起玩水、一起騎腳踏車、一起生活。直到有一天，河裡的鱷魚告訴Guji Guji：「你是鱷魚不是鴨子，鱷魚要吃鴨子。你要幫我們把鴨子騙來，我們可以一起大吃一頓。」Guji Guji聽了覺得很疑惑，他對著水中的自己看了好久好久，最後他找到了答案——牠是一隻鱷魚鴨。於是牠決定爲鴨子家族盡一份責任——保護鴨子家人。牠不但沒聽鱷魚的詭計，還用計把壞心眼的鱷魚趕走了呢！

2. 設計理念架構

生活中有許多事都需要「負責任」，才能使事情圓滿達成，如何讓「責任」的概念落實於學生的學習中，是本課程設計的核心。因此，本課程方案以「我知道，我可以」為「責任」的主題中心，涉及「閱讀理解」、「創意」及「生活體驗」三個次概念。先藉由繪本閱讀引導出「責任」的概念，再經由遊戲活動加深學生分辨負責任與不負責任的結果，最後再將責任落實於實際學習場域中，讓學生知道自己該盡到哪些責任，並檢視自己是否確實盡到一個當學生的責任。希望學生能在閱讀理解的學習歷程中達成認識「責任」的意涵及影響層面；同時藉由創意思考與解決問題的寫作活動，提升閱讀的興趣與增廣視野，加深其對責任的感覺及培養其讀寫及創意的能量。最後，則藉由行為記錄的檢核，讓學生能更有效的將責任確切落實於實際生活中。

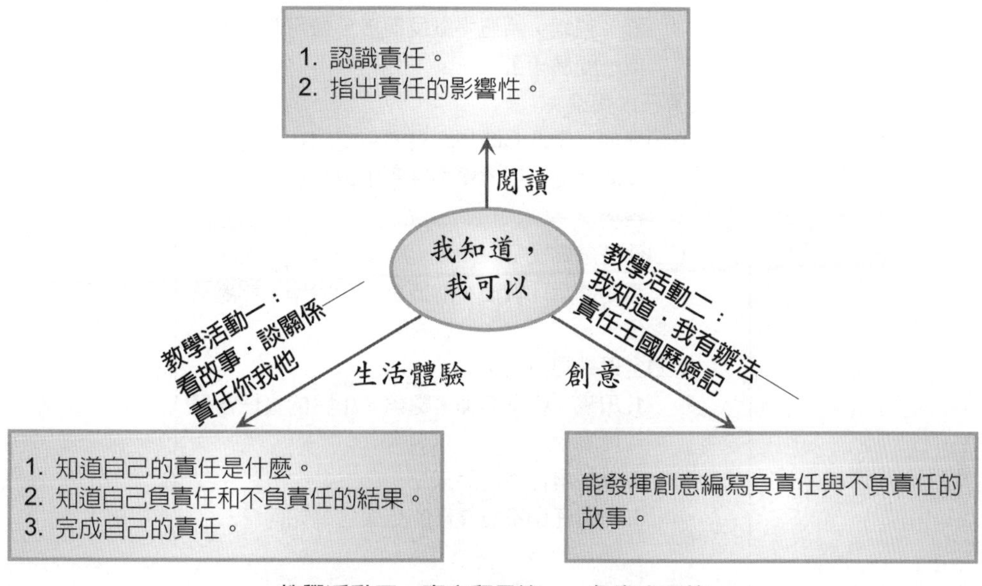

教學活動三：真心留言簿——負責小天使

3. 教學的進行

教學名稱	教　學　要　點	教學資源
活動一： 看故事．談關係 ——責任你我他	一、創意大發現： (一)播放去除文字的《Guji Guji》繪本圖片（教師可將本書圖片轉換成電子檔）。 (二)接著挑選書中的八張圖片（事先影印放大，並於背後黏貼軟磁鐵）呈現於教室黑板。第一張及最後一張不更改，中間六張讓學生上臺自由排放先後順序，並依圖意說出一個完整的故事。 (三)發給每位學生五小張寫作單，每張寫作單包含兩幅圖。第一張寫作單左半邊為封面，最後一張右半邊為空白，請小朋友自行設計封底。中間三張讓學生依其想法排列後，寫成一個完整的故事，並讓其自訂書名，設計封面、封底，將五張紙反摺後，合訂起來，製成一簡易小書。 二、責任大探索： (一)播放《Guji Guji》原書的完整內容，全班共同閱讀後，引導學生注意本書所要呈現的內容。 (二)什麼是責任？ 教師揭示「責任」的概念，引導學生認識責任。 (三)全班共同討論： 1. 母鴨、Guji Guji、鱷魚、小鴨的責任各是什麼？ 2. 這些責任從何而來？ 3. 負責任與不負責任的結果各是如何？	單槍投影機 圖片電子檔 學習單(一)

教學名稱	教 學 要 點	教學資源
活動二： 我知道・我有辦法——責任王國歷險記	一、教師再統整「責任」的意涵。 二、分辨「負責任」、「不負責任」的事例及其後果。 (一)教師先設定六種不同身分的人（例如：郵差、消防隊員、醫生、警察……），同樣身分的人在「負責任國」與「不負責任國」中的表現有何不同？請各組分別討論後口頭報告。	學習單(二)
	(二)小小設計家上場： 教師先設定一故事情境： 「從前有兩個相鄰的國家，一個是『責任國』，一個是『不負責任國』。住在責任國的人個個負責盡職做好自己的事；住在不負責任國的人則是完全不負責任，從不將自己的事認眞完成。有一天，大雄在責任國與不負責任國交界處迷路了，他想將求救信寄給哆啦A夢，請哆啦A夢帶他回家。但是他遇到了一些困難（如：四十大盜、噴火龍、腸病毒……），分別有幾種角色〔配合學習單(三)〕的出現來幫忙，但他不知道這些人是責任國的人？還是不負責任國的人？這些人能幫他解決困難，讓他能順利的把信寄出去，回到家嗎？」請你設計一張大雄歷險圖，完成後可以和同學、家人一起玩玩看（小朋友亦可參考教師的設計另做安排）。 三、分享及獎勵優秀之作品。	學習單(三) 繪圖用具

教學名稱	教　學　要　點	教學資源
活動三： 真心留言簿 ——責任小天使	一、我的責任是什麼？ 分組腦力激盪，共同討論「我們當學生的責任是什麼？」並分析盡到此項責任的好處，與未盡此項責任的壞處各為何？ 二、將各組於前項活動中之討論結果歸納為一責任排行榜，全班共同票選決定本班學生所應負之責任為何？訂定班級責任公約——我是負責任的好寶寶。 三、將班級責任公約張貼於教室內，隨時提醒小朋友應盡之基本責任。 四、另將責任公約做成一行為檢核表，發給每個學生一張，確實記錄自己是否盡到責任。	學習單(四) 行為檢核表

4. 延伸活動

在教學活動中，小朋友已可辨知「負責任」與「不負責任」所得之結果各爲何，而本延伸活動設計之目的爲，在既有的教學活動基礎上，透過《我要大蜥蜴》繪本中一來一往的短箋內容，幫助小朋友分析事物的原委，將責任的概念做更進一步的釐清，讓小朋友學習到——凡事需三思而後行，使「負責任」的概念能更落實於實際生活中。茲將教學流程概述於下：

1. 全班共同閱讀《我要大蜥蜴》一書。
2. 共同討論、分析角色與故事內容：以表格方式呈現阿力與媽媽間的思維互動，讓學生更明瞭做事前要先將各種可能的結果考慮其中。

阿 力 說	媽 媽 說
不養蜥蜴，蜥蜴會被狗吃掉。	史汀基的媽媽不會讓狗鑽進大蜥蜴的籠子。
大蜥蜴安靜又可愛。	毒蜘蛛也很安靜但我不會把他當寵物，而且大蜥蜴比怪獸還要醜。
……	……
……	……

3. 小小編劇家：分組討論，每組設定一情境（如：媽媽正在洗碗），將繪本中阿力與媽媽間的短箋內容改編成一對話形式的劇本。內容可以不限定是養大蜥蜴，也可以是養別種動物或植物，或是與不同的角色對話（如：爸爸、老師……）讓小朋友依己意自由發揮。
4. 好戲開鑼！請各組小朋友依自己所寫的劇本演出。

5. 我可以做到

【責任】約定實踐學生自評表

____年____班____號　責任小天使：________________

各位小天使：

還記得我們針對「責任」的約定內容嗎？現在老師要請你們對自己最近的表現來一次大考驗，相信各位責任小天使們一定會有很好的表現，加油！要對自己的表現誠實的打✓喔！

時間：(　　)年(　　)/(　　)~(　　)/(　　)

約定內容		全部做到	經常做到	偶爾做到	沒有做到	說明原因
家庭生活	1. 我會自己整理書包。					
	2. 我每天至少會幫忙做一件家事。					
	3. 我會主動把聯絡簿拿給爸媽簽名。					
學校生活	1. 我會整理好自己的置物櫃。					
	2. 我會按時交作業。					
	3. 我上課時會守秩序。					
	4. 我會保管好自己的東西。					
	5. 我會認真做好自己的打掃工作。					
	6. 我上學不遲到。					

☺ 我覺得自己：

□真的很棒！因為________________

□很努力喔！還可以做得更好，因為________________

□做得不是很好，還會繼續加油！因為________________

☺ 給自己一句鼓勵的話：

____

☺ 老師的貼心話：

____

【責任】公約家長檢核表

____年____班____號　責任小天使：______________

親愛的家長，您好！

以下是老師與孩子約定的事項，這一週孩子在家裡的表現如何呢？請家長想一想，再打✓，謝謝！

時間：(　　)年(　　)/(　　)~(　　)/(　　)

約定內容		全部做到	經常做到	偶爾做到	沒有做到	說明原因
家庭生活	1. 孩子會自己整理書包。					
	2. 孩子每天至少會幫忙做一件家事。					
	3. 孩子會主動把聯絡簿拿給爸媽簽名。					

☺ 家長給寶貝鼓勵的話：

____

____

____

家長簽名：______________

6. 學生將學會

學習目標	對應之九年一貫課程能力指標
一、能認真聽故事。	語文 B-1-2　能確實把握聆聽的方法。 語文 B-1-1　能培養良好的聆聽態度。
二、能閱讀故事內容。	語文 E-1-7　能掌握閱讀的基本技巧。 語文 E-1-3　能培養良好的閱讀興趣、態度和習慣。
三、能依圖意說出一完整的故事。	語文 C-1-3　能生動活潑敘述故事。 語文 C-1-4　能把握說話主題。 兩性 2-1-3　適當表達自己的意見和感受，不受性別的限制。
四、能寫出一完整的故事。	語文 F-1-2　能擴充詞彙，正確的遣辭造句，並練習常用的基本句型。 語文 F-1-3　能認識各種文體的寫作要點，並練習寫作。 語文 F-1-1　能經由觀摩、分享與欣賞，培養良好的寫作態度與興趣。
五、能製作一本小書。	生活 4-1-3　使用媒體與藝術形式的結合，進行藝術創作活動。
六、能知道責任的意義。	健體 1-1-4　養成良好的健康態度和習慣，並能表現於生活中。
七、能知道什麼是「負責任」什麼是「不負責任」。	健體 6-1-5　了解並認同團體規範，從中體會並學習快樂的生活態度。
八、能知道「負責任」與「不負責任」的結果。	生活 7-1-7　察覺事出有因，且能感覺到它有因果關係。
九、能在生活中盡到自己的責任。	綜合 2-1-1　經常保持個人的整潔，並維護班級與學校共同的秩序與整潔。 生活 9-1-6　學習如何分配工作，如何與人合作完成一件事。 健體 1-1-4　養成良好的健康態度和習慣，並能表現於生活中。

7. 延伸閱讀

書名	類別	作者	繪者	譯者	出版社	責任相關議題
我要大蜥蜴	繪本	凱倫・考芙曼・歐洛夫	大衛・卡特羅	沙永玲	小魯	承擔責任前先想清楚
朱家故事	繪本	安東尼・布朗	安東尼・布朗	漢聲雜誌	英文漢聲	做家事是誰的責任?
鱷魚怕怕牙醫怕怕	繪本	五味太郎	五味太郎	上誼編輯部	上誼	你決定好接受一項危險的任務嗎?
大姐姐和小妹妹	繪本	夏洛特・佐羅托	夏洛特・佐羅托	陳質采	遠流	責任有壓力
我的姊姊不一樣	繪本	貝蒂・瑞特	海倫・柯珍雪瑞	陳質采	遠流	手足之情的責任
郵差的故事	繪本	恰佩克	亞莎莉卡娜	劉思源	臺灣麥克	負責盡職的郵差
巴斯拉圖書館員	繪本	貞娜・溫特	貞娜・溫特	郝廣才	格林	負責盡職的圖書館員

8. 學習單

學習單(一)

小書製作

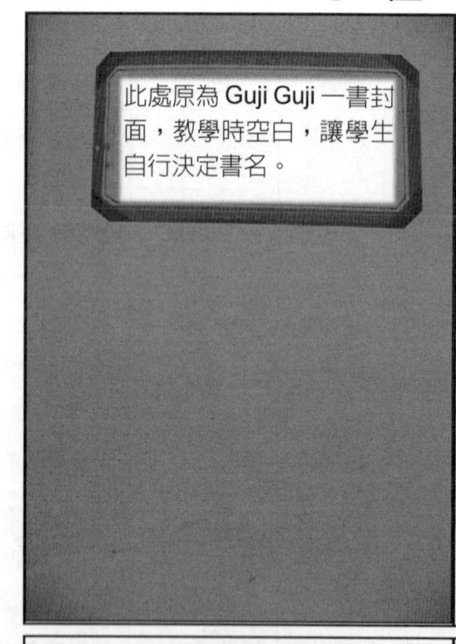

因本書 Guji Guji 圖像授權問題，故本頁以文字說明替代，原放置圖片為「鴨媽媽孵蛋」的畫面，教師使用時可自行貼上。

因本書 Guji Guji 圖像授權問題，故本頁以文字說明替代，原放置圖片為「第四顆蛋孵出一隻全身藍綠色的小鴨，嘴裡還一邊不停的發出 Guji Guji……」的畫面，教師使用時可自行貼上。

因本書Guji Guji圖像授權問題，故本頁以文字說明替代，原放置圖片為「Guji Guji大叫：『我不是鱷魚，我是鴨子……』三隻鱷魚……」的畫面，教師使用時可自行貼上。

因本書Guji Guji圖像授權問題，故本頁以文字說明替代，原放置圖片為「沒想到，跳下去的並不是鴨子，而是三塊又硬又大的石頭……」的畫面，教師使用時可自行貼上。

	※空白封底由學生自行設計※

學習單(二)

大家一起動動腦

我們是負責任的第（　　）組，責任小天使有（　　　　　　　　　　）

角色	責任	國家	結果
郵差	送信	責任國	
		不負責任國	
警察	抓壞人	責任國	
		不負責任國	
消防隊員	消滅火災	責任國	
		不負責任國	
司機	認真開車	責任國	
		不負責任國	
清潔隊員	清理環境	責任國	
		不負責任國	
醫生	治療病人	責任國	
		不負責任國	

學習單(三)

責任王國歷險記

成功！ YA！

（此歷險圖爲一捲圖式之設計，小朋友自行設計難關，每個關卡處有兩條路可供選擇。選中責任國可繼續前進，選到不負責任國則遭淘汰。）

出發囉！

大雄在責任國與不負責任國交界處迷路了，他想將求救信寄給哆啦A夢，請哆啦A夢帶他回家。但是他遇到了一些困難（如：四十大盜、噴火龍、腸病毒……），分別有幾種角色的出現來幫忙，但他不知道這些人是責任國的人？還是不負責任國的人？這些人能幫他解決困難，讓他能順利的把信寄出去，回到家嗎？

學習單(四)

我的責任是什麼？

＊ 我們是負責任的第（　　）組，責任小天使有（　　　　　　　　　　　　　　　　　　　　）

＊ 我們認為當一個學生的責任是：

學生的責任是	負責或不負責的結果	
	負責	
	不負責	
	負責	
	不負責	
	負責	
	不負責	
	負責	
	不負責	
	負責	
	不負責	
	負責	
	不負責	
	負責	
	不負責	

學習單(五)

小組演出劇本分配表

班級	年　班	組別	第　組
負責小天使			
演出主題	我要○○○		
演出內容			
出場	演出對白		

9. 行動與感動

一、這本是我要的書嗎？

在思索如何編寫教案之初，因受到作者陳致元先生在書中言及其創作動機在於族群融合的議題上之影響，故遲遲無法說服自己《Guji Guji》一書與「責任」的關聯性，心中猶疑了許久，不知如何下筆，一度覺得此書並不適合在「責任」上的引導。在工作坊的討論中提出了自己的疑惑，吳老師提醒可從不同的角度思考，並提供類似的繪本書籍以供參考（如：《圓家族裡的小四方：爲什麼只有我是四方的？》），讓小朋友了解到自己在團體中該負起何種責任，尤其是團體中有特別不一樣的人時又該如何。藉由討論雖然讓自己有較多元的思考，但讀者們不一定要贊同我們的想法。若有自覺更合適的書本、文章或議題，其實也可有更好的選擇，做更適切的引導。

二、「你的責任」、「我的責任」會打架！

當課程中討論鴨媽媽、鴨寶寶以及Guji Guji的責任時，小朋友都能很快的說出這些角色的責任，我先故意不提到有關鱷魚的部分，直到一個小女生說：

「老師，鱷魚也有責任啊！」

「對耶！鱷魚也有責任，他的責任是什麼呢？」

於是小朋友開始七嘴八舌的說：

「把鴨子吃掉。」

「這樣鴨子很可憐耶！」

「可是牠如果不吃鴨子會餓死啊！」

「牠可以去吃別的東西。」……

還有小朋友提到：

「我覺得鱷魚應該要帶 Guji Guji 回家，Guji Guji 應該要學習做鱷魚，因為牠是鱷魚不是鴨。」

「那 Guji Guji 以後會不會去吃鴨子呢？」

每個人看書的角度不一樣，藉由思辨的過程中，可以讓學生了解到，當每個人所扮演的角色不同時，其所擔當的責任便會有所不同，尤其在大自然的生存法則中弱肉強食、適者生存不適者淘汰，誰對？誰錯？留給學生好好思考的空間。

三、我為什麼要讓學生做小書？

低年級的孩子學寫作，由「看圖寫作」入手是個不錯的方式，再加上學生喜歡聽故事，配合繪本內容做寫作練習，既能指導閱讀，又可練習寫作，可說是一舉兩得。但是，只要一要求他們寫，馬上便哇哇大叫。為了想要讓他們來點不一樣的變化，增加些新鮮感，所以想換個不一樣的寫作形式表現。再加上這本書的圖片很多，若想要選擇幾個圖片來顯示情節的轉折，對低年級的孩子而言似乎不是那麼容易。於是，我多選了幾張圖，讓小朋友較容易掌握故事的結構，可是圖一多的結果便是一張紙無法放入這麼多的圖片，所以便想改用一頁一頁的小書方式呈現，順便也可讓學生初步了解書的構造。

四、理想與現實間的差距

在此教學活動進行中及結束後，會於日常學習中有意無意的一再灌輸學生「負責任」的觀念，學生在學校方面的行為表現也許無法一下子改變許多，但可感覺到責任的觀念已漸漸於心中萌芽，他們的行為其實也慢慢的有一些小小的改變。但是對於在家庭方面的表現，由於家庭環境及家庭教育的差異性較大，似乎效果較不佳。有些父母親還是會不放心孩子自己整理書包，怕小朋友沒準備好學用品到校會受到處罰而幫小朋友整理書包；有些小朋友家中有傭人照料，父母無暇指導孩子做家事，孩子根本沒機會學習做家事，更別說是幫忙做家事了。在與小朋友的閒聊中得知：還有些家長唯恐學生的檢核表表現不佳而影響老師對小朋友的印象，故並未據實作答，這樣的行爲其實反而給了孩子更不適切的示範。

五、過來人的小小建議

若有意仿照以上教學模式進行品格教學者，建議您先規劃好整體教學計畫，在學期之初召開班級親師座談會時，當面向家長溝通，說明您的用意及如何進行。一定要強調推行品格教育的目的絕對不是在評定學生的操行成績，尤其檢核表的部分只是希望學生能有反思自省的機會，進而能改進其行爲，請家長勿過分緊張或太過放鬆。此外，也一定要讓家長充分了解：品格的形成與行爲的養成皆非一朝一夕所致，必須要家庭教育與學校教育雙方面配合才能收相輔相成之效。

10. 作品摘錄

學習單（一）

很久很久以前，從森林裡ㄍㄨㄣˇ下來一顆很像石頭的蛋，ㄍㄤ好ㄍㄨㄣˇ到鴨媽媽ㄆ蛋的地方。

因本書 Guji Guji 圖像授權問題，故本頁以文字說明替代，原放置圖片為「鴨媽媽孵蛋」的畫面，教師使用時可自行貼上。

鴨媽媽每天早上都會ㄆ蛋，鴨媽媽卻沒發現有一顆蛋不一樣，鴨媽媽都很喜歡他們。

因本書 Guji Guji 圖像授權問題，故本頁以文字說明替代，原放置圖片為「第四顆蛋孵出一隻全身藍綠色的小鴨，嘴裡還一邊不停的發出 Guji Guji…。」的畫面，教師使用時可自行貼上。

有一天小胖ㄧㄚ生了，他長得又胖又ㄏㄟ，可是他長得非常像一隻ㄜˋ魚。

因本書 Guji Guji 圖像授權問題，故本頁以文字說明替代，原放置圖片為「Guji Guji 大叫：『我不是鱷魚，我是鴨子…』三隻鱷魚…」的畫面，教師使用時可自行貼上。

鴨們ㄔㄨㄑㄩˋ玩ㄕㄨㄚˇ，牠們還是不ㄍㄟˇㄜˋ魚，可是ㄜˋ魚會ㄅㄠˋ仇。

有一天ㄜˋ魚ㄓㄠˇ了小胖，ㄜˋ魚說：「你把那些鴨子帶來，我要吃ㄉㄧㄠˋ鴨子。」後來小胖ㄉㄞˋ他們一ㄑㄧˇ，ㄜˋ魚就ㄆㄨ過去了，小胖也ㄍㄣ走了。

因本書 Guji Guji 圖像授權問題，故本頁以文字說明替代，原放置圖片為「沒想到，跳下去的並不是鴨子，而是三塊又硬又大的石頭…」的畫面，教師使用時可自行貼上。

有一天，小胖ㄉㄞˋ鴨ㄗ們到橋上玩，ㄜˋ魚們張開大ㄗㄨㄟˇ，想吃鴨子。

剛好三ㄎㄨㄞˋ石頭ㄉㄧㄠˋ下去，ㄜˋ魚的牙ㄔˇ都ㄅㄟˋ石頭ㄎㄜˋㄉㄧㄠˋ了。

從ㄘˇ以後大家過著非常快樂的日子。

寫得很[illegible]！

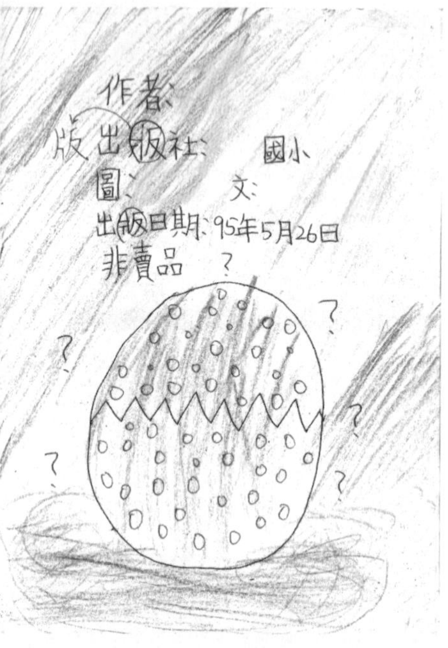

學習單（三）

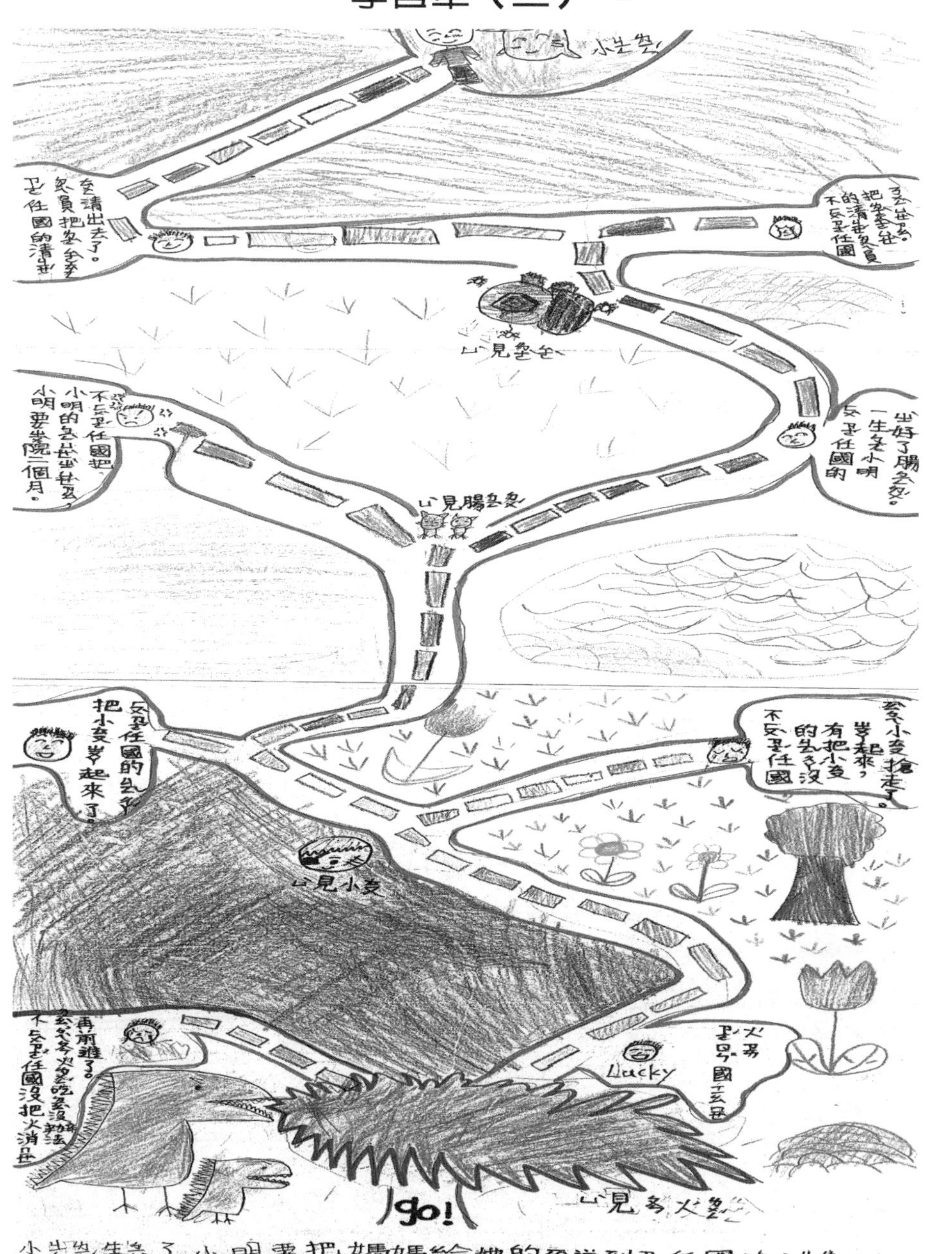

學習單（四）

我的責任是什麼？？

＊我們是負責任的第(三)組，責任小天使有(　　　　　　　　　　　　)

＊我們認為當一個學生的責任是：

學生的責任是--	負責或不負責的結果	
打ㄙㄠˇ教室。	負責	如果有打ㄙㄠˇ的話教室就會變得很乾淨。
	不負責	如果不打ㄙㄠˇ的話教室就會很ㄗㄤ。
ㄅㄠˇ(ㄔˊ)ㄓㄥˇ[illegible]	負責	如果大家都好好ㄅㄠˇ(ㄔˊ)[illegible]的教室會很乾淨。
	不負責	如果大家都[illegible]的教室會ㄓㄤ很[illegible]。
上課(ㄗ)ㄓˋ	負責	如果大家上課(ㄗ)ㄓ很好的話就會學(的)很多。
	不負責	如果(ㄗ)ㄓ不好的話會ㄈㄣ心，老師在說什麼就聽不到。
ㄊㄨˊ書ㄍㄨㄢˇ的書要放好！	負責	如果要找什麼書的話就會很快。
	不負責	如果書沒放好的話ㄊㄨˊ書ㄍㄨㄢˇ就會很ㄌㄨㄢˋ。
功課要自己寫完。	負責	如果寫完的話就可以多認ㄕˋ更多的字。
	不負責	如果不寫的話認ㄕˋ的字就會變少。
ㄍㄨㄟˋ子裡的東西要ㄓㄥˇㄌㄧˇ好	負責	如果有ㄓㄥˇㄌㄧˇ好的話就會變得很乾淨。
	不負責	如果沒有ㄓㄥˇㄌㄧˇ的話ㄍㄨㄟˋ子就會變得很ㄗㄤ。
ㄅㄠˇㄍㄨㄢˇ好自己的東西	負責	如果ㄅㄠˇㄍㄨㄢˇ好的話東西就不會不見。
	不負責	如果沒有ㄅㄠˇㄍㄨㄢˇ好的話東西就會不見。

good ☺

責任【中年級】

設計者◎王勇欽

我們都是一家人

曾經在一個網站上看到一則文章分享（http://www.ctes.tyc.edu.tw/hin7092/learn.htm#學習單），列出現代父母的十件糊塗事：想太多、做太多、罵太多、給太多、要太多、玩太少、「坐」太少、知太少、愛太少、變太少，其中做太多是指替兒女承擔太多的責任，例如：接孩子上下學、替孩子拿書包、替孩子複習課業等。

的確，父母在照顧養育子女的責任上，總是那麼的無微不至，在孩子的求學過程中，只期望孩子把書唸好，其他事皆由父母代勞，試想，這樣做適宜嗎？畢竟孩子的成長過程除了盡到做學生的本分外，對自己、對父母也要盡到「生活自理」及「學習分擔家務事」的本分。

因此，本單元教學即以「我們都是一家人」為主題，以繪本《Guji Guji》為引導，與學生共同探討「責任」的實際情境運用，讓兒童在家裡和學校，甚至將來在社會上都能盡最大的努力做自己「該做」的事。

1. 圖像閱讀文本

一、書　名：*Guji Guji*

作　者：陳致元

出版社：信誼基金出版社

二、內容簡述

在一次因緣際會當中，鴨巢裡滾進了一顆鱷魚蛋，雖然這顆鱷魚蛋比其他三顆鴨蛋來得巨大，鴨媽媽仍然很盡責的把所有的蛋孵化出來。這顆「巨蛋」中孵出的綠色小怪鴨因其特殊的叫聲而被取名爲 Guji Guji，鴨媽媽非常愛護小鴨們且細心的教導小鴨們滑水、跳水和鴨子走路。

有一天，湖裡冒出三隻鱷魚告訴了 Guji Guji 其眞實的身分，並吩咐牠隔天帶小鴨們到橋上玩跳水，以便讓鱷魚們飽餐一頓。Guji Guji 在面臨抉擇之際，選擇了以「鱷魚鴨」自居，牠帶領小鴨們用計趕走了湖裡的鱷魚，救了所有的鴨子並成爲鴨子心目中的大英雄。

從此以後，Guji Guji 和鴨媽媽以及小鴨們繼續生活在一起，成了一隻快樂的鱷魚鴨。

2. 設計理念架構

本課程方案以「我們都是一家人」為「責任」的主題中心，涉及「人權平等」、「創意」及「閱讀理解」等三個次概念，希冀學生在閱讀理解的學習歷程中能達成認識及指出「責任」的重要性；同時藉由創意思考與問題解決的發表寫作活動，提升閱讀的興趣與增廣視野，加深其對責任的理解與實踐，並培養其讀寫及創意的能量；最後，則藉由「我的責任圈圈圈」的建構，讓學生能領悟到每個人在社會上會有不同的責任，要努力盡自己的責任，社會才能自然和諧、安康。

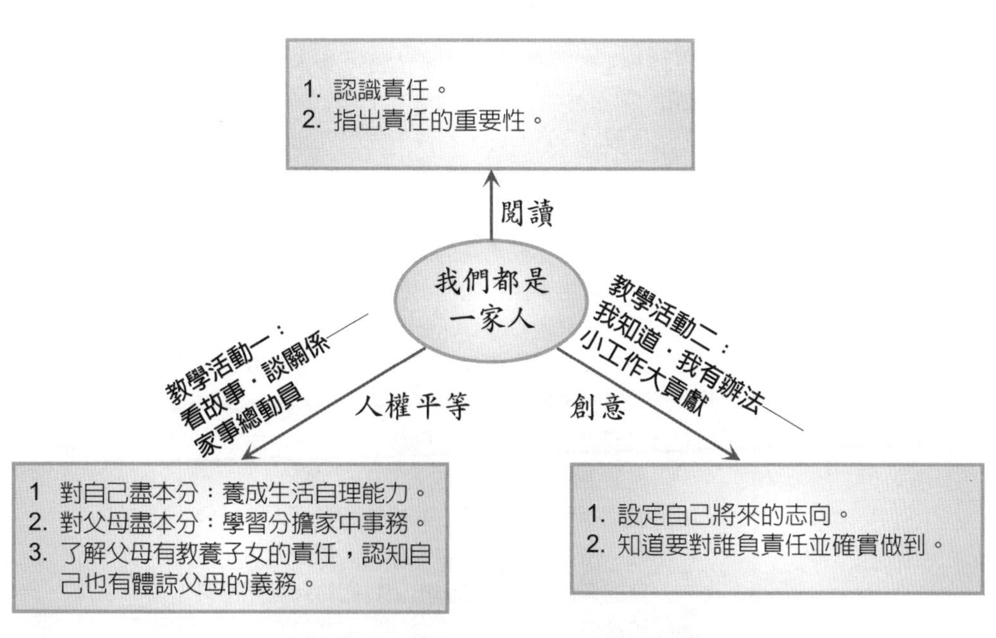

教學活動三：真心留言簿——我的責任圈圈圈

3. 教學的進行

教學名稱	教學要點	教學資源
活動一： 看故事．談關係 ——家事總動員	一、創意大發現： (一)播放去除文字的《Guji Guji》繪本一書（將本書轉換成去文字的電子圖檔，抑或直接透過實物投影機呈現）。 (二)播完兩遍後讓學生舉手發表自己所認為的故事內容，亦可用接龍的方式發表（每人一或二句）。 (三)學生可能有許多不同的內容及結局，教師宜多鼓勵學生想像發表，以增進其創意。 二、引導學生對「責任——我們都是一家人」此一主題的關注： (一)播放《Guji Guji》原書的完整內容，引導學生注意本書所要呈現的內容。 (二)探討與本書有關責任的內容： 1. 如果你是鴨媽媽的話，會把這與衆不同的蛋孵出來並視如己出的照顧牠嗎？ 2. 如果你是 Guji Guji 的話，會選擇保護小鴨或是和其他鱷魚一起把小鴨吃掉？或是其他的選擇？ (三)教師揭示「責任」的意義： 盡最大的努力做自己「該做」的事。 (四)教師揭示「負責任」對社會和對個人的重要性——在日常生活中，必須仰賴他人負起應負的責任，別人也會指望我們負起我們應負的責任。	單槍投影機 電腦

教學名稱	教　學　要　點	教學資源
	(五)師生共同討論責任的來源： 1. 工作分派而來的責任。 2. 職業上的責任。 3. 國民應盡的責任。 4. 道德準則產生的責任。 三、家事總動員： (一)配合學習單(一)「家事總動員」，讓學生了解家務工作是全家人的責任。 (二)經由班級討論與學習單，讓學生寫下自己可以完成的家務並回家實行。 (三)教師適度引導家務工作的項目：準備三餐、掃地拖地、倒垃圾等等。 (四)延伸活動「家事五燈獎」。	學習單(一) 檢核表
活動二： 我知道．我有辦法──小工作大貢獻	一、教師再統整責任的意涵。 二、用實物投影機或書本，敘述《培培點燈》的故事。 三、師生共同討論故事中有關責任的部分：在那個時代，如果到了傍晚沒人點路燈會如何呢？培培的責任又是什麼？ 四、發下學習單(二)「負責～培培點燈」，請小朋友完成，並分享及獎勵優秀之學習單作品。 五、問題思考──教師提問： (一)大家還小，不太需要工作，每天除了家庭，在學校時間最長，請想想學生對於班級有什麼責任（如：守規定、打掃環境、爭取班級榮譽……）？ (二)為什麼要有班規（如：為了維持班級秩序、防止別人搗蛋……）？ 六、教師總結：班級是一個小社會，學生要經由班級的自治活動，去練習如何參與團體生活，並為培養良好公民做準備。	單槍投影機 實物投影機 繪本 學習單(二)

教學名稱	教 學 要 點	教學資源
活動三： 真心留言簿—— 我的責任圈圈圈	一、配合學習單(三)，教師講解並與同學一起討論「我的責任圈圈圈」概念圖的完成方式，而後共同討論完成其中一項（以父母為例）。 二、同學初步完成「我的責任圈圈圈」（可以回家後再修飾），並與同組同學分享。 三、問題思考： 我們只要盡責任而沒有享受權利嗎？想一想我們有沒有享受到哪些權利？我們有沒有受到別人的照顧與保護（父母讓我們上學、警察維持治安、老師教我們讀書……）？ 四、教師總結： (一)每個人在社會上會有不同的責任，我們要努力盡自己的責任。 (二)我們在盡責任的同時，也在享受別人對我們的照顧及服務。 (三)人人盡本分，社會自然和諧、安康。	學習單(三)

4. 延伸活動

1. 運用檢核表（家事五燈獎）評量學生實行的效果。

第　　週　　家事五燈獎！

※寫下你可以協助的家務工作項目，實行後你可以亮幾個燈呢？
也請爸爸媽媽爲你的表現亮燈並簽名。（塗滿表示燈亮 ●）

項目	家務工作	自己	家長	家長簽名
1		○○○○○	○○○○○	
2		○○○○○	○○○○○	
3		○○○○○	○○○○○	
4		○○○○○	○○○○○	
5		○○○○○	○○○○○	
6		○○○○○	○○○○○	
7		○○○○○	○○○○○	
8		○○○○○	○○○○○	
9		○○○○○	○○○○○	
10		○○○○○	○○○○○	

＊家長想說的話：（例如本週孩子表現的感想或期許等等）

____

____

＊我有話要說：（感想或對自己的期許等等）

____

____

2. 小朋友每週檢核一次，一個月統計一次，進步最多者當衆表揚並獲得教師爲他／她準備的神秘小禮物一份，以激發其責任心。

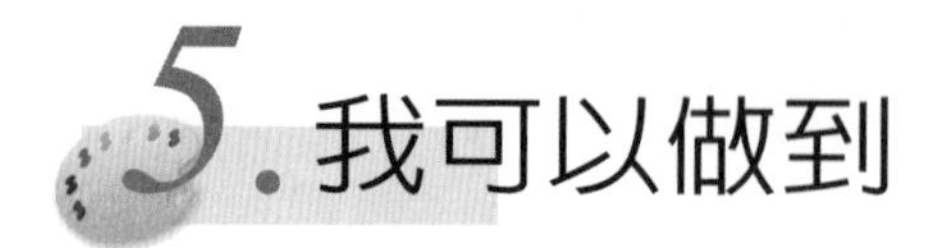

5. 我可以做到

【責任】約定實踐學生自評表

＿＿年＿＿班＿＿號　責任小勇士：＿＿＿＿＿＿

各位小勇士：

還記得我們針對「責任」的約定內容嗎？現在老師要請你們對自己最近的表現來一次大考驗，相信各位責任小勇士們一定會有很好的表現，加油！要對自己的表現誠實的打✓喔！

時間：(　　)年(　　)/(　　)~(　　)/(　　)

	約　定　內　容	全部做到	經常做到	偶爾做到	沒有做到	說明原因
家庭生活	1. 放學回家後，我會先把作業完成再去玩或看電視。					
	2. 爸媽或長輩交代我做的事情，我會確實完成。					
	3. 起床後，我會把棉被摺好。					
	4. 吃完飯後，我會把自己的碗筷拿到廚房。					
	5. 我會自己穿衣服、襪子和鞋子。					
	6. 我會自己整理書包並主動拿聯絡簿給爸媽簽名。					
學校生活	1. 打掃工作之前，我會把自己的椅子抬到桌上。					
	2. 我會盡力做好自己所負責的打掃區域。					
	3. 師長交辦的事情我會確實完成。					
	4. 上完實驗課後，我會把器材放回原位並把桌面清理乾淨。					

☺ 給自己一句鼓勵的話：

＿＿＿＿＿＿＿＿＿＿＿＿＿＿＿＿

☺ 老師的大補帖：

＿＿＿＿＿＿＿＿＿＿＿＿＿＿＿＿

【責任】公約家長檢核表

____年____班____號　責任小勇士：________________

親愛的家長，您好！

以下是老師與孩子約定的事項，這一週孩子在家裡的表現如何呢？請家長想一想，再打✓，謝謝！

時間：(　　)年(　　)/(　　)~(　　)/(　　)

約定內容		全部做到	經常做到	偶爾做到	沒有做到	說明原因
家庭生活	1. 放學回家後，孩子會先把作業完成再去玩或看電視。					
	2. 孩子會確實完成爸媽或長輩交辦的事情。					
	3. 起床後，孩子會把棉被摺好。					
	4. 吃完飯後，孩子會把自己的碗筷拿到廚房。					
	5. 孩子會自己穿衣服、襪子和鞋子。					
	6. 孩子會自己整理書包並主動拿聯絡簿給爸媽簽名。					

☺ 家長給寶貝鼓勵的話：

____

____

____

家長簽名：________________

6. 學生將學會

學習目標	對應之九年一貫課程能力指標
一、能體認家中事務不只是父母的責任。	綜合 2-3-1-4 參與家事，分享維持家庭生活的經驗。
二、學生能主動協助家中事務。	兩性 1-2-7　了解家庭成員的角色分工，不受性別的限制。 兩性 2-1-6　了解家庭的特質與每個人的義務與責任
三、能了解每一個人都可以對社會有貢獻。	綜合 3-2-1　參與各類團體自治活動，並養成負責與尊重的態度。
四、從參與班級自治活動中，養成負責與尊重紀律的態度。	
五、能知道責任可以是一種甜蜜的奉獻。	社會 6-2-3　實踐個人對其所屬之群體（如：家庭、同儕團體和學校班級）所擁有之權利和所負之責任。
六、能知道每一個身分都有其應盡的責任。	
七、能了解負責的重要性。	
八、能知道自己應盡的責任。	

7. 延伸閱讀

書名	類別	作者	繪者	譯者	出版社	相關議題
好好照顧我的花	繪本	郝廣才	吉恩盧卡		格林	做好他人託付的事
米羅和發光寶石	繪本	馬可斯·菲斯特	馬可斯·菲斯特	朱昆魁	上誼	保護自然
一個不能沒有禮物的日子	繪本	陳致元	陳致元		和英	帶給全家歡樂
最想做的事	繪本	瑪莉·布雷比	史利司·索恩皮	黃迺毓	遠流	給孩子最好的教育
培培點燈	繪本	艾莉莎·巴托尼	泰德·陸溫	劉清彥	三之三	堅持做完自己認為對的事
郵差的故事	繪本	恰佩克	亞莎莉卡娜	劉思源	台灣麥克	負責盡職的郵差
遇見靈熊	小說	班·麥可森	Bo2	李畹琪	台灣東方	對自己的行為負責
16 歲爸爸	小說	安潔拉·強森		鄒嘉容	台灣東方	勇於負責並承擔自己所犯的錯誤

8. 學習單

學習單(一)

家事總動員

____年____班____號 姓名：________________

一、小朋友：

身爲家庭裡的一份子，你知道家中有什麼家務工作呢？平常由誰負責呢？

項目	家務工作	平常由誰負責的
01	掃地	
02	拖地	
03	倒垃圾	
04	洗碗	
05	洗衣服	
06	準備三餐	
07		
08		
09		
10		

二、家務工作只需由大人負責嗎？爲什麼？

____

____

三、有哪些家務工作你可以幫忙或代勞呢？

____

____

四、家務工作眞的是既繁雜又辛苦，你將會以什麼行動或說什麼話來感謝大人們的辛勞呢？

____

____

學習單(二)

負責～「培培點燈」

____年____班____號　姓名：____________

一、剛開始，爸爸非常不喜歡培培點燈的工作，但培培覺得點燈的工作很了不起而堅持下去；在家中，曾經有哪一件你覺得了不起而想要做的事，但父母卻反對呢？結果呢？

事件：________________________

為何了不起：
（有意義）________________________

結果：________________________

二、班級可說是一個小型的社會，班上各種幹部：班長、風紀股長、體育、學藝股長等……就像是社會上不同職業的人，都有它該做的事、該盡的責任，請你把它寫下來吧！

幹部名稱	該做的事、該盡的責任
班長	
副班長	
風紀股長	
學藝股長	
體育股長	

三、小朋友，身爲班上的一份子，你可以做些什麼事，讓班級更美好、更出色？請寫下來並盡力去達成，才是一個有責任感的人喔！

1. ____________________

2. ____________________

3. ____________________

四、培培很喜歡他的點燈工作。因爲可以爲小義大利城的夜晚帶來光亮，讓他覺得自己是個能夠幫助別人的有用之人，所以他覺得這是個很棒的工作。

◆ 你長大後想要做的工作是：____________________

◆ 你喜歡這個工作，因爲：____________________

____

____

◆ 這個工作有什麼重要的責任：____________________

____

____

學習單(三)

我的責任圈圈圈

____年____班____號　姓名：______________

小朋友：

1.想一想我們要對誰負責任？要怎樣才是負責任的表現？

2.將你想到的，自己動手加上圈圈，與大家分享！

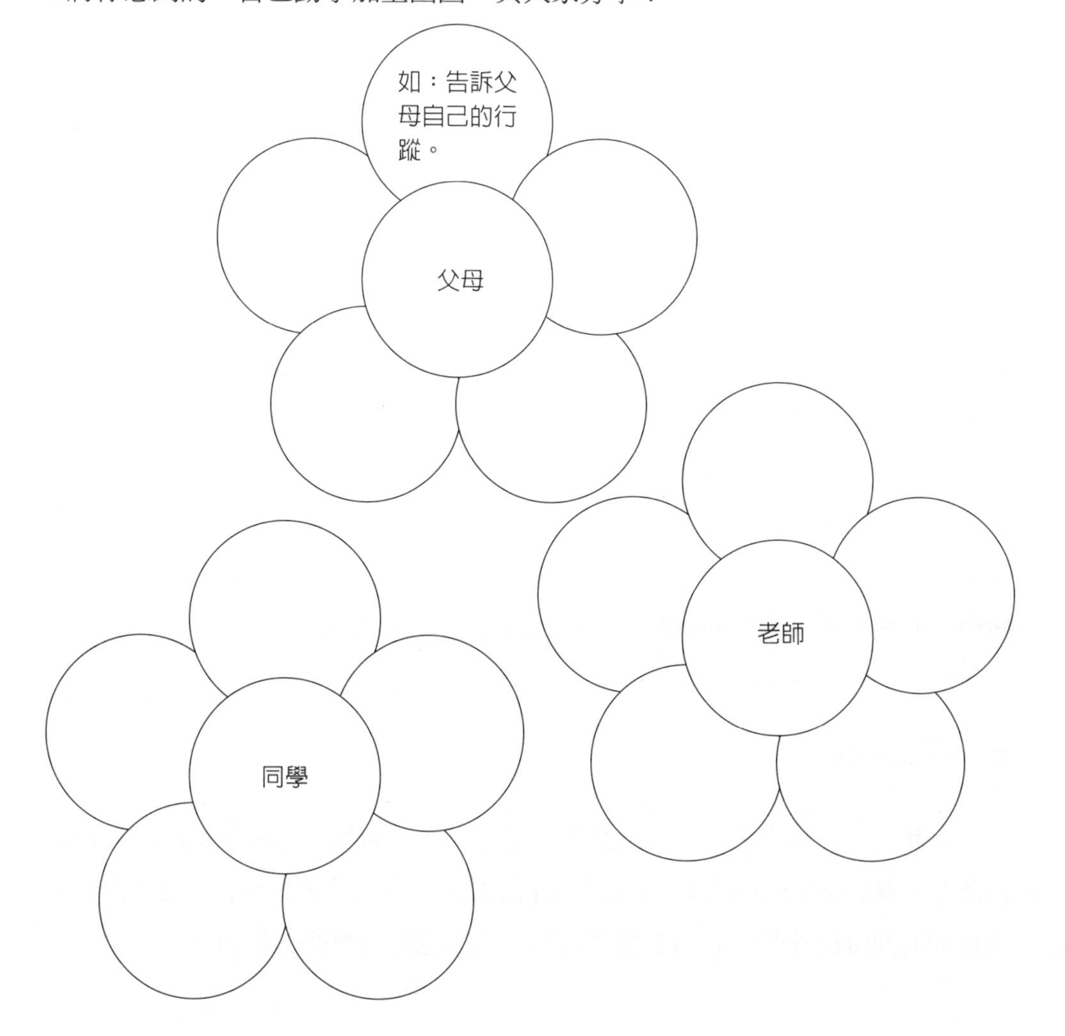

9. 行動與感動

一、好主意值得投入

剛開始有同仁提到要好好來提升學生的寫作能力並結合品格，如此一來學生寫作能力提高之餘也培養了良好的品德，眞是兩全其美。

二、「創意」創過頭了嗎？

進行活動一：播放去除文字的繪本後，讓學生天馬行空的發表自己所認爲的故事內容，剛開始比較沉寂，也比較少人發表，一旦出現「搞笑」的內容時，便開始熱絡起來，發言變得很踴躍，內容一直往搞笑的情節發展而變得一發不可收拾。此時的我心中不免懷疑：學生心中爲何盡是一些「五四三」的，不能說出一些比較正經且較有內涵的內容嗎？就其內容的創意性而言是非常讓人激賞的，但其內容的空洞性卻是讓人憂心的。因此深深的覺得學生在經過一番無厘頭式的激情發表後，最後還是要言歸正傳，引導到美德的主題，讓學生有所啓發與心得，這是頗大的挑戰，也是我們必須要努力去做的。

三、說與寫

有些學生很會發表，說起話來頭頭是道，但學習單收回來批閱時卻有很大的落差，有些學生在討論時一直都是保持沉默的，但所寫的內容卻是讓人讚嘆，所以如何同時提升學生的語文發表與寫作能力也是很重要的課題。

四、假如我是導師

個人是擔任科任教師，與該班相處的時間是每週兩節課，有時候是四節課（向導師借兩節課），時間有限，較不能利用每天的零碎時間來實施品格教育，亦較難察覺學生在品性、語言表達能力方面的明顯進步，實爲美中不足之處，相信如果由班導師親自實施這樣的教學，必定能得到很好的教學效果且獲得家長的肯定與支持。導師在班上的時間較多，對於有進步的學生能當場立刻給予獎勵（包括口頭上的），以發揮正增強的作用。

五、寫學習單時

「又要寫學習單了？」

「老師，怎麼寫？我不會寫。」

這是學生最常出現的話語，剛開始聽到學生這樣說的時候，實在有一些無力感，覺得一定是學生偷懶不想寫，但是後來想一想，之所以實施這樣的教學，就是覺得學生的寫作能力有待提升，才藉由這樣的教學來增進學生的詞彙與作文能力。指導學生寫學習單時，需要一步一步的引導，無法期待學生剛開始就寫得很好，必須循序漸進，慢慢就會發現學生在寫作上的進步。

礙於本人實施美德教學僅每週兩次，有些學習單在實施第一次的填寫後，發現有一些缺失需要改進而做一些修改後，在沒有時間再讓學生塡寫補強的現實情況下，必須趕快進行下一個教學活動，感覺有些匆忙而得不到預期的效果，因此感到些許無奈與失落，但我堅信這樣的教學對學生各方面必有莫大的幫助，想到如此便覺得一切都是值得的，應盡最大的努力把它做好才是。

六、結　語

《天下》雜誌曾公佈一項調查，家長和教師都認爲，國中小學整體的品格教育比十年前更差，而大多數受訪者認爲的品格「三害」分別是政治人物、新聞媒體和電視節目。調查也發現，教師對學生價值觀的影響力逐漸式微，排名在電視和網路之後。的確，當前的政治亂象、兒童以及青少年的價值觀嚴重偏差，品格的培養更是當務之急，個人誠摯希望藉由這一系列的教學提升學生寫作與發表之能力，更重要的，能培養學生擁有良好的品格：能尊重、關懷別人，具有公平正義的心胸，做事情勇敢負責、誠信待人，社會必能祥和安定，國家安樂富強。

10. 作品摘錄

學習單（一）

家事總動員　四年六班　姓名：＿＿＿

（一）小朋友：

身為家庭裡的一份子，你知道家中有什麼家務工作呢？平常由誰負責呢？

項目	家務工作	平常由誰負責的
01	掃地	媽媽、
02	拖地	妹妹、我、
03	倒垃圾	爺爺、
04	洗碗	媽媽、奶奶、
05	洗衣服	爸爸、媽媽、我、
06	準備三餐	奶奶、
07	澆花	爺爺、奶奶、
08	買東西	奶奶、媽媽、我、
09	折衣服	我、妹妹、
10	洗窗戶	爸爸、
11	擺碗筷	我、

（二）家務工作只需由大人負責嗎？為什麼？

①不是 ②因為一個家庭，是由全家的人負責的。

（三）有哪些家務工作你可以幫忙或代勞呢？

幫忙：①洗車 ②洗窗戶、③打掃浴室、廁所。

代勞：①洗碗 ②買東西 ③倒垃圾④洗衣服

（四）家務工作真的是既繁雜又辛苦，你將會以什麼行動或說什麼話來感謝大人們的辛勞呢？

行動：送禮物給大人們。

感謝話：我要感謝大人們對這個家庭的付出。可以寫出感謝的話來謝謝父母的辛勞。

學習單（二）

負責～『培培點燈』四年六班　姓名：＿＿＿＿

（一）剛開始，爸爸非常不喜歡培培點燈的工作，但培培覺得點燈的工作很了不起而堅持下去；在家中，曾經有哪一件你覺得了不起而想要做的事，但父母卻反對呢？結果呢？

事件：煮飯。

為何了不起：（有意義）因為煮飯就像一位小媽媽。

結果：媽媽真的讓我煮飯.

（二）班級可說是一個小型的社會，班上各種幹部：班長、風紀股、體育、學藝股長等…就像是社會上不同職業的人，都有它該做的事、該盡的責任，請你把它寫下來吧。

幹部名稱	該做的事、該盡的責任
班長	管好班上的事。
副班長	如果班長請假沒來上學，就換副班長做班長的事。
風紀股長	~~認真的~~管班上的秩序。
學藝股長	提醒同學記得帶美勞用具。
體育股長	帶大家做暖身操。
衛生股長	叫大家要認真做打掃工作。

（三）小朋友，身為班上的一份子，你可以做些什麼事？讓班級、更美好、更出色，請寫下來並盡力去達成，才是一個有責任感的人喔。

1. 上課時，不要聊天。
2. 看到有困難同學去幫助他。
3. 看到垃圾要撿起來。

（四）培培很喜歡他的點燈工作。因為可以為小義大利城的夜晚帶來光亮，讓他覺得自己是個能夠幫助別人的有用之人，所以他覺得這是個很棒的工作。

你長大後想要做的工作是：護士。

你喜歡這個工作，因為：當護士可以為大家開藥？

這個工作有什麼重要的責任：要幫病人開藥、打針……

如果出一個差錯，會害病人病得更嚴重，也有可能會害病人死亡。

很好！從事護理工作的人都很有愛心，妳也是一個很有愛心的人。

學習單（三）

責任~中年級　　　　設計者：王勇欽

我的責任圈圈圈　4 年 6 班　姓名：＿＿＿＿

小朋友：

1. 想一想我們要對誰負責任？要怎樣才是負責任的表現？
2. 將你想到的，自己動手加上圈圈，與大家分享！

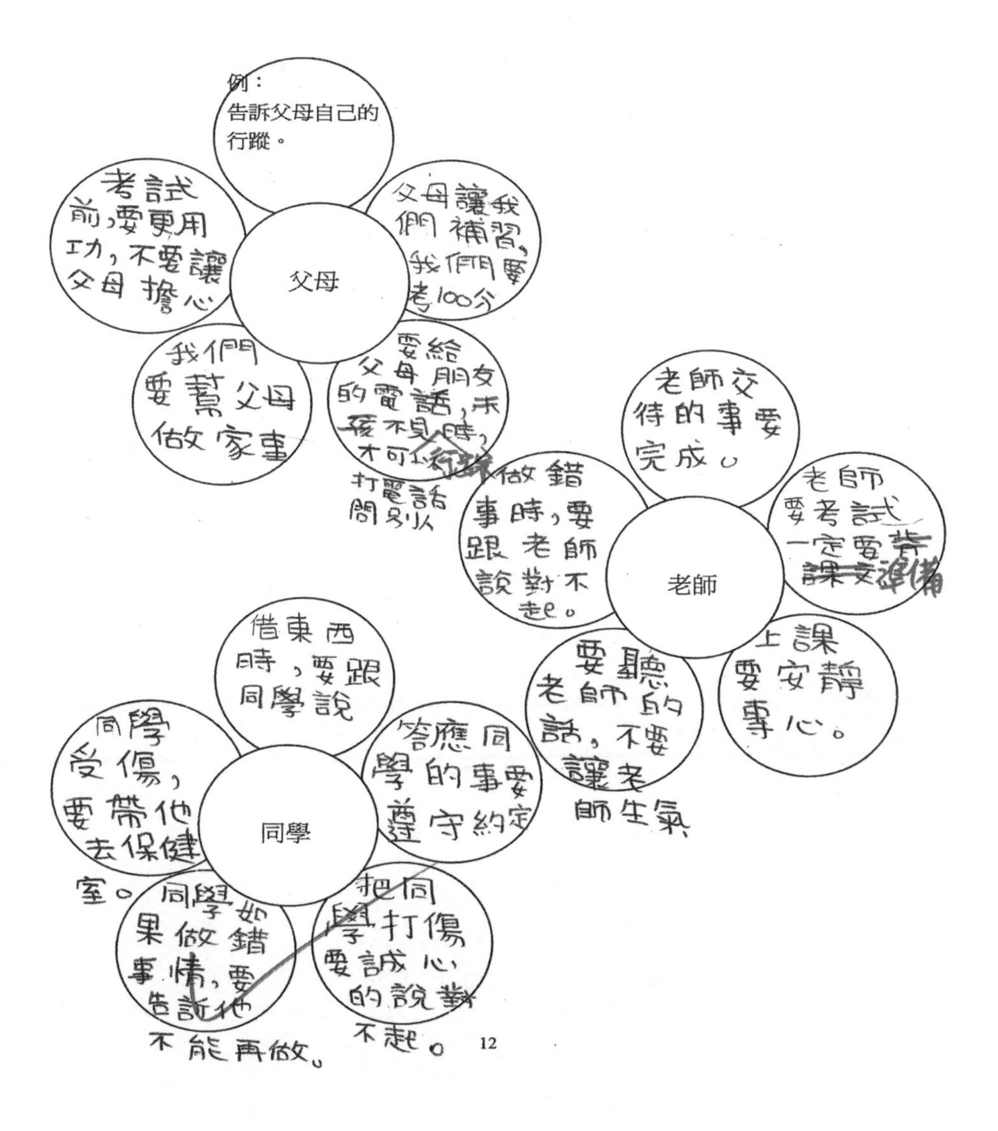

責任【高年級】

設計者◎林佩娟

自己當家作主

小華：「媽，我的制服呢？」

媽媽：「摺好了，放在你的衣櫥裡。」

小華：「媽，我的水彩呢？」

媽媽：「收在你的書櫃裡了。」

…………………………………………………………………………

媽媽：「小明，功課做好了嗎？書包整理了沒？」

小明：「唉！唸、唸、唸、煩死了！」

媽媽：「小明，垃圾車來了，趕快去倒垃圾！」

小明：「每次都叫我，妳自己去啦！」

這是許多家庭常見的對話。小孩子從食、衣、住、行、育、樂各方面，經常是父母或師長跟在後面收拾著、盯著或催促著做每一件事，因此，被動與隨便是現代小孩子對每一件事所抱持的不負責任的態度，這也是大人為了不讓孩子輸在起跑點上，一味的求快、趕時間，只問結果而不問孩子在學習的過程中有沒有體認到什麼是「負責」？另外，孩子也已習慣於父母的凡事代勞及自以為是的「理所當然」，而忘卻了自我的角色與「應負的責任」。

本單元「自己當家作主」以繪本《Guji Guji》、短片「我的朋友家住哪裡？」引導學生了解自我的角色，分辨自己該做與不該做的事。透過角色扮演和觀摩，使學生懂得分辨行為結果，並對自己的選擇負責。進而，期許自己盡己所能使事情更加完美；樹立好榜樣。

1. 圖像閱讀文本

一、書　名：*Guji Guji*

作　者：陳致元
出版社：信誼基金出版社

二、內容簡述

不知何時，鴨巢裡出現了一顆奇怪的蛋，鴨媽媽不疑有他，盡責的把所有的蛋孵化出來，其中一隻小怪鴨因爲叫聲特殊而被取名爲 Guji Guji。每天，鴨媽媽都會細心的教導小鴨們學習各種生存的技能。

有一天，來了三隻鱷魚，牠們的外表和 Guji Guji 長得很像，三隻鱷魚告訴 Guji Guji 他的眞實身分，並語帶威脅要牠隔天引誘小鴨們到橋上玩水，好讓牠們成爲鱷魚的腹中美食。Guji Guji 該如何是好呢？牠思考了自我的角色「鱷魚鴨」後，做了一個很重要的決定——以保護鴨族爲己任。因此，Guji Guji 設法反計將湖裡的鱷魚趕走，解除了鴨族的危機，從此成爲鴨子們心目中的大英雄。

Guji Guji 日後仍以「鱷魚鴨」自居，並且和鴨媽媽以及小鴨們快樂的生活在一起。

2. 設計理念架構

做好生活中大大小小自己該做的事，不要讓別人來收拾你的爛攤子，是對生活負責。本課程方案以「自己當家作主」爲「責任」的主題中心，涉及「人權平等」、「創意」及「閱讀理解」等三個次概念，首先藉由「圖像閱讀」理解在學習歷程中能認識自我角色；並透過「角色你我他」活動的分工合作、扮演、觀摩去觀察行爲的結果與建立正確的價值判斷。再者，在「責任約定活動」中，以小組討論制定出家庭、班級、學校的實踐公約，透過自我與家長檢核，逐步發揮小螺絲釘功能。另外，欣賞短片──「我的朋友家住哪裡？」運用學習單(三)「大家來找碴」以澄清「責任」的重要性，發揮創意思考與問題解決的能力。最後「我願盡力」期許個人盡自己的最大能力使團體更好，爲班級許下承諾，體會團體中各有不同角色與責任，將來在實際生活中養成對人、事、物負責的態度 。

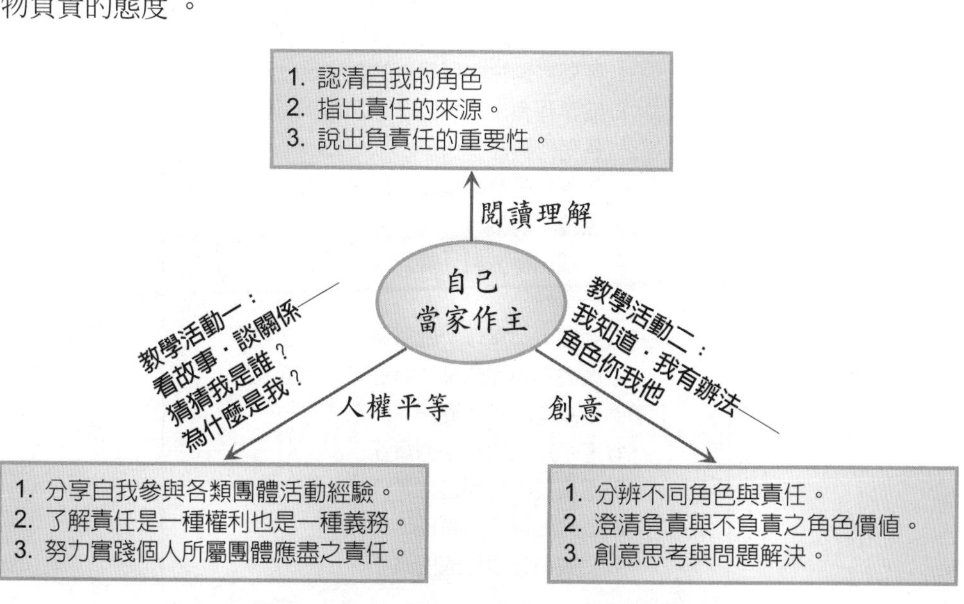

3. 教學的進行

教學名稱	教　學　要　點	教學資源
活動一： 看故事・談關係 ——猜猜我是誰？ 為什麼是我？	一、創意大發現： (一)播放兩遍去除文字的《Guji Guji》繪本（將本書轉換成去除文字的電子圖檔），看過之後，提示學生舉手發表自己所觀察到的不同角色，再描述自己所認為的故事內容。 (二)學生可能有許多不同的內容及結局，教師宜多鼓勵學生想像發表，以增進其創意。 二、引導學生對「責任——自己當家作主」此一主題的關注： (一)播放《Guji Guji》原書的完整內容（將本書轉換成文字的電子圖檔），引導學生對照去除文字繪本所理解的角色與內容，加強本身對責任的認識。	單槍投影機 電腦
	(二)配合學習單(一)「猜猜我是誰？為什麼是我？」探討與本書有關責任的內容： 1. 你認為圖片中所呈現的重點是什麼？ 2. 故事裡有幾個角色？除了名稱不同，牠們各有何責任？ 3. 如果你是 Guji Guji 的話，你會自稱為「鱷魚鴨」嗎？ 4.「鱷魚鴨」與「鱷魚」的角色、行為有什麼不同？ (三)教師揭示「責任」的意義：不該去做某件事或應盡力去完成某件事的本分或義務。 (四)師生共同討論「責任」的來源： 1. 道德規範所產生的責任。 2. 權威者分配而來的責任。 3. 法律上規定的責任。 4. 公民身分所應盡的責任。	學習單(一)

教學名稱	教　學　要　點	教學資源
	(五)教師統整「負責任」對個人、學校和對社會的重要性。 責任可能來自道德的規範、權威者的分配、法律的規定、公民的身分等等。日常生活中，認清所處的環境與團體，發揮我們的角色並善盡自己應盡的責任。	
活動二： 我知道．我有辦法 ──角色你我他	一、教師提示每個人在任何一個團體都擔任著不同角色，且責任亦不相同。 二、提問： (一)負責任與不負責任的結果為何？經由分組討論列舉出社會中不同角色者的負責與不負責之行為，說出其行為結果。 (二)經由討論中將社會上士、農、工、商、軍、警各職業選定一角色來做分組表演。 三、角色扮演： (一)每一組選擇一種職業，分配工作（包括蒐集資料、角色扮演、資料呈現、結論）於課堂中演出。 (二)藉由角色扮演分飾負責與不負責的行為，使學生體會團體中每一個人之責任與如何承擔完成一項新責任。 四、配合學習單(二)「角色你我他」： 讓學生將觀察到各種角色的負責與不負責的行為結果寫下來，藉此澄清負責任的價值觀。 五、配合【責任】約定實踐學生自評表： (一)從社會的各種角色了解每個人的責任與影響，再由各組討論個人在學校、班級、家庭這三種團體中應盡的責任，提出分組的意見，最後形成全班的共識，並自我期許做到約定的內容。 (二)運用檢核表（一周為觀察週期）由自我檢核實施的成效，並可連續實施數週。	學習單(二) 學生自評表

教學名稱	教 學 要 點	教學資源
	六、配合【責任】公約家長檢核表： (一)經由小組討論後，與老師約定可以完成的自我責任項目並回家實行。 (二)運用檢核表（一周為觀察週期）由家長評量孩子的實施成效，並可連續實施數週。 七、教師總結： (一)公民應有參與民主社會各種團體的責任；自己如果沒有做好份內工作將會對團體、社會造成不良的影響。 (二)當每個人善盡自己的責任時，他人才可以預期未來的進展，社會將會更穩固而有效率的發展，並由此體現公共意識。	家長檢核表
活動三： 真心留言簿—— 大家來找碴	一、播放短片「我的朋友家住哪裡？」兩遍，看過之後，由學生舉手發表或採接龍方式重述劇情內容與重點。 二、提問： (一)雖然國情、生活背景不同，但發生的情景是否很類似？說說你的經驗。 (二)劇中每個角色是否都做了他們該做的事（如：老師、父母、學生……）？ (三)劇情中，班級的共同約定是什麼？老師為何一定要全班做到呢？ (四)哪些是負責任的片段？ (五)除了寫作業之外，還有哪些負責任的表現？ (六)如果你是片中主角阿哈瑪德普魯，那麼你會選擇何種方式負責？ 三、配合學習單(三)「大家來找碴」： 讓學生把自己所看到的劇情將其感覺與想法寫下來，並且發揮解決問題能力，寫出自己的處理方式，藉此反省自理與控制能力。	單槍投影機 電腦 學習單(三)

教學名稱	教　學　要　點	教學資源
	四、配合學習單(四)「我願盡力」： 分享自己曾經非常不負責任的作為，並仔細描述：它為何發生？你當時的感覺如何？它是否影響到其他人？為你帶來什麼麻煩？你現在怎麼看這件事？你從中學到什麼？ 五、提問： (一)如何成為一個負責任的人？ (二)當一個人被認為有責任感，這表示什麼？ (三)你認為自己是個負責任的人嗎？為什麼？從哪些方面可以看出？ (四)你在乎別人認為你是負責或不負責的人嗎？為什麼？ (五)當別人不負責任時，你感覺如何？對於有責任感的人，你感覺如何？ (六)做一個負責的人，有什麼好處？ (七)教師發下「我願盡力」學習單一張，並指導學生勇敢許下承諾，努力實踐，做一個勇於負責的人（可於剩餘時間進行，回家再全部完成。完成後可於課堂分享，亦可張貼出來成為教室佈置）。 六、教師總結： (一)充分認識日常所應負的責任，不逃避承擔新責任。 (二)三思而後行，要想到行為的後果，了解事前的責任比事後的責任更受重視。 (三)盡力做到自己應盡的責任。	學習單(四) 學習單(四)

4.延伸活動

教師可以播放或教唱「奉獻」這首歌，或給同學們歌詞欣賞，並簡要解釋歌詞的意思。

長路奉獻給遠方，玫瑰奉獻給愛情，…我拿什麼奉獻給你，我的爹娘…。

（演唱／蘇芮；作詞／楊立德；作曲／翁孝良）

一、提問

1. 什麼是奉獻？
2. 萬物爲什麼都有奉獻的對象？
3. 他們到底奉獻了什麼？
4. 爲什麼父母要對小孩奉獻？
5. 你感覺到父母的奉獻了嗎？他們會不會有壓力？有什麼樣的壓力？
6. 養育小孩是父母的責任，在父母盡責的過程中，小孩會不會帶給父母快樂？
7. 孩子，你能夠奉獻什麼？舉例說說看。

二、小組討論

教師讓同學小組討論後，再請同學發表意見。

三、教師針對活動一進行統整

1. 針對不同的對象有不同的責任。
2. 勇於承擔責任所帶來的益處及造成的不便。
3. 把責任視爲一種甜蜜的負擔，我們可以承受責任並且享受盡責任的快樂。

5. 我可以做到

【責任】約定實踐學生自評表

____年____班____號　姓名：________________

各位小帥哥、小美女：

還記得我們針對「責任」的約定內容嗎？現在老師要請你們對自己最近的表現來一次大考驗，相信各位負責任的小帥哥及小美女們一定會有很好的表現，加油！要對自己的表現誠實的打✓喔！

時間：(　　)年(　　)/(　　)~(　　)/(　　)

約定內容		全部做到	經常做到	偶爾做到	沒有做到	說明原因
班上生活	1. 整理好自己座位環境，保持教室整潔。					
	2. 每天按時、按規定交作業。					
	3. 遵守班級規定，負責做好老師指派的任務。					
	4. 參與班級或小組活動，能與同學互助合作。					
學校生活	1. 每天準時上學，不遲到。					
	2. 我會認真做好自己的打掃工作。					
	3. 做錯事我會承認，並且負責任的處理善後。					
	4. 我會遵守學校規定。					

☺ 我覺得自己：

□我眞的很棒！因爲________________

□我很努力喔！我還可以做得更好，因爲________________

□我做得不是很好，我還會繼續加油！因爲________________

☺ 給自己一句鼓勵的話：

____

☺ 老師的貼心話：

____

【責任】公約家長檢核表

____年____班____號　姓名：________________

親愛的家長，您好！

以下是老師與孩子約定的事項，這一週孩子在家裡的表現如何呢？請家長想一想，再打✓，謝謝！

時間：(　　)年(　　)/(　　)~(　　)/(　　)

	約　定　內　容	全部做到	經常做到	偶爾做到	沒有做到	說明原因
家庭生活	1. 孩子會主動完成自己的作業，不假手他人。					
	2. 孩子會說到做到，完成每天該負責的家事。					
	3. 孩子能每天整理好個人的物品或房間。					
	4. 孩子每天的生活作息正常、有規律。					

☺ 家長給寶貝鼓勵的話：

____

____

____

家長簽名：________________

6. 學生將學會

學習目標	對應之九年一貫課程能力指標
一、能認識自我的角色。	綜合 1-3-6　了解自己與家庭、社區環境的關係，並能說出自己的角色。 社會 5-1-4　了解自己在群體中可以同時扮演多種的角色。
二、能知道自己應盡的責任。	生涯 3-1-1　覺察自我應負的責任。 家政 4-3-2　了解家人角色意義及其責任。
三、能主動參與團體事務。	綜合 3-1-1　舉例說明自己參與的團體，並分享在團體中與他人相處的經驗。 綜合 3-2-1　參與各類團體自治活動，並養成負責與尊重紀律的態度。
四、能知道責任是一種權利也是一種義務。	人權 1-3-1　表達個人的基本權利，並了解人權與社會責任的關係。 社會 5-3-3　了解各種角色的特徵、變遷及角色間的互動關係。
五、能努力做到每一個身分應盡的責任。	社會 1-2-3　說出權利與個人責任的關係，並在日常生活中實踐。 社會 6-2-3　實踐個人對其所屬之群體（如：家庭、同儕團體和學校班級）所擁有之權力和所負之責任。

7. 延伸閱讀

書名	類別	作者	繪者	譯者	出版社	責任相關議題
小兵立大功	童話	武維香	黃南禎		飛寶	小螺絲也能發揮大功用
小紅龍誕生	童話	史帝夫．卡格羅夫	羅萍．詹姆斯		鹿橋	了解自我的使命與任務
垃圾龍來了	童話	史帝夫．卡格羅夫	羅萍．詹姆斯		鹿橋	每個人都必須肩負公民責任
不是我的錯	童話	王秀園			狗狗圖書	勇於認錯，負責的處理問題
不是我的錯	童話	雷．克李斯強森	迪克．史丹伯格	周逸芬	和英	推卸責任事不關己
永遠愛你	童話	Robert Munsch	梅田俊作	林芳萍	和英	甜蜜的負擔：母愛的偉大
卡朋老大幫我洗襯衫	少年文學	甄妮佛．秋丹科		李畹琪	台灣東方	發揮家庭中的角色 負起家中支援角色

8. 學習單

學習單(一)

猜猜我是誰？為什麼是我？

一、你認爲影片中所要表達的重點是什麼？

二、故事中有幾個角色扮演？這些角色誰扮演得最好？爲什麼？

三、母鴨、Guji Guji、鱷魚、小鴨各有責任？

1. 母鴨：
2. Guji Guji：
3. 鱷魚 ：
4. 小鴨：

四、Guji Guji 爲何要自稱爲「鱷魚鴨」？與當「鱷魚」有什麼不同？

學習單(二)

角色你我他

小朋友，經過了每一組對以下幾種角色的扮演，你看到哪些行爲是負責任或不負責任？它的結果對自己、他人、社會產生了什麼影響？請你把觀察的結果寫下來。

角色	態度	行為	結果
警察	負責任		
	不負責任		
清潔工	負責任		
	不負責任		
醫生	負責任		
	不負責任		
農人	負責任		
	不負責任		
老師	負責任		
	不負責任		
學生	負責任		
	不負責任		

◎現在，你知道該如何扮演好我們的角色，發揮我們的功能了嗎？

學習單(三)

大家來找碴

影片欣賞：我的朋友家住哪裡？

看完這一短片內容，是不是跟你在學校裡所經歷的情景很類似？把你所看到的感覺或是想法寫下來。

一、劇情中老師有什麼規定，全班一定要負責做好？對於內瑪札迪作業經常不按規定完成，你有什麼看法？

______

______

______

二、如果你是阿哈瑪德普魯，你會怎麼做？

______

______

三、你在影片中看到哪些有關責任的片段？

______

______

四、他們怎麼表現負責任的態度？

______

______

五、除了寫作業之外，你還可以有哪些負責任的表現？

______

______

______

六、請你選擇一段劇情改編之後，結局還是一樣如期完成作業。

學習單(四)

我願盡力

身爲班上的一份子，你可盡力做些什麼事？讓班級更團結、更美好，請你勇敢的許下承諾，並盡力去達成你的承諾，做一個勇於負責的人。

PS.承諾要實際一點，天馬行空的亂想，可是很難達成的喔！

承諾三步驟：

第一步：請將你的左或右手印，描繪下來。

第二步：手掌心寫上你的班級、姓名，每根手指頭寫下你對班上的承諾。（可以塗上顏色哦！）

第三步：照著你的承諾，努力去實踐！

別忘了與同學們互相加油打氣！

9. 行動與感動

一、品格教育的核心

品德教育不是意識形態的教育，更是一種行動力的培養。自九年一貫課程實施後，它常被譏諷爲是「缺德」教育，原因是過去被奉爲培養學生正確價值觀與行爲準則的「道德教育」不再單獨設科教學，沒有固定的教科書與教學指引，而是採融入各領域方式進行教學，再加上正式課程的排擠，久而久之就被「溶」掉了。

現在，我們經常可以看到的許多社會事件發生，有時是不合常理甚至離經叛道到令人無法置信的地步，而我們的小學生也因資訊的發達，報章雜誌、媒體的過度渲染而被誤導，無形中習得一些自以爲是、極不負責任的話語或行爲，雖然品德教育並不是新興的觀念，但對於激發我們在生活事件中做不同的思考或抉擇，確實有其貢獻。

爲期一年的「臺北市國小品德教育實施現況之研究」報告顯示，教育人員認爲責任、關懷、誠實是最重要的品德教育核心價值，而如何讓「負責」的觀念和態度可以在學生日常生活中實踐，是本課程設計的核心，希冀學生能培養出對所處環境人、事、物「負責」的態度。

我們藉由「圖像閱讀」、「角色扮演」、「分組討論」、「自我反省」、「責任約定」、「勇於承諾」等活動導入品格教育，不同於過去以外在規範、說教的方式規定學生遵行，較容易吸引學生的注意力，學習成效較佳，再透過師生互動、實作、討論，對於兒童的品格教育之認知和理解有不錯之效益，班級經營在短時間內也進步不少呢！

二、深刻的領悟

一開始的圖像閱讀，學生從摸索中了解各種角色到抓住故事的核心重點，雖然少許學生無法精準的說出要意，但經過同學的發表，他們也已能感受到「我懂了！」「哦！原來如此。」的領悟。

三、是插曲，也是機會教育

透過分組角色扮演的活動，學生更是發揮團體中各個角色的功能，積極的呈現各組的努力，也有學生爲了要達成任務使得角色清晰、扮演逼眞，而搜尋相關資料與借用道具。雖然過程中偶有學生因角色不討喜，或工作分配不均而有所爭執，但經團體協商溝通後，最後都能合作的達成任務，如此的設計除了讓學生互相觀摩外，更藉由實際操作中體驗團體中每個角色的重要性。雖有一些插曲，亦是一種機會教育，我也覺得和孩子一起成長了，這是一種令人興奮的感覺。

四、真正的思考

最近教室裡的一套圖書——「學習護照」，學生借閱的次數很頻繁，偶爾聽到他們互相討論一些狀況題時，還會來問問我，想聽聽老師的看法，讓我覺得很欣慰，因爲孩子在做價值判斷時，不再完全單一思考，而會採取不同角度的想法，我感覺孩子長大了，眞的有動腦筋在做思考。

五、我變了

班上有些小孩平時愛辯駁，遇到事情就推卸責任，在實施了「負責」的品格教育活動後，孩子會對我說：「以前把事情搞砸時，我都說：『不知道！』或『那不是我的錯！』以為這樣就沒我的事了，結果常常弄得很不愉快。經過這個課程後，我知道凡事都有解決的辦法，只要勇於面對問題，即使錯了，也要認錯，不找代罪羔羊，這樣就能養成負責的態度，別人也不會笑我『卒仔！』或『一問三不知！』現在我的朋友也變多了。」

還有一個孩子特別跑來告訴我：「老師，妳知道我的綽號是什麼嗎？是迷糊蛋！而且以前也很容易生氣，因為我丟三落四常常找不到東西，就問媽媽或家人，如果還是找不到，就直接買新的。現在，我學會了『做自己該做的事』，每天回家整理我自己的書包、房間，用完的物品就歸回原位，東西也就比較好找。不但不會被罵，反而家人還要來問我東西在哪裡呢？老師，叫我『整理達人』吧！」

六、教學相長

我改變了過去說教的方式，重新檢視自己是否能做到？在教學的過程中，我也不斷修正自己，學生也很期待老師又要變什麼花樣？他們除了熱情參與外，也比較樂意做到我期望他們做到的行為，我感覺自己在進步，學生也在改變中，正可說是「教學相長」。因為它很有趣也很有意義，我打算分享我的經驗，期待更多老師一起做，只要我們給學生一點點，他們就會用生命去擴充得更豐富。

10. 作品摘錄

學習單（一）

猜猜我是誰？為什麼是我？

一、你認為影片中所要表達的重點是什麼？

答：就算和某人是同伴，想法卻不一定相同。解釋：Guji Guji雖然是鱷魚，但是牠卻不想因幫助鱷魚，而傷了跟家人的和氣。所以，人，除了幫助他人，也要有理性和人性。

二、故事中有幾個角色扮演？這些角色誰扮演的最好？為什麼？

1、鴨媽媽。 5、斑馬。(小鴨)

2、Guji Guji。(鱷魚鴨) 6、三隻鱷魚。

3、蠟筆。(小鴨) ☆Guji Guji。

4、月光。(小鴨) 因為牠盡了家人之責任，不讓「壞」同伴侵犯家庭。

三、母鴨、Guji Guji、鱷魚、小鴨各有責任？

母鴨：照顧小鴨們和Guji Guji。

Guji Guji：保護家人和家園。

鱷魚：抓鴨子來吃，為了求生。

小鴨：好好照顧自己，少讓鴨媽媽操心。

四、Guji Guji為何要自稱為「鱷魚鴨」？與當「鱷魚」有什麼不同？

1、Guji Guji不想像鱷一樣壞，但牠是鱷魚；牠一出生就看見鴨媽媽，而且一直住在鴨家庭；所以Guji Guji才自稱「鱷魚鴨」。Guji Guji沒有鱷魚的壞心，而很有人性。

學習單（二）

角色你我他

小朋友經過了每一組的角色扮演，你看到哪些行為是負責任或不負責任？它的結果對自己、他人、社會產生了什麼影響？請你把觀察的結果寫下來。

角色	態度	行為	結果
警察	負責任	維護治安、打擊犯罪。	社會擁有良好的治安，減少社會的犯罪發生。
	不負責任	不顧人民安全。	人民的安全將會受到威脅。
清潔工	負責任	維護社會的整潔。	社會到處都是乾淨的地方。
	不負責任	不管環境的整潔。	社會會十分髒亂。
醫生	負責任	幫病人治病。	使每個人都擁有健康的身體。
	不負責任	不幫病人看病。	倒致死亡率增加。 導
農人	負責任	認真、辛苦的種田。	讓每個人都可以吃到好吃的飯菜。
	不負責任	都不耕作、種田。	社會可能會鬧饑荒。
老師	負責任	教導學生。	讓每個人都獲得新知。
	不負責任	不管學生做什麼事。	讓學生自生自滅，不管他們。
學生	負責任	認真讀書。	成為對社會有貢獻的人。
	不負責任	不讀書，而延誤青春。	長大很可能常被別人陷害。

學習單（三）

大家來找碴

影片欣賞：我的朋友家住哪裡？

看完這一短片內容，是不是跟你在學校裡所經歷的情景很類似？把你所看到的感覺或是想法寫下來。

一、劇情中老師有什麼規定，全班一定要負責做好？你對於內瑪札迪作業經常不按規定，你有什麼看法？

①劇情中老師說一定要把功課寫在作業簿上。

②我認為內瑪札迪應要寫完功課就放書包裡，而不是放在別人家。

二、如果你是阿哈瑪德普魯，你會怎麼做？

我會早點去學校把作業簿還給內瑪札迪，並告訴老師實話。

三、你在影片中看到哪些有關責任的片段？

①老師每天都有檢查他們的作業。②阿哈瑪德普魯即使拿錯別人的作業簿，也會努力的去找朋友家，並幫朋友寫完功課。

四、他們怎麼表現負責任的態度？

①即使學校沒說，他還是很負責任的檢查功課。

②即使他犯了錯，他還是努力的去彌補，怕朋友遭殃。

五、除了寫作業之外，你還可以有哪些負責任的表現？

①每天保持教室乾淨。

②愛護校園。

③努力讀書。

六、請你選擇一段劇情改編之後，結局還是一樣如期完成作業。

阿哈瑪德在替媽媽買東西時，遇到內瑪札迪的母親，阿哈瑪德請他的母親轉交給他。

學習單(四)

我願盡力

身為班上的一份子，你可盡力做些什麼事？讓班級更團結、更美好，請你勇敢的許下承諾，並盡力去達成你的承諾，做一個勇於負責的人。

Ps.承諾要實際一點，天馬行空的亂想，可是很難達成的喔！

承諾三步驟：

第一步：請將你的左或右手印，描繪下來。

第二步：手掌心寫上你的班級、姓名，每根手指頭寫下你對班上的承諾。（可以塗上顏色哦！）

第三步：照著你的承諾，努力去實踐！

別忘了與同學們互相加油打氣！

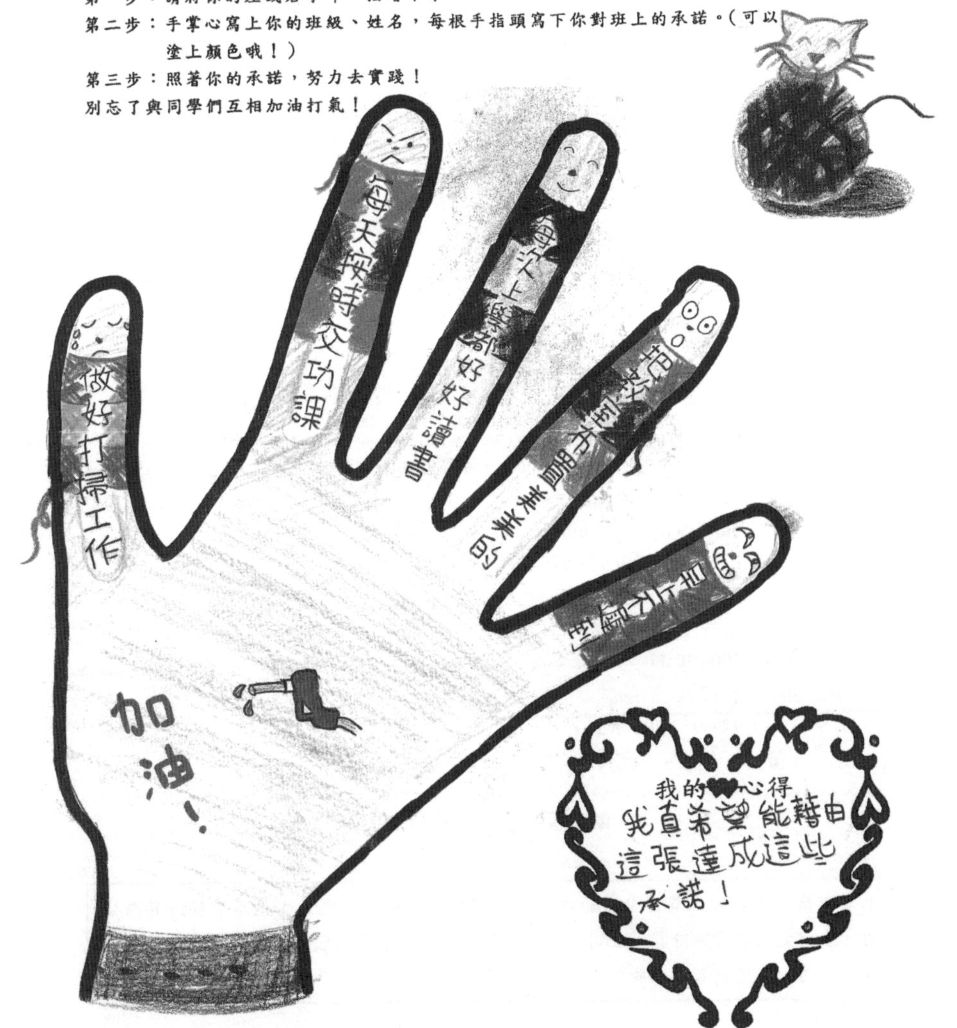

國家圖書館出版品預行編目資料

品格怎麼教？圖像閱讀與創意寫作／萬榮輝等著.
-- 初版. -- 臺北市：心理, 2006（民 95）
面； 公分. -- （教育現場系列；41112）

ISBN 978-957-702-969-0（平裝）

1. 道德－教育　　2. 小學教育－教學法

523.35　　95022649

教育現場系列 41112

品格怎麼教？圖像閱讀與創意寫作

策畫主編：吳淑玲
作　　者：萬榮輝等
執行編輯：陳文玲
總 編 輯：林敬堯
發 行 人：洪有義
出 版 者：心理出版社股份有限公司
地　　址：台北市大安區和平東路一段 180 號 7 樓
電　　話：(02) 23671490
傳　　真：(02) 23671457
郵撥帳號：19293172　心理出版社股份有限公司
網　　址：http://www.psy.com.tw
電子信箱：psychoco@ms15.hinet.net
駐美代表：Lisa Wu（Tel: 973 546-5845）
排 版 者：辰皓國際出版製作有限公司
印 刷 者：辰皓國際出版製作有限公司
初版一刷：2006 年 11 月
初版四刷：2012 年 5 月
I S B N：978-957-702-969-0
定　　價：新台幣 450 元

本書各篇引用之繪本圖片來自於以下各家公司的授權：三之三文化事業股份有限公司、上誼文化實業股份有限公司、和英出版社、信誼基金出版社、格林文化事業股份有限公司、遠流出版事業股份有限公司，謹此致謝。